教育部人文社科项目"理雅各经文辩读及其现代价值：以理雅各英译《论语》为中心"（12YJCZHl69）资助

河南大学文学院学科建设资金资助

本书系国家社科基金重大招标项目"中国古代经典英译本汇释汇校"（10zd&108）的阶段性成果之一

自我与他者

经文辩读视域中的
理雅各《论语》译解研究

邱业祥　著

中国社会科学出版社

图书在版编目（CIP）数据

自我与他者：经文辩读视域中的理雅各《论语》译解研究 /
邱业祥著 . —北京：中国社会科学出版社，2017.8
ISBN 978 - 7 - 5203 - 1113 - 7

Ⅰ. ①自… Ⅱ. ①邱… Ⅲ. ①儒家② 《论语》—研究
Ⅳ. ①B222. 25

中国版本图书馆 CIP 数据核字（2017）第 234740 号

出 版 人	赵剑英
责任编辑	凌金良
特约编辑	伊　岚
责任校对	李　莉
责任印制	张雪娇

出　　版	中国社会科学出版社
社　　址	北京鼓楼西大街甲 158 号
邮　　编	100720
网　　址	http：// www. csspw. cn
发 行 部	010 - 84083685
门 市 部	010 - 84029450
经　　销	新华书店及其他书店

印刷装订	北京鑫正大印刷有限公司
版　　次	2017 年 8 月第 1 版
印　　次	2017 年 8 月第 1 次印刷

开　　本	710 × 1000　1/16
印　　张	13.5
插　　页	2
字　　数	201 千字
定　　价	58.00 元

凡购买中国社会科学出版社图书，如有质量问题请与本社营销中心联系调换
电话：010 - 84083683

目　录

为仁由己，而由人乎哉?

——读邱业祥《自我与他者：经文辩读视域中的理雅各〈论语〉译解研究》

杨慧林

在中西文化交流史上，传教士对中国经典的翻译堪称一个"诠释学的事件"；理雅各（James Legge）加有大量注释和解说的《论语》译解，则最为典型。

作为基督教的传教士，理雅各的翻译和诠释几乎必然包含着双重的悖论：一方面要为异域读者传递可供理解的中国经典，另一方面又难免在理解中的"改写"和"添加"；反而言之，这固然是将西方的意义结构嵌入中国经典，却也未必不是愈发凸显出其中的差异，乃至传教士的神学表达最终不能不基于中国式的问题。由此考察理雅各的《论语》译解，邱业祥《自我与他者：经文辩读视域中的理雅各〈论语〉译解研究》一书所关注的"虚己"和"成己"当可延伸出一组有趣的概念纠葛。简单说，"虚己"何以又是"成己"？"成己"究竟意味着"成人"、"成物"还是"成圣"、"成义"？溯其根本，这些纠葛又可以归结于一个关键：无论"虚己"还是"成己"，无论"己"为何物，"成"之所以"成"的依据到底是"由己"还是"由人"？

"虚己"和"成己"，在理雅各所面对的双方经典中都可以找见。

意，毋必，毋固，毋我"或者《道德经》的"虚用"、"虚静"、"后
其身"、"外其身"又何尝不是？然而从另一方面看，基督教的"金
律"虽与《论语》并无二致，却似乎很难说是"为仁"而至的"成
己"。

《圣经》所谓的"成"，自然是要通向"成圣"（Sanctification）
和"成义"（亦作"称义"，justification），"成"的前提则是"洁
净"。就其神圣的性质而言，是基督"把教会洗净，成为圣洁"（弗
5：26），"他从起初拣选了你们，叫你们……成为圣洁"（帖后2：
13）；就其修为的意义而言，"圣洁自守"才可以成圣（提前2：
15），"远避淫行"才可以成圣（帖前4：3）。因而"成圣"、"成义"
（称义）和"洁净"有时甚至是并列使用的："如今你们奉主耶稣基
督的名，并藉着我们神的灵，已经洗净、成圣、称义了"（you were
washed, you were sanctified, you were justified in the name of the Lord Je-
sus Christ and in the spirit of our God，林前6：11）。

但是从根本上说，《圣经》中的"洁净"并不是人的自身选择，
而是"照父神的先见被拣选"（彼前1：2），是"预先所定下的"
（罗8：30）；因为"那使人成圣的，和那些得以成圣的，都是出于
一"（For the one who sanctifies and those who are sanctified all have one
Father，来2：11）。于是，"敬畏上帝"（林后7：1），"将肢体献给
'义'作奴仆"（罗6：19），才有了"成圣的果子"（罗6：22）。

无论宗教改革时期的新旧之争如何激烈，这一基本前提并无太大
差别。因此当马丁·路德挑战所谓的"善工正义"（work‐righteous-
ness）时①，"因信称义"的准确表达应该是"因信而由恩典称义"
（justification by grace through faith）；特利腾大公会议（Council of
Trent）所强调的也同样是"恩典"，"称义"或者"成义"均是以此
为据："恩典显现为罪人的内在转变，由此我们不仅被视为'义'也

---

① 辅仁神学著作编译会：《神学辞典》，上海：天主教上海教区光启社1999年版，第
753页。

成为'义'。"（we are not merely considered just but become just）①

这样，"成圣"、"成义（称义）"其实意味着"都成为一"的"新人"（加3：28，弗2：13－15），因为善行和德性都是从"成圣"、"成义（称义）"开始，而"成圣"、"成义（称义）"却绝非善行和德性的结果："我们诚然可以藉着义行来巩固我们所有的圣洁，然而圣洁却不是我们可以靠自己的力量得来的。……所谓进步，乃是在圣洁中进步，而不是向圣洁的目标进步。"②究其宗旨，无论是"'成'为正'义'（made just）"还是被"'称'作正'义'（accounted just）"，全在于"人藉着天主"。③

与之相应，中国典籍中的"成己"似与"成圣"、"成义（称义）"无干，却必由"尽己性"达致"尽人性"，进而"位天地、育万物"。毛奇龄对这一逻辑的梳理颇为透彻："《大学》明德必至亲民，《中庸》成己必至成物，《论语》修己必至安人安百姓，《孟子》独善其身必至兼善天下。"④可见四书之要皆在"成人"、"成物"，从而才是"成仁"。

有此一辨，关于"我欲仁斯仁至也"（《论语·述而》）和"为仁由己而由人乎哉"（《论语·颜渊》）的理解，就特别值得追究。理雅各和辜鸿铭的译文，正反映着上述的纠葛。

在《论语》英译本的序言以及《中国学之一》（Chinese Scholarship, Part I）等文章中，辜鸿铭对理雅各的工作表示过尊敬，同时也颇多挖苦。⑤在他看来，"关于这些经典的价值，理雅各博士的判断无

---

① Francis Schussler Fiorenza and John P. Galvin eds., *Systematic Theology*, vol. II, Minneapolis：Fortress Press, 1991, p. 119.

② 黎加生编著：《圣经神学词汇》，汤张琼英等译，香港基督教文艺出版社1994年版，第498页。

③ 辅仁神学著作编译会：《神学辞典》，第217页。

④ 程树德：《论语集释》，中华书局1990年版，第429页。

⑤ Ku Hung - Ming, *The Discourses and Sayings of Confucius*, *A New Special Translation*, *Illustrated with Quotations from Goethe and Other Writers*, Shanghai：Kelly and Walsh, 1898, pp. vii – viii.

论如何都不能被当作定论，中国经典的译者尚有待于来日"。①根据辜鸿铭本人的记述和研究者的考证，此文发表于 1883 年或 1884 年，他所翻译的《论语》出版于 1898 年；以其性格而论，这"有待于来日"的"译者"很可能就是夫子自道。

辜鸿铭号称是"用歌德和其他（欧洲）作家的引言"解释《论语》（illustrated with quotations from Goethe and other writers），"让孔子及其门徒像有教养的英国人那样说话"（to make Confucius and his disciples speak in the same way as an educated Englishman would speak）②，其实又未必如此"西方"。"我欲仁斯仁至也"即是一例。

严格地说，辜鸿铭的译文亦有"改写"之嫌，"我欲仁斯仁至也"变成了"我欲仁则成仁"：If a man will only wish to live a moral life, there and then his life becomes moral③。从表面上看这好像对应着上文所引的"成义"（become just），但是神学家解说的 become 必是以上帝的"恩典"为前提，否则就只能用被动式的 made、accounted 或者 considered just；其中"我"仅仅是"义"的受动者，因此即使可以"欲仁"，也谈不上"成仁"。

两相对照，理雅各是将这一问题转换成"我欲仁则仁在"：I wish to be virtuous, and … virtue is at hand.④ "成仁"和"仁在"的区别实在是泾渭分明，乃至理雅各与辜鸿铭对"为仁由己而由人乎哉"的翻译也截然不同。

辜鸿铭将"为仁由己而由人乎哉"直接译作一个肯定句：To be moral, a man depends entirely upon himself, and not upon others. 如果再译回中文，可说是"为仁全由己，非由人也"，与上例如出一辙。这

---

① 辜鸿铭：《中国人的精神》（英文版），外语教学与研究出版社 1999 年版，第 115—116 页。

② Ku Hung - Ming, *The Discourses and Sayings of Confucius, A New Special Translation, Illustrated with Quotations from Goethe and Other Writers*, p. x.

③ Ku Hung - Ming, *The Discourses and Sayings of Confucius, A New Special Translation, Illustrated with Quotations from Goethe and Other Writers*, p. 55.

④ James Legge, *The Chinese Classics, with A Translation, Critical and Exegetical Notes, Prolegomena, and Copious Indexes*, vol. I, Taipei: SMC Publishing Inc., 2001, p. 204.

至少留给我们两点疑问。

细究其"仁"，辜鸿铭在上述两处均是以"德"（moral）释"仁"，从而"成仁"和"由己"便也毫不含糊。而理雅各显然要避开这一概念，前一句用 virtue，后一句更是以 perfect virtue 对"仁"加以限定。在基督教的概念系统中，the perfect 带有凡人不能企及之意，比如《新约·哥林多前书》"等那完全的到来"（林前 13：10）一句，"那完全的"（"the perfect", New Revised Standard Version; or "what is perfect", Today's English Version）正是指耶稣基督。理雅各以 perfect virtue 译"仁"，恰可将"仲弓问仁"连及紧接其后的"己所不欲、勿施于人"，并提醒读者将其比之于《圣经》中的"金律"。

与此相应，理雅各还依据朱熹《四书集注》将"天下归仁"之"归"（return）释作"与"（to allow），又据《新增四书补注附考备旨》终于又将"归仁"释作"称其仁"（will praise his perfect virtue）。对他而言，"仁"的境界也许有如"成圣"、"成义"（称义），毕竟不是人力所及的；只有借助这样的限定，以"我"作为受动者的基督教逻辑才能贯通其间。这样，"为仁由己而由人乎哉"当然要被理解为"由己"还是"由人"的选择性问句：Is the practice of perfect virtue from a man himself, or is it from others?[1]

两种文化之间的思想传译，既微妙有趣，又注定伴随着"过度诠释"的风险。从某种意义上说，辜鸿铭"以耶释儒"的冲动似乎并不亚于理雅各，甚至会将《论语·颜渊》"使民如承大祭"译为"与民相处，有如敬拜上帝"（in dealing with the people, act as if you were at worship before God）[2]。

另如"命"、"天命"等等在理雅各的译文中不过是"天之命"

---

[1]　James Legge, *The Chinese Classics*, *with A Translation*, *Critical and Exegetical Notes*, *Prolegomena*, *and Copious Indexes*, vol. I, p. 250.

[2]　Ku Hung-Ming, *The Discourses and Sayings of Confucius*, *A New Special Translation*, *Illustrated with Quotations from Goethe and Other Writers*, p. 96.

(*the decrees of Heaven* 或者 *the ordinance of Heaven*①)，而为了论证"孔子通常不说、却同样信仰上帝"（Confucius also believed in God, although he seldom spoke of it），辜鸿铭将"五十而知天命"译作"五十而知上帝之命"（At fifty I knew the Ordinance of God）；将"不知命无以为君子也"译作"不了解上帝之命（亦即宇宙的神圣秩序），就不能成为君子或有德之人"（A man without a knowledge of the Ordinance of God, i. e. , the Divine Order of the Universe, will not be able to be a gentleman or moral man）②。直到正式的《论语》英译本，辜鸿铭又将前者改作"五十而知宗教中的真理"（At fifty I understood the truth in religion）③，将后者改作"没有宗教就不能成为好人和智者"（Without religion, a man cannot be a good and wise man）④。

但是，将"天命"译作"上帝之命"似太过，译作"宗教中的真理"似有不及；在"过"与"不及"之间，儒与耶又何以能会通呢？辜鸿铭的努力或许只是在表层概念上使儒耶貌似合一，其内在的逻辑可能才是理雅各译文所暗含的关注。

有鉴于此，邱业祥新著所及的问题当可打开巨大的解释空间，"由己"或者"由人"的选择可能也不断挑战着"己"与"人"的成见。

---

① James Legge, *The Chinese Classics, with A Translation, Critical and Exegetical Notes, Prolegomena, and Copious Indexes*, vol. I, pp. 146, 354.

② 辜鸿铭《中国人的精神》（英文版），第43—44页。

③ Ku Hung－Ming, *The Discourses and Sayings of Confucius, A New Special Translation, Illustrated with Quotations from Goethe an d Other Writers*, p. 8.

④ Ku Hung－Ming, *The Discourses and Sayings of Confucius, A New Special Translation, Illustrated with Quotations from Goethe an d Other Writers*, p. 182.

绪　　论

作为在马六甲和香港进行了三十多年传教活动的伦敦传道会
(London Missionary Society) 传教士，理雅各 (James Legge, 1815 –
1897) 最广为人知的身份却是中国古代经典的伟大翻译者。他从
19 世纪 40 年代开始，直到 1897 年生命的终结，翻译完成了包括
"四书""五经"在内的诸多中国儒家经典，以及《道德经》《庄
子》《太上感应篇》等道家经典，并且也译出了《佛国记》《三教
平心论》等佛教作品，甚至还在翻译《离骚》和《楚辞》。他是国
外第一个系统翻译、研究中国古代经典的人，他的译著足以被称为
汉学史上的一座丰碑。[1] 在西方汉学界，理雅各与法国汉学家顾赛
芬 (Seraphin Couvreur, 1835 – 1919)、德国学者卫礼贤 (Richard
Wilhelm, 1873 – 1930) 并称"汉籍欧译三大师"。[2] 正是由于他卓

---

[1]　Helen Edith Legge, *James Legge: Missionary and Scholar*, London: The Religious Tract
Society, 1905, p. 38.

[2]　法国汉学家顾赛芬 (Seraphin Couvreur, 1835 – 1919)，1835 年 1 月 14 日出生
于法国的皮卡尔 (Picard)，1870 年 4 月 30 日来到中国传教。曾任直隶省河间府直隶东
南传教会传教神甫。他先后翻译了《诗经》《书经》《礼记》和"四书"中的《大学》
《中庸》和《孟子》，并编写了两部工具书《中文古文词典》和《法汉词典》。德国汉学
家卫礼贤 (Richard Wilhelm, 1873 –1930) 1899 年以一名传教士的身份从德国斯图加特
来到当时的德国租借地青岛，并在中国度过了 20 多个年头。其间他翻译了《老子》《庄
子》和《列子》等道家著作，还著有《实用中国常识》《老子与道教》《中国的精神》
《中国文化史》《东方——中国文化的形成和变迁》《中国哲学》等文化论著。

越的汉学成就，他在 1875 年荣获法兰西科学院设立的第一届儒莲奖，① 并于翌年受聘执掌牛津大学第一任全职中文教席。吉拉德（Norman Girardot）认为，许多维多利亚时代的儒家经典英译本，甚至包括一些当时的名家名译，如麦都思（Walter Medhurst）的《书经》、詹宁斯（William Jennings）的《诗经》、湛约翰（John Chalmers）的《道德经》、翟理思（Herbert Giles）的《庄子》，以及法国传教士翻译家儒莲（Stanislas Aignan Julien）、毕欧（Edouward Biot）等的译作，都很快遭到时间的淘汰或被别人的译作所替代，而唯有理雅各的《中国经典》（*Chinese Classics*）和《中国圣书》（*The Sacred Books of China*），历经一个多世纪，至今仍被奉为"标准译本"。②

第一节　以往研究的两个侧重点

正如前文所说，理雅各的翻译至今仍被奉为经典，因此对理雅各的评论和研究大多侧重于他的翻译。如果将批评和指责也算为评论的话，那么对理雅各的评论与理雅各自身的翻译活动、学术研究工作几乎同时展开。在理雅各也参与其中的"术语之争"中，以文惠廉（William Jones Boone）为代表的支持使用"神"来翻译"God"（以

---

①　儒莲（Stanislas Aignan Julien，1797 – 1873），法国籍犹太汉学家。法兰西学院毕业后，任法兰西学院希腊语助教，1827 年任法兰西研究院图书馆副馆长。法兰西研究院图书馆收藏了三万多卷中文典籍，儒莲潜心研究，不久精通中文，此后四十余年陆续翻译《孟子》《三字经》《灰阑纪》《赵氏孤儿记》《西厢记》《玉娇梨》《平山冷燕》《白蛇精记》《太上感应篇》《桑蚕记要》《老子道德经》《景德镇陶录》《天工开物》等中国典籍，并著有《汉学指南》。1832 年任法兰西学院教授。曾将沈括《梦溪笔谈》中毕昇发明活字印刷术的一段史料译成法文，是最早将毕昇发明活字印刷术史实介绍到欧洲的人。"儒莲奖"被称为汉学界的诺贝尔奖。在张西平和费乐仁看来，这一获奖标志着理雅各的汉学研究成果得到欧洲最高学术殿堂的认可。见张西平、费乐仁《理雅各〈中国经典〉绪论》，理雅各编译《中国经典》卷 1，华东师范大学出版社 2010 年版，第 9—10 页。

②　Norman Girardot, *The Victorian Translation of China: James Legge's Oriental Pilgrimage*, Berkeley, Los Angeles: University of California Press, 2002, p. 356.

及 "Elohim" 和 "Theos") 的一方所发表的诸多论文，都可以视为对以麦都思和理雅各为代表的支持 "上帝" 译名的一方①的评论（当然主要是批评）。这些文献大量集中在《中国丛报》（*Chinese Repository*）、《中国评论》（*The China Review*）和《教务杂志》（*The Chinese Recorder*）等刊物上。而事实上，他们所针对的理雅各的论文，恰恰表明了理雅各正沿着一条对中国传统更为自由开放和富有同情心的道路发展。② 而对于他后来出版或多次再版的《中国经典》《中国圣书》，当时的评论严重两极分化，有赞扬、有批评。赞扬的，如欧德理（Ernest John Eitel）的高度评价："对这个文明古国的经典之花的熟悉，无论是在中国国内还是国外，没有一个外国人能够与理雅各博士相提并论，无论是在广度、深度上，还是在可靠性上。"③ 批评声中，有人指责他对中国经典抱有太多的好感和同情，因而危害、破坏着传教事业，④ 而另外一些人则认为理雅各对中国经典苛刻而不公正。⑤ 此时的评论虽然具有较高的学术性，但是，或者由于主要发生在传教士阵营中，因而往往纠缠于传教策略或后果的问题之上，或者出于一种纯粹世俗的视角而对理雅各过于苛责。

在晚清知识分子阵营中，亦褒贬各异。理雅各曾经的助手同时也是中国近代著名知识分子的王韬对理雅各的译解高度评价，谓理雅各 "注全力于十三经，贯串考核，讨流溯源，别具见解，不随凡俗。其言经也，不主一家，不专一说，博采旁涉，务极其通，大抵

---

　　① 其中理雅各发表的主要论文有：James Legge, "An Argument for 上帝（Shang Te）as the Proper Rendering of the Words Elohim and Theos in the Chinese Language: with Strictures on the Essay of Bishop Boone in Favour of the term 神（Shin）," (Pamphlet) Hong Kong: The Hong Kong Register Office, 1850; James Legge, *The Notions of the Chinese Concerning God and Spirits with an Examination of the Defense of an Essay on the Proper Rendering of the Words Elohim and Theos into the Chinese Language by William J. Boone D. D. , Missionary Bishop of the Protestant Episcopal Church of the United States to China*, Hong Kong: The Hong Kong Register Office, 1852。

　　② Girardot, *The Victorian Translation of China*, p. 30.

　　③ 参见 Girardot, *The Victorian Translation of China*, p. 74。

　　④ 例如当时他所属的伦敦传道会的董事会对之的批评，参见 Girardot, *The Victorian Translation of China*, pp. 63 – 65。

　　⑤ 参见 Girardot, *The Victorian Translation of China*, pp. 466, 468。

取材于孔、郑而折衷程、朱，于汉、宋之学，两无偏袒"①。王韬之论，专注于理雅各之"言经"，即将理雅各的译解作为经学著述且在中国经学史的脉络之下予以高度评价，这显示出王韬较为开放的文化心态。而精通英语的文化怪才辜鸿铭在英语表达上对以英语为母语的理雅各翻译的《中国经典》颇不满意。1898 年，辜鸿铭在其《论语》译本序言中严厉地批判了理雅各："自从理雅各发表他关于《中国经典》最初部分，迄今已 40 年了。现在任何人，哪怕对在中国语言一无所知，只要反复耐心地阅读理雅各的译文，都禁不住要感到它多么令人不满意。因为理雅各开始从事这项工作的时候，他的文学训练还很不足，完全缺乏评判能力和文学感知力。他的译文自始至终都表明他只不过是个大汉学家，也就是说，只是一个对中国经书具有死知识的博学的权威而已……尽管他的工作尽了力所能及的努力，是完全严谨的，但他却没能克服极其僵硬和狭隘的头脑之限制，这是他的性情气质造成的结果。"②

后世仍有很多学者瞩目于理雅各翻译的特点、成就等。台湾学者阎振瀛在 20 世纪 70 年代就关注到理雅各，在较为详细地介绍了理雅各的生平、地位之后，专门考察了理雅各英译《论语》的版本、注疏、译文处理等诸多细致问题，梳理扎实，论说公允。③ 台湾学者张上冠在其博士论文《失落的地平线：〈诗经〉英译研究》（*The Lost Horizon：A Study of English Translations of Shi-jing*）④ 中比较分析了理雅各、韦利、高本汉的译本，考察了理雅各《诗经》译本如何在汉宋经学传统之间进行调和与选择，指出理雅各的《诗经》跨文化诠释尊重汉宋经学传统，韦利则着重探讨人性共通之处，而高本汉则重视文献考据。这种调和和选择也符合理雅各对其他儒

---

① 王韬：《送西儒理雅各回国序》，《弢园文录外编》，辽宁人民出版社 1994 年版，第 316 页。

② 辜鸿铭：《英译〈论语〉序》，《辜鸿铭文集》下册，海南出版社 1996 年版，第 34 页。

③ 阎振瀛：《理雅各氏英译论语之研究》，台北商务印书馆 1971 年版。

④ Christopher S. Chang，"The Lost Horizon：A Study of English Translations of Shi-jing"，Ph. D. Dissertation，The University of Texas at Austin，1991.

家经典的态度。爱丁堡大学刘子�博士的《理雅各与中国文化：对其学术、翻译及福音事业的传教学研究》（*James Legge*（1815 – 1897）*and Chinese Culture：A Missiological Study in Scholarship, Translation and Evangelization*）①，透过理雅各传布福音的意图来考察他对中国经典的学术研究和翻译。2001 年大卫·哈尼（David Honey）的专著《祭坛之香：汉学先驱和中国古典语文学的发展》（*Incense at the Altar：Pioneering Sinologist and the Development of Classical Chinese Philology*）② 专门辟出一节，以理雅各《诗经》译解为中心，评述理雅各的文献考释贡献，突出了理雅各并不盲从甚至时常批评中国古代注疏的独立思考精神，以及积极吸收最新研究成果的开放姿态，并由此将理雅各视为汉语语文学家。

此外，亦有精通中国传统文化的中国学者对理雅各颇为瞩目。史学家刘家和以其扎实的史学、经学功底，清晰梳理并客观评判了理雅各翻译《书经》《竹书纪年》《春秋》和《左传》的文献根据、文字训诂、译文正误和思想见解；③ 龚道运则侧重于从义理出发，辨析理雅各对中国至高神的理解，对《论语》《大学》、孔子的相关阐释和评价之特点、正误，发掘了理雅各译解背后的基督教立场，却仍然对理雅各的译解持同情和包容的态度。④

此外，许多学者更侧重从翻译的技术层面角度来讨论理雅各的翻译。⑤ 他们往往通过对比理雅各和其他某一个或某几个译者对于相同经典翻译处理的异同，来讨论翻译的直译和意译、归化和异化、译者主体意识和作者主体意识、翻译风格和动机等问题，不过在有些时候

---

① Lau Tze – yui, "James Legge（1815 – 1897）and Chinese Culture：A Missiological Study in Scholarship, Translation and Evangelization," Ph. D. Dissertation, University of Edinburgh, 1994.

② David B. Honey, *Incense at the Altar：Pioneering Sinologists and the Development of Classical Chinese Philology* , New Haven, Connecticut：American Orientalist Society, 2001.

③ 刘家和：《史学、经学与思想》，北京师范大学出版社 2005 年版。

④ 龚道运：《近世基督教和儒教的接触》，上海人民出版社 2009 年版。

⑤ 楚至大：《难能可贵与美中不足——评理雅各两段〈孟子〉的译文》，《中国翻译》1995 年第 6 期；樊培绪：《理雅各、辜鸿铭英译儒经的不及与过》，《中国科技翻译》1999 年第 3 期；岳峰、周秦超：《理雅各与韦利的〈论语〉英译本中风格与译者动机及机遇的关系》，《外国语言文学》2009 年第 2 期；等等。

也涉及了一些跨文化对话的问题。例如段怀清从《中国经典》前言入手，讨论了理雅各《中国经典》翻译的缘起及体例，指出这些前言文本记录了一个维多利亚时代的英国传教士汉学家走进中国文化经典的路径及其开展跨文化交流的方式。他并不认为理雅各的传教与跨文化交流方式是殖民主义的或一般意义上的汉学家"东方主义"方式，而呈现出一种超越其时代的跨文化交流的渴望及对他者文化的关怀。①近年来专门研究理雅各中国经典翻译的博士论文、硕士论文不断涌现，其中大部分仍是从语言学、翻译理论出发来梳理理雅各翻译的特点，当然也不乏试图由此进入跨文化对话的努力。陈可培2006年的博士论文《偏见与宽容 翻译与吸纳——理雅各的汉学研究与〈论语〉英译》是中国学界较早专门研究理雅各中国经典翻译的博士论文，却能够超脱单纯的翻译策略、翻译效果等评价，以理雅各的跨文化比较为中心展开论述，不但在"译名之争"、上帝观、孔子观等方面展示理雅各开放对话的比较宗教学立场，而且特别指出中国古典思想本身潜移默化地影响了理雅各对他者文化逐渐宽容、开放的学术态度。

王辉2007年于香港浸会大学完成的博士论文《后殖民视角下的理雅各儒家经典翻译——以其〈中庸〉的两个译本为中心》（*A Post-colonial Perspective on James Legge's Confucian Translation：Focusing on His Two Versions of the Zhongyong*）②虽是关注具体的译本——理雅各1861年和1885年的两个《中庸》译本，却试图由此挖掘理雅各后期翻译中隐蔽的、策略性的"学术东方主义"（Academic Orientalism）。他后来发表的相关论文仍然延续了他在博士论文中形成的基本观点。③

陆振慧完成于2010年的博士论文《跨文化传播语境下的理雅各

---

① 段怀清：《理雅各〈中国经典〉翻译缘起及体例考略》，《浙江大学学报》2005年第3期。

② Wang Hui, "A Postcolonial Perspective on James Legge's Confucian Translation：Focusing on His Two Versions of the Zhongyong," Ph. D. Dissertation, Hong Kong Baptist University, 2007.

③ 王辉：《理雅各的儒教一神论》，《世界宗教研究》2007年第2期；《理雅各〈中庸〉译本与传教士东方主义》，《孔子研究》2008年第5期。

〈尚书〉译本研究》，以跨文化传播的视角研究理雅各的《尚书》译本，指出此译本采用厚重翻译（thick translation）与异化、显化相结合的翻译策略，意图达到"义无所越，形神皆备"的文化传真效果。陆振慧立意颇高，意图"借'旁观者'从新的角度重新审视中国古代典籍"，并"厘清跨文化传播的历史、路径与模式，为深入研究中国传统学术与加强中西文化交流提供具有积极意义的佐证与思路"。①不过事实上，她的论文仍然主要关注翻译策略和技术性操作问题，并没有真正走向"两种语境文化的交流互动"。

2010 年姜燕的博士论文《理雅各〈诗经〉英译》② 比较了理雅各三种《诗经》译本，侧重从动态的层面洞悉理雅各在基本立场、翻译方法和思想倾向方面的转变，指出从 1871 年《中国经典》版《诗经》到 1876 年韵体版，再到 1879 年《中国圣书》第三卷中的《诗经》译本，"他的宗教观念经历了从以基督教为中心的狭隘偏见，到宽容、自由的比较宗教观的演变，学术思想也从最初较多地依赖传统和服务政治，而逐渐走向强调独立意识的学术阐释"③。

沈岚的博士论文《跨文化经典阐释：理雅各〈诗经〉译介研究》④ 超脱了一般翻译研究的范式，不再聚焦于译文与原文的关系问题，而是径直将理雅各三个《诗经》英译本作为重要的《诗经》经学著作，从思想阐释、文化阐释、文学阐释、意象阐释四个方面分析了理雅各的《诗经》跨文化阐释特点，认为理雅各的《诗经》跨文化阐释形成了一种独特的"译介阐释"，促进了包括《诗经》《毛诗序》在内的中华经典以及中国文论等的跨文化传播。但在具体章节写作上，思路稍显凌乱，论述稍欠深入和扎实。

① 陆振慧：《跨文化传播语境下的理雅各〈尚书〉译本研究》，扬州大学 2010 年博士学位论文。
② 姜燕：《理雅各〈诗经〉英译》，山东大学 2010 年博士学位论文。
③ 同上书，第 122 页。
④ 沈岚：《跨文化的经典阐释：理雅各〈诗经〉译介研究》，苏州大学 2013 年博士学位论文。

　　薛凌完成于 2014 年的博士论文《利科叙事视角下理雅各〈左传〉译本中的"三重具象"：以齐桓与晋文为个案》[①] 颇为独特，依据利科叙事理论，聚焦于理雅各翻译的一个具体个案，透显出理雅各翻译思想与翻译策略中独特的"叙事性"倾向。作者也意图倡导从具体到具象的翻译理论路径。

　　在侧重翻译研究之外，还有不少成果侧重于梳理理雅各的一生或其中某个时段的生平、思想和成就。1905 年，理雅各的女儿理海伦（Helen Edith Legge）出版了为父亲写的传记《理雅各：传教士与学者》（*James Legge：Missionary and Scholar*）[②]，将自己的父亲清晰地定位为传教士与学者的双重身份，尤为重要的是提供了理雅各信件、回忆等诸多第一手材料。不过，由于传记作者与传主的特殊关系，加上作者的学识背景和视野有限，理海伦并没有从哲学、思想和跨文化交流的高度深入、细致地探讨在理雅各的传教和翻译研究中体现出的异质文化间的碰撞和对话努力，这为后人留下了继续研究、深入挖掘以发现更有益的启示的广阔空间。1979 年，布莱恩·韩里森（Brian Harrison）出版了专著《期待中国：1818—1843 年马六甲的英华书院与 19 世纪的传教事业》（*Waiting for China：the Anglo - Chinese College at Malacca 1818 - 1843 and 19th Century Mission*）[③]，此书选择一个特殊时间段（从建立到即将迁往香港）中的一个传教前哨基地作为中心点，将之与整个 19 世纪的传教事业关联起来，以小见大，颇见功力。不过，从 1839 年来马六甲到 1843 年离开，这一时段仅仅是理雅各传教活动的开始，而且那时他还没有开始对中国经典的翻译和研究工作，因此该书对于理雅各的专门研究，当然是不充

---

　　① 薛凌：《利科叙事视角下理雅各〈左传〉译本中的"三重具象"：以齐桓与晋文为个案》，河南大学 2014 年博士学位论文。

　　② Helen E. Legge, *James Legge：Missionary and Scholar*, London：The Religious Tract Society, 1905.

　　③ Brian Harrison, *Waiting for China：the Anglo - Chinese College at Malacca 1818 - 1843 and 19th* Mission, Hong Kong：Hong Kong University Press, 1979.

足的。

香港浸会大学的黄文江博士完成于 1996 年的博士论文《基督教传教、中国文化与殖民统治：十九世纪理雅各与欧德理在港活动研究》（*Christian Mission，Chinese Culture，and Colonial Administration：A Study of the Activities of James Legge and Ernest John Eitel in Nineteenth Century in Hong Kong*）① 仍然侧重于理雅各在香港的传教、教育和翻译活动等基本史实的梳理。在他看来，这些活动本质上服务于殖民活动。

2002 年吉拉德出版的学术性传记《维多利亚时期的汉译——理雅各的东方朝圣之行》（*The Victorian Translation of China—James Legge' Oriental Pilgrimage*）②，从历时性角度细腻地梳理理雅各在各个历史阶段的思想发展及自我定位，总结了理雅各对汉学和中西文化交流的贡献，并将焦点放在理雅各的牛津大学时期（1876—1897）。他认为理雅各的汉学研究，尤其是理雅各对基督教、儒教、道教的比较研究确立了"中国宗教"在世界宗教中的地位，创造性地发展了相当敏感而仍然属于东方的"中国宗教"研究，扩大了东方学的研究范畴。此书的主要特色有三点：第一是令人信服地分析了理雅各的教育背景、信仰特点及其对中国经典翻译和汉学研究的正面影响，尤其在整个维多利亚时期的比较研究趋势下来分析理雅各的立场和特点；第二是突破了将理雅各简单定位为传教士和翻译家的定见，揭示出理雅各从传教士到翻译家、阐释者、比较宗教学者等的复杂身份；第三，强烈主张理雅各在翻译、阐释中践履了同情的理解和阐释性的原则，以开放、互惠的态度对待异质文化，从而修正了东方学家对传教士学者的批评。只是作者对理雅各后期于中国经典的看法趋向于严

---

① Wong Man Kong, "Christian Mission, Chinese Culture, and Colonial Administration: A Study of the Activities of James Legge and Ernest John Eitel in Nineteenth Century in Hong Kong," Ph. D. Dissertation, Hong Kong Baptist University, 1996.

② 吉拉德的这部传记虽然比随后提到的费乐仁 *Striving for "the Whole Duty of Man": James Legge and the Scottish Protestant Encounter With China* 出版时间早，却受到费乐仁诸多论文的较大影响。这一点吉拉德在文中也多次明确承认。

厉提出了过多的批评。

　　香港浸会大学费乐仁教授是理雅各研究专家，其最重要的成果是 2004 年在德国出版的《力尽"人所当尽的本分"——理雅各及苏格兰新教与中国相遇》（*Striving for "the Whole Duty of Man"—James Legge and the Scottish Protestant Encounter with China*）①。这部学术性传记有 700 多页，分为上、下两卷。上卷介绍了理雅各早年所继承的宗教和哲学传统，记述理雅各在马六甲和香港传教的种种遭遇和汉学研究工作情况；下卷以晚清政治形势和鸦片战争、太平天国为背景，主要介绍评述理雅各多重的传教责任，追溯其集中国经典翻译家、传教士和学者身份于一身的形成过程，讨论其比较宗教学术研究、其文化职责及意义。似乎有意与吉拉德之书形成互补，此书重点关注牛津大学时期之前（即 1815—1873 年）的理雅各；而与吉拉德一致的是，此书也提供了理雅各的学术背景，反驳了赛义德意义上的"东方主义"，针锋相对地提出了"汉学东方主义"（Sinological Orientalism）之概念，认为理雅各的译解都遵循着尊重和平等的原则。这一观点笔者也是认同的。不过，费乐仁的新颖之处在于，他在论述理雅各的学术背景时，极为重视他的苏格兰文化根源，主要包括非国教背景（nonconformist background）和苏格兰常识哲学（Scottish commonsense philosophy）。费乐仁认为，这些方面对于理雅各平等对待甚至接受儒家文化都有着决定性的影响；而且，与吉拉德重视分析理雅各的相关论著、论文及同时代人对这些论述的各异反应不同，费乐仁更加倾向于考察评估理雅各具体的翻译实践——这一点也将是笔者最为重视的——并认为理雅各不仅仅是一位译者也是一位具有原创性的思想家。此外费乐仁突出了理雅各对"人所当尽的本分"的强调，这将是笔者进行本文研究的一个切入口。

---

①　Lauren F. Pfister, *Striving for "The Whole Duty of Man"*: *James Legge and the Scottish Protestant Encounter with China*, Frankfurt am Main: Peter Lang, 2004.

中国大陆第一部专门研究理雅各的专著，是福建师范大学岳峰在其 2003 年的博士论文的基础之上形成的专著《架设东西方的桥梁——英国汉学家理雅各研究》①。作者依据丰富齐备的史料——包括国际上有关理雅各研究的所有资料，还有理雅各尚未出版的珍贵手稿及其在牛津大学任教时的讲稿——梳理了理雅各传教、出版、教育及翻译、介绍中国文化等诸多方面的成就，尤为可贵的是讨论了理雅各的比较宗教研究，肯定了他的宗教融合倾向。作者花了近三分之一的篇幅详细剖析了理雅各的中国典籍英译工作，并与其他译者的翻译文本做了比较研究，达到了较高的学术高度。

由上述重要文献可以看出，传记式研究有助于整体把握理雅各的思想渊源、思想脉络；具体的翻译研究的确是切中理雅各的成就中最有价值的方面。而上述翻译研究的主要缺憾在于，往往局限于翻译的技术性操作问题，或者参照中国经典注疏对理雅各翻译进行正误之判。个别的翻译研究试图挖掘译者背后的思想倾向，却难以与译者形成真正的思想对话。

第二节　理雅各中国经典译解的"经文辩读"性质

事实上，尽管理雅各的主要成就在于翻译，但是并不能因此而将他单纯地定位为一个翻译家。从这些卷帙浩繁的译著本身来看，理雅各本人显然并不仅仅满足于单纯翻译中国古代经典，他的译文在或明或暗地关联着基督教经典及神学；他在译著中借鉴中国古代注疏家的方式进行了细心、敏锐的疏解，这说明他在努

---

① 岳峰：《架设东西方的桥梁——英国汉学家理雅各研究》，福建师范大学 2003 年博士学位论文，岳峰：《架设东西方的桥梁——英国汉学家理雅各研究》，福建人民出版社 2004 年版。

力阐释这些经典。① 他在每卷译本扉页上都会写上孟子的一段名言："不以文害辞，不以辞害志；以意逆志，是为得之。"② 其中的"志"他翻译为"scope"，之后进一步解释为"作者的意图或目的"③。这表明理雅各意图把握经典的原意（尽管从现代阐释学来说，这事实上是不可能的），因为他渴望译出"更具批判性、更完整、更精确"④ 的译本。在此基础上，理雅各试图将之与基督教经典进行严肃而有意义的对话；再加上他为每部译著所撰写的宏观性导言以及一些单独成册的论著和相关论文，这些足以使他成为中国经典的伟大阐释者和卓越的比较宗教学者，甚至是具有原创性的思想家，而不仅仅是他的小女儿理海伦所界定的"传

① 赖廉士（Lindsay Ride）为香港中文大学 1961 年重版《中国经典》而撰写的《译者小传》（Biographical Note）中赞扬说："理雅各的注解，足可与那些伟大的中国注疏家媲美." Lindsay Ride, "Biographical Note," in James Legge, *The Chinese Classics with a Translation, Critical and Exegetical Notes, Prolegomena, and Copious Indexes*, vol. I : *Confucian Analects, the Great Learning, and the Doctrine of the Mean*, London: The Clarendon Press, 1893, reprinted by Taipei: SMC Publishing Inc, 1991, p. 24. 曾经帮助理雅各译经的著名近代文人王韬从经学贡献的角度高度评价了理雅各："嘉庆年间，始有名望之儒至粤，曰马礼逊，继之者曰米怜维琳，而理君雅各先生亦偕麦都思诸名宿橐笔东游。先生于诸西儒中年最少，学识品诣卓然异人。和约既定，货琛云集，中西合好，光气大开。泰西各儒，无不延揽名流，留心典籍。如慕维廉、裨治文之地志，艾约瑟之重学，伟烈亚力之天算，合信氏之医学，玛高温之电气学，丁韪良之律学，后先并出，竞美一时。然此特通西学于中国，而未及以中国经籍之精微通之于西国也。先生独不惮其难，注全力于十三经，贯串考核，讨流溯源，别具见解，不随凡俗。其言经也，不主一家，不专一说，博采旁涉，务极其通，大抵取材于孔、郑而折衷于程、朱，于汉、宋之学，两无偏袒。……呜呼！经学至今日几将绝灭矣。溯自嘉、道之间，阮文达公以经师提倡后进，一时人士翕承风尚，莫不研搜诂训，剖析毫芒，观其所撰《国朝儒林传》以及江郑堂《汉学师承记》，著述之精，彬彬郁郁，直可媲美两汉，超轶有唐。逮后老成调谢，而吴门陈奂硕甫先生能绍绝学，为毛氏功臣。今海内顾谁可继之者？而先生独以西国儒宗，抗心媚古，俯首以就铅椠之役，其志欲于群经悉有译述，以广其嘉惠后学之心，可不谓难欤？"王韬：《送西儒理雅各回国序》，《弢园文录外编》，辽宁人民出版社 1994 年版，第 316—317 页。

② 《孟子·万章上》。

③ James Legge, *The Chinese Classics with a Translation, Critical and Exegetical Notes, Prolegomena, and Copious Indexes*, vol. II : *The work of Mencius*, London: The Clarendon Press, 1893, reprinted by Taipei: SMC Publishing Inc, 1991, p. 353.

④ Legge, *The Chinese Classics*, vol. I , p. VIII.

教士与学者"①，可能也不仅仅是一批仰慕理雅各的汉学家在为其树立的石碑上刻写的那样——"入华传教士及牛津大学第一任汉学教授"②。

费乐仁（Lauren F. Pfister）指出，曾经担任过伦敦传道会传教士的理雅各，并不是赛义德（Edward Said）意义上的"东方主义"者。③ 理雅各并不是在译解中不断归化甚至曲解中国儒家经典，他可能对儒家文化有误解，但是绝没有有意和任意的曲解，他是"保持着冷静而公正的头脑"④，带着学者的认真、缜密和小心翼翼来进入儒家文化的，他时刻警醒自己要公正。⑤ 吉拉德非常公正地评价说，理雅各能够以一种近乎正统的中国方式亲自参与到中国丰富的注疏传统中，试图从中国人的角度去审视和了解中国人。⑥

理雅各曾经提到，有些人认为他是从基督教的立场来理解儒家文化的，但是，如果这些人听到中国人那些祭天祷文（此时中国人的宗教热忱达到了最高点）时，他们就不会这么说了。⑦ 他抱着宽容甚至谦卑的态度来严肃对待儒家经典（虽然在传教初期并不一定全然

---

① Helen Edith Legge, *James Legge: Missionary and Scholar*, London: The Religious Tract Society, 1905.

② 参见 Ride, "Biographical Note," p. 23。

③ Pfister, *Striving for "The Whole Duty of Man"*, p. 9.

④ James Legge, *Confucianism in Relation to Christianity: A Paper Read before the Missionary Conference in Shanghai*, Shanghai: Kelly & Walch, 1877, p. 2.

⑤ 尽管王辉将理雅各的译经工作称为殖民主义，却也承认：理雅各在译本的注释尤其是绪论中不时流露出宗教的观点，但他的宗教热忱并未妨碍其从整体上对儒学做出持平之论。一方面是因为他秉承使徒保罗对异己文化所持的"客观而不中立"的开明立场；更重要的是，作为学者的理氏，视客观公正为学术之生命。例如，他曾批评罗仲藩过多地将《圣经》中的上帝观和人性观掺入对《大学》的解释中。理雅各对儒学表现出的同情和赞美，颇为当时主流传教界所不齿，甚至被斥为异端邪说。见王辉《理雅各英译儒经的特色与得失》，《深圳大学学报》2003 年第 4 期。

⑥ Girardot, *The Victorian Translation of China*, p. 361.

⑦ James Legge, *The Religions of China: Confucianism and Taoism Described and Compared with Christianity*, London: Hodder and Stoughton, 1880, p. 33.

如此，但是越到后来他越认识到如此态度的重要性和必要性）。① 甚至他的译解已经超出了意图归化中国异教徒的工具性考量，② 而产生为了他者文化本身而进行研究的志向。③ 这种对他者文化的倾听和尊重，在很大程度上包含着"解中心"（de-centering）的宝贵思想，也蕴含着"互为他者"、进而"自我他者化"的丰富可能性。④ 另外，"让他者成为他者"也需要克服掉其所暗含的他者之间的交流困难。进一步说，"让他者成为他者"本身也内在地包含了向他者保持开放甚至随时改变自我的要求，此外，现代阐释学已经阐明了，真空地进入文本是不可能的；而事实上，如果的确存在这种真空的进入的话，那么这种进入也将是毫无意义的。⑤ 理雅各从未丧失基督教的理解背景，这种背景并

---

① 理雅各批评那些乐于批判中国文化的传教士们时说："暴露《易经》和其他儒家经典中的谬误和幼稚，可能是出于削弱中国士大夫和普通大众对这些经典之尊重程度的目的。传教士和汉学家们竭尽全力进行揭露的原因只是在于藉此间接维护基督教。"他认为："儒教并不像佛教和印度教那样与基督教相对立，并不是前者的那种无神论，也不是后者的多神论。……许多传教士有时会不可避免地将孔子从高处拉下来。……希望没有人会将尽力熟悉儒家经典看作分心劳神之事。"Legge, *Confucianism in Relation to Christianity*, pp. 2, 12。

② 当然，作为传教士，理雅各汉学研究的初衷的确是为传教服务。他在《中国经典》第一卷中写道："从最初研究儒家文化至今，二十年的经验使他（理雅各在前言中常使用第三人称指代他本人）能做出正确判断，只有全面掌握中国经典著作，深入研究中国古代圣人们的思想，他才能认为自己有资格去完成传教使命，并从这些经典中发现中国人的道德、社会、政治、生活的基础。"见 Legge, *The Chinese Classics*, vol. , p. vii。

③ 理雅各在早年的一则日记中，与自己进行了隐秘的对话。他指出自己对中国的迷恋并不正当，因为这种迷恋实际上被归化中国的渴望所牵引。由此他形成了一种"为了他者本身"地在学术上和哲学上去认知中国的志向。这种志向甚至构成了他晚年脱离传教活动成为一名职业汉学家的一个至关重要的推动因素。参见 Girardot, *The Victorian Translation of China*, p. 41。

④ 杨慧林：《中西"经文辩读"的可能性及其价值——以理雅各的中国经典翻译为中心》，《中国社会科学》2011 年第 1 期。

⑤ 布尔特曼曾说，如果不带"先见"指不预设诠释的结果，那么诠释不仅可能不带偏见，而且必须消除先入为主的偏见。但在另一种意义上，"没有任何诠释可以不带先见，因为诠释者不可能是白板（tabula rasa）"一块，恰恰相反，诠释者总是带着特别的问题去叩问经文，或者说以一种特别的提问方式去读经文，因而对经文的内容已经有某种概念。Rudolf Bultmann, "Is Presupposition Possible?" in Kurt Mueller-Vollmer ed. , *The Hermeneutics Reader: Texts of the German Tradition from the Enlightenment to the Present*, NY: Continuum, 1990, p. 242. 转引自张隆溪《明末信教文士对我们的意义》（https://www.douban.com/group/topic/8338693/）。

未造成基督教与儒家经典对话的障碍，反而促成了对话中两种思想和文化的相互激发、丰富或者改变。正因此，近年来中国人民大学杨慧林教授对理雅各尤感兴趣，倡导在"经文辩读"的视野中研究理雅各的中国经典译注。[①] 他认为，理雅各在翻译中进行的中西经典之间的互读、互释、互训和互为解说，已经具有了"经文辩读"的性质，并且为当今中西之间的"经文辩读"提供了丰富的资源；而且理雅各的"辩读"还包含更深层次的"解中心"的"真正思想"，包含着"互为他者"的哲学意涵。因此，完全可以将理雅各放在现代开放、对话的视角下进行研究，考察理雅各在基督教经典与儒家经典之间进行的"经文辩读"（Scriptural Reasoning）。

　　按照彼得·奥克斯的考察，"经文辩读"主要受到三种经文研究模式的影响：首先是犹太教、基督教与伊斯兰教中的传统文本研究，这些研究主要考察经文起源、经文注疏和教义传承；其次是现代大学中从历史、文学、哲学等进路研究经文的方法；最后是犹太教、基督教与伊斯兰教三种传统内部各自独立进行的"文本辩读"（Text Reasoning）。从 1994 年开始，一些研究犹太教、基督教和伊斯兰教的学者们开始试图跨越各自经文的界限，合力寻求一种对话方式，从而使"文本辩读"这一运动逐渐拓展为涵盖犹太教、基督教和伊斯兰教的"经文辩读"（Scriptural Reasoning）。[②] 大致来讲，"经文辩读"是犹太教、基督教和伊斯兰教等不同信仰群体共同阅读、辨析三教经文的实践活动，以求实现相互间的理解与对话。他们并不追求达成一致和统一，更不会试图将三教融会为某种普世性的亚伯拉罕信仰，而是在

---

　　① 代表性论文有：《"经文辩读"的价值命意与"公共领域"的神学研究》，《长江学术》2009 年第 1 期；《怎一个"道"字了得——〈道德经〉之道的翻译个案》，《中国文化研究》2009 年秋之卷；《关于"韬光"的误读及其可能的译解》，《读书》2010 年第 7 期；《中西之间的"经文辩读"》，《河南大学学报》2009 年第 3 期；《中西"经文辩读"的可能性及其价值——以理雅各的中国经典翻译为中心》，《中国社会科学》2011 年第 1 期；《文化身份的"动词性"逻辑——传教士的身份、认同及其游移》，《基督教文化学刊》2011 年第 2 期。《"经典辩读"与"诠释的循环"》，《中国人民大学学报》2012 年第 5 期。

　　② ［美］彼得·奥克斯：《经文辩读：从实践到理论》，汪海译，《中国人民大学学报》2012 年第 5 期。

建立关联之时，仍然保留差异，只是尽量不让这些差异变得过于激烈，而且"提升差异的品质"。①这就是说，"人们不只是知道彼此间是不同的，而是通过对彼此权威经典的阅读，从本根处知道差异在哪里，知道差异的由来，同时知道差异的走向。这样，不同宗教在共处时，就不会仅以面具化的'我们'或'他们'进行简单区分，而是在彼此深入了解的基础上的'美美与共'"②。

　　尽管"经文辩读"原本只是在亚伯拉罕宗教系统内进行的，但是由于它是多元他者参与其中的实践活动，而且并不寻求在共同的宗教源头那里达成一致，所以它本就具有了拓展至其他宗教经文的内在气质。③ 因此，作为"经文辩读"运动的奠基人、"国际经文辩读协会"主席的彼得·奥克斯进一步扩展了"经文辩读"的意涵，"将经文辩读这一术语应用于与对话、关联式研习或探究相类似的活动形式"，也认可中国一些学者将两种宗教间的对话式相遇（例如传教士的天主教与中国的儒家学说的相遇）称为"经文辩读"。④ 当然，这种态度体现了一位经文辩读学者所必须具备的开放视野，不过仍然需要澄清的是，经文辩读并不等同于包容广泛的宗教间对话，因为经文辩读极为根本的一个特质是回到经典、回到经典的直白义，将自身宗教传统中最核心、最神圣的经典开放给其他宗教和文化，邀请它们对自己的经典进行阅读和解释。在此情形下，在入华传教士那里发生的中西经典之间的互读、互释、互译便最有可能成为经文辩读的历史资源。而理雅各对中国儒家经典的翻译、读解和阐释，实际上就提供了

---

　　① David Ford, "An Inter - Faith Wisdom: Scriptural Reasoning between Jews, Christians and Muslims," in David Ford and C. C. Pechnold eds. , *The Promise of Scriptural Reasoning.* Oxford: Blackwell Publishing LTD, 2006, p. 3.

　　② 游斌：《以"经文辩读"推动宗教对话》，《中国宗教》2012 年第 5 期。

　　③ 理查德森（Kurt Anders Richardson）曾说："毫无疑问，经文辩读可以在更为广阔的范围里实践，从而必将形成一个团体，这个团体可以不受约束地纳入所有经典宗教和各自解经传统。"Kurt Anders Richardson, "Editor's Preface," *The Journal of Scriptural Reasoning* 2, no. 1 (2002). See http://etext. lib. virginia. edu/journals/ssr/issues/volume2/number1/ssr02 - 01 - f01. html。

　　④ ［美］彼得·奥克斯：《经文辩读：从实践到理论》，汪海译，《中国人民大学学报》2012 年第 5 期。

中西之间"经文辩读"的丰富实践和资源。证据在于：

首先，面对儒家经典和基督教经典，理雅各坚持理性的辨析（reasoning）和批判①。在依据各自的经典本身来进行理性的比较和对话之外，他也强调了各自的经典本身在历史中都经历了人为改造，因而也必须接受理性的检验。除了理雅各在诸多论著中多次提及甚至强调"reasoning"之外，他在《中国的宗教》中特别谈道："我们必须谨记，当我们总结说基督教乃是启示性宗教之时，这不表明我们不需要勤勉地研究圣经，不需要藉由各种合法的批评方法和解经方法去获取圣经真义。旧约圣经和新约圣经传承到我们时，与罗马经典和中国经典一样，经历了败坏和改造、增补和删减。这些文本都必须接受同样的批评规范的检验；那些已经确定下来的文本内涵，还必须通过相同或者相关建构过程而最终得以确定。在基督教圣经中我们获得了一种启示，但这一事实并不影响我们对它进行研究。"②

其次，正如上文所论，理雅各是带着学者的认真、缜密和小心翼翼来进入儒家文化的，他的译解已经超出了意图归化中国异教徒的工具性考量，具有了为了他者文化本身而进行研究的客观公正性。

最后，对于理雅各来说，翻译既是回溯原意，又是在此基础上的理解和阐释。理雅各的译解在中国古代经典和基督教经典（甚至还包括古希腊、古罗马的古代经典）之间进行着互读、互释、互训，因此形成了丰富的"经文辩读"的资源。对这些资源的挖掘和探讨可能才是理雅各研究中最为重要的任务，才能对中西之间的对话有所回馈。

因此，本书将以理雅各《论语》英译本（尤其是 1893 年由伦敦 Clarendon 出版社出版的修订版③）为中心，结合理雅各的其他译著、

---

① 大卫·福特试图在某种公共性层面上为经文辩读提供一种基础，这种基础就包括了理性辨析（reasoning）。见 Ford, "An Inter – Faith Wisdom", p. 3.

② Legge, *The Religions of China*, pp. 287 – 288.

③ 理雅各于 1861 年出版了 *Chinese Classics* 的第 1 卷和第 2 卷，第 1 卷包括《论语》《大学》《中庸》，第二卷是《孟子》。此后分别于 1865 年出版了《书经》（即《尚书》）、1871 年出版了《诗经》、1872 年出版了《春秋》（附《左传》）。1893—1895 年他在伦敦 Clarendon 出版社陆续出版了 chinese classics 相应的修订版。不过，相较于初版，修订版变化较大的只是第 1 卷。本书的相关论述主要依据修订版，必要时会论及初版。

论著和论文，从具体的译文（字、词、句以至整部经典）出发，探讨理雅各如何进行经文之间的互读互释，如何辨析儒家经典与基督教经典之间的异同，如何在两者之间搭建津梁，如何在激发儒家经典崭新而重要的意义之时反思和重建基督教的自我理解，并且试图探讨理雅各这些具有"经文辩读"意义的互读、互释在现代语境下所可能具有的重大价值。

第三节　本书的关注点和结构安排

理雅各的译解、论著极为繁复，尤其对于每部经典的译解来说，译解必然是细碎的、片段性的，并非直接构成一个具有逻辑关联性的系统。理雅各在《论语》与《圣经》之间的经文辩读，首先在具体的译文中有所体现，例如就理雅各精心选用的某些翻译语词来说，尽管理雅各意在通过这些语词较为准确地传达《论语》的原意，但是由于语词本身必然带有自身所属的文化系统的身份密码、文化因子，所以这些语词也会指向西方文化尤其是基督教《圣经》中的某些言说；其次，理雅各有时会在具体的疏解中进行含义辨析和义理比较，所以由此所呈现出的辩读、互释，也必然是片段性的、非连续性的。本书当然不能随文附议，而必须对这诸多的片段进行整理、分类，最后抽取出一个主题来进行论述。

单就《论语》来说，其论说虽然往往是孔子及其门弟子在不同场合、情境下的问答指点，但是也能够在各篇之间找寻一定的关联①；而且正如孔子自己所说的那样，"吾道一以贯之"（《里仁》十

---

①　例如皇侃就曾试图在章与章之间建立起某种内在关联，既释说篇名，又论说篇目次第相通之义，如对于《八佾》，皇侃说："八佾者，奏乐人数行列之名也。此篇明季氏是诸侯之臣而僭行天子之礼乐也，所以次前者言政之所裁，裁于斯滥，故八佾次为政也。又一通云，政既由学而为政，则如北辰。若不学为为政，则如季氏之恶，故次为政也。然此不标季氏而以八佾名篇者，深则其恶，故书其事以标篇也。"见（魏）何晏集解、（梁）皇侃义疏：《论语集解义疏》，上海商务印书馆1926年版，第27页。现代学者钱穆同样认为篇章之间具有内在关联。见钱穆《论语新解》，生活·读书·新知三联书店2002年版。

五章①），可见整部《论语》仍然有其核心。虽然孔子自己并未明言此种"一以贯之"之"道"所指为何，但曾子非常肯定地申明为"忠恕"。在一般意义上，"尽己之谓忠，推己之谓恕"②，侧重于自我与他人之间的伦理关系。不过，孔子之论"仁""智""性""天命"等，往往从切近处、从工夫处入手，并不纠缠于客观义理，所以曾子的心领神会（"唯"）以及向其他门弟子的申明（"夫子之道，忠恕而已矣"）可能恰恰遵循了孔子的论说方式。朱熹说："夫子之一理浑然而泛应曲当，譬则天地之至诚无息，而万物各得其所，自此之外，固无余法，而亦无待于推矣。曾子有见于此而难言之，故借学者尽己、推己之目以著明之，欲人之易晓也。"③ 曾子以"道之用"申说"道之体"，可以说以不尽相符的迂回方式达成真正的若合符节。而从实际意涵来说，"忠恕"即出于本心以尽己待人，既直指具体的当下行为，又标记出具体行为的本心根据，由此本心则可贯通万人之心，因此钱穆说"忠恕之道即仁道"。④

　　因此，如果将"仁"作为孔子思想的核心，应该不会大谬不然。⑤牟宗三认为，孔子在《论语》里，暂时撇开了从天命天道说性这一老

---

　　① 理雅各《论语》译本的分章，遵照朱熹的《四书章句集注》。本文所列章数，即是据朱熹的分章。见（宋）朱熹：《四书章句集注》，中华书局1983年版。

　　② 朱熹：《四书章句集注》，第72页。皇侃解为"忠，谓尽中心也；恕，谓忖我以度于人也"，义通。见何晏集解、皇侃义疏《论语集解义疏》，第50页。

　　③ 朱熹：《四书章句集注》，第72页。

　　④ 钱穆：《论语新解》，第103页。

　　⑤ 根据陈荣捷（Chan Wing-tsit）的统计，在《论语》的499小章中有58章探讨了"仁"，"仁"字出现了105次。见［美］陈荣捷：《儒家的"仁"之思想之演进》，龙达瑞译，［美］姜新艳主编：《英语世界中的中国哲学》，中国人民大学出版社2009年版，第18页。另参见李泽厚《中国古代思想史论》，风云时代出版社1991年修订版，第8页。需要指出的是，马克斯·韦伯（Max Weber）、赫伯特·芬格莱特（Herbert Fingarette）等倾向于认为儒学的核心在于"礼"。见［德］马克斯·韦伯《中国的宗教；宗教与世界》，康乐、简惠美译，广西师范大学出版社2004年版，第225页；［美］赫伯特·芬格莱特《孔子：即凡而圣》，彭国翔、张华译，江苏人民出版社2002年版，第5页。

传统，而从主观方面开辟了仁、智、圣的生命领域。① 而孔子的"仁"包蕴甚广，一切德都藏于其中，即所谓"全德"。唐君毅说："按以仁为一德，与忠信礼敬智勇等相对，自古有之，而以仁统贯诸德，则自孔子始。"② 在唐君毅看来，孔子的"仁"虽包蕴甚广，却可以开显为"对人之自己之内在的感通、对他人之感通、及对天命鬼神之感通之三方面。皆以通情成感，以感应成通。此感通为人之生命存在上的，亦为心灵的，精神的。如说其为精神的，则对己之感通为主观的精神之感通，对人之感通为客观的精神之感通，对天命鬼神之感通，则为绝对的精神之感通"。③ 如果以自我为出发点的话，那么这三个方面容纳了生活在世界之中的自我所面对的所有关系④：自我与自我，自我与他人，自我与天命鬼神。统而论之，不妨称之为"自我与他者"⑤ 的关系。对于自我来说，这三种关系的首要意义并非为自我提供资源、支撑，为自我服务，反而恰恰是每种关系都向自我提出了伦理

---

① 牟宗三：《中国哲学的特质》，上海古籍出版社 2008 年版，第 23 页。陈荣捷也认为，不管如何理解"子罕言利，与命，与仁"，将"仁"作为讲课传道的主题，孔子确是第一位。见陈荣捷《儒家的"仁"之思想之演进》，第 19 页。

② 唐君毅：《中国哲学原论·原道篇》（卷一），学生书局 1978 年版，第 71 页。

③ 同上书，第 76 页。

④ 需要指出的是，这三个方面并没有特别将自我与自然的关系标举出来，但是考虑到《论语》及更早时代的鬼神观念（包含着天地、山川等自然神灵，下文将会有所论及），那么自我与鬼神之间的关系可以含纳自我与自然的关系。而且唐君毅在论及三祭时也说："三祭中祭父母祖先者，是通吾个人之人格所自生之原。祭圣贤与有功德之人者，是通社会人文所自生之原。祭天地者，是通人之性，与有情众生之性之原。此所谓天地，乃张横渠所谓称父称母之乾坤。乾坤即宇宙生命，或宇宙精神，或宇宙存在之道，而与佛家之一真法界，一神教之梵天上帝之义，相通摄者。"唐君毅：《中国哲学原论·原道篇》（卷一），第 3 页。

⑤ 在拉康（Jaques Lacan）那里，"他人"（other）与"他者"（Other）截然不同：他人只是自我的影像和投影，只处于"想象的秩序"之中；"他者"则表示根本的"他异性"，这种"他异性"超越了虚幻的想象，而且无法被"自我"同化。但是笔者在这里并不试图做出这种区分。这里的"他者"只是在最一般的意义上使用的，与"他人"的不同只是在于，"他人"指称"我"之外的其他作为人的个体，而"他者"更为广泛地指称在"我"之外、我所不是、不是我的所有存在。因此两者只是指称范围的不同，而没有性质的差别。

要求和责任期待。而只有自我积极去回应和践行这些要求和责任之时，自我才能够被真正实现出来，才能够完成自我（"成己"）。

　　事实上，基督教无疑也包含了这些关系。在耶稣基督所强调的两条诫命中，首要的是"尽心、尽性、尽意、尽力爱主你的神"（可 12：30，路 10：27）①，第二条是"爱人如己"。在基督教中，自我所面对的他者中，最为重要也最为根本的是上帝。自我与上帝的关系决定着、规范着自我同上帝之外所有的他者——即他人、自然等其他被造物——之间的关系。在同为上帝的造物、同为上帝的形象、也由于始祖亚当的堕落而同有原罪的情形下，每个人都是平等的。生命之意义即在于转向上帝、顺服上帝、荣耀上帝，尽管上帝并非必然需要人所献出的荣耀。在奥古斯丁（Saint Augustine）那里，爱他人如果没有爱上帝的保障和指引、不以爱上帝为目的，爱他人也会受到污染，因为这会导致个人沉迷于世俗之物之中，沦为自爱。但是也并不由于爱上帝而抛弃了对他人、对自我的爱（即所谓"尽心、尽性、尽意、尽力"或者"爱人如己"②），只是三者应该在一种合理的关系下展开。因此从耶稣基督的两条诫命来看，他同样强调了人的责任和义务，即自我对上帝、对他人、对自我的爱。据《传道书》"敬畏神，谨守他的诫命，这是人所当尽的本分"（传 12：13）从自我的角度看，基督教中的三种关系同样给自我提出了神学和伦理学的要求。

　　在此基础上，本书将自我与上帝或天（以及鬼神）、自我与自我、自我与他人之间的关系作为主要的关注，并且将之作为论文的主

---

　　①　本书所引《圣经》中译本，皆据《圣经——中英对照（和合本·新国际版）》，国际圣经公会 2003 年版。

　　②　值得注意的是，尼布尔（Reinhold Niebuhr）将这两条诫命理解为对实现三种和谐关系的命令：灵魂与上帝的和谐（"爱主你的神"）、灵魂之内的和谐（"尽心、尽性、尽意、尽力"）以及自我与邻居的和谐（"爱人如己"）。第一种和谐即是灵魂对上帝的屈服为信、爱所超越，第二种和谐即是灵魂与自身在所有欲望和冲动中充满内在和谐，第三种和谐即是生命与生命之间的完满和谐。见［美］尼布尔《人的本性与命运》（上），成穷译，贵州人民出版社 2006 年版，第 253—261 页。也就是说，不但"爱人如己"已经显示出自我与自我的关系，而且"尽心、尽性、尽意、尽力"也突出了这一点。

要架构。这种思路既不是站在儒家的立场上重塑基督教，也不是站在基督教的立场上塑造儒家，而是取其二者所共有、本有之处进行论述；而且正如前文已经指出的那样，对于两者来说自我与他者的关系问题都是至关重要的问题，而非无关宏旨。

还需要指出的是，本书将"自我与他者"作为探讨理雅各译解《论语》的主要关注点，并不是脱离理雅各意图的一厢情愿。事实上，理雅各曾经专门以"人所当尽的本分"为主题比较了基督教和儒教（理雅各认为儒家思想是一种宗教，并且就是信仰上帝的一神教，后文将很快论及这一点）的异同。① 而在 1877 年的《儒教和基督教的对比》一文中，理雅各同样明确谈及了儒教和基督教相关联的三个关键性教义问题：上帝和其他崇拜对象、人性及其未来状态、人的道德和社会责任。② 这就说明理雅各已经意识到"自我与他者"的关系不但是一个十分重要的问题，也是基督教和儒教共同关注的问题（只是他的探讨并未深入，而且某些时候也不可避免地带有"判教"色彩）。同时，理雅各所重视的"人所当尽的本分"恰恰就是人对不同他者的责任，因此理雅各对儒教和基督教之关系的诸多讨论，并不意在纯粹的学术趣味，而是注重"将比较问题带到实践和现实的层面，强调个人的神学和伦理责任"③。本书会主要关注《论语》中所涉及的自我与他者关系的论说，特别是这些论说在理雅各将《论语》与《圣经》进行的互读互释中激发出的意味深长的对话。本书试图挖掘理雅各如何一方面借助于基督教的某些视角激发出《论语》的某些崭新而重要的意义，另一方面借助于儒教中的某些思想来反思和重建基督教的自我理解；在此基础上，本书也力图将这些对话继续合理推进。由此本书意图达成的，并非判别两者孰是孰非、

---

① James Legge, *Christianity and Confucianism Compared in Their Teaching on the Whole Duty of Man*, London: Religious Tract Society, 1883.

② James Legge, *Confucianism in Relation to Christianity: A Paper Read before the Missionary Conference in Shanghai*, Shanghai: Kelly & Walch, 1877.

③ Girardot, *The Victorian Translation of China*, p. 305.

孰优孰劣，而是求得两者在相互理解的基础上相互激发、相互丰富。

　　具体说来，本书第一章将会讨论理雅各对儒教中"上帝"、"天"、鬼神的译解，亦即理雅各的"儒教一神论"。这是后文论述的基础。在此基础上，第二章将会重点探讨《论语》中作为超越性的他者的"天"、尤其是"鬼神"如何以其不在场的在场对自我提出了绝对的责任。不过，在这一章中，"天"并不作为重点来处理，因为在儒家传统中（在孔子思想中也有体现），自上而下论，则"天命之谓性"；自下而上论，则"下学而上达"，所以"天"与自我的关系关键在于自我体证到自我人性之本善，并在现实中努力将这一本善之性澄明，此即契悟天道。由此自我对天的绝对责任实质上构成了自我对自我的责任，即自我对天赋之本性的责任。而这一问题将在第三章中详细论述。理雅各非常重视儒家思想中的性善论，并试图以此来对基督教中的原罪论进行某种程度上的弱化或调整，同时也依据基督教中的相关观念对《论语》（以及《孟子》等）中的某些论述提出新的思考。这一点也会在第三章中展开。第四章试图指出，在理雅各凸显了自我对"天"、对"鬼神"的绝对责任之后，在强调了人的未完成性之后，自我事实上已经与可疑的单一主体脱离了干系。这种脱离也体现在理雅各所关注的孔子论说的"无己"而"成己"，即在自我与他人之间——这种关系不妨以一般意义上的道德来指称——自我与他人的共在，自我向他人的交出（commitment），从而实现真正的自我。此章也试图在理雅各译解的指引下，进一步思考这种思想在基督教中的回响，以及对基督教中的"谦卑""虚己"的思想有何可能的回馈。根据以上讨论，结语部分将会整理出三种层次的"自我与他者"的关系：由理雅各的译解所展现出的《论语》中所论及的"自我与他者"的关系；理雅各面对《论语》（以及整个儒家思想）这一文化他者时展现出的"自我与他者"的关系；作为后来者的我们面对理雅各这一力图阐释儒家文化的文化他者时所应形成的"自我与他者"的关系。这三层关系在显明"经文辩读"的必要性和重要性的同时，本身也是"经文辩读"的题中应有之义。

第一章　理雅各的儒教一神论

　　儒教一神论应该是理雅各在儒家思想与基督教思想对话中的最重要的观点。这一观点原本是为了回应"译名问题"的，却也形成了儒家经典研究的一种别样声音，既上承两百多年前的利玛窦（Matteo Ricci）[①]，也呼应了几十年后和一百多年后近现代中国有关儒教问题的论争[②]。笔者无力也无意重新进入这场论争，只是认为理雅各的儒教一神论是理雅各在儒家经典和基督教经典之间辩读的成果之一，而且构成了理雅各其他方面辩读的根基。对于本书来说，理雅各既然宣称了儒家思想即为一神教的儒教，那么《论语》作为儒家最为重要的经典之一，便具有了圣典（scripture）的性质，从而使得将理雅各在儒家经典和基督教经典之间的互读互释视为"经文辩读"便更具有了合理性。此外，"绪论"已经提到基督教中"自我与他者"之关系的基础在于上帝，而儒家经典中呈现出来的"自我与他者"之关系的基础同样是"上帝"或"天"，因此讨论理雅各的儒教一神论也为本书的论述提供了必要的基础。在儒教一神论的基础上，不但鬼神的位置与功能能够被清晰定位，而且儒家思想中的"天命之谓性"

　　[①]　理雅各曾经在《中国的宗教》（*The Religions of China*）中特别提及了一位论者对利玛窦的嘲讽。这位论者说，如果利玛窦读过朱子和《易经》的话，他肯定不会认为儒家信仰中的"天"与基督教的上帝存在着相似性。理雅各反唇相讥，宣称自己确信利玛窦阅读、评价并且深入思考过《易经》，然而利玛窦却据此得出了这种结论，并依据其他资料予以确认。随后理雅各毫不犹豫地宣称自己认同这种结论。见 Legge, *The Religions of China*, pp. 35 – 36。

　　[②]　参见任继愈主编《儒教问题争论集》，宗教文化出版社 2000 年版；陈明主编《儒教新论》，贵州人民出版社 2010 年版。

与基督教思想中的"上帝的形象"也可以在人性论上展开对话，此
外儒教一神论也意味着自我对于他人的责任承担在儒家思想及基督教
思想那里也是对上帝或者天的回应。

第一节　儒教一神论的提出

在那本仔细论证了儒教之为一神教的论著《中国的宗教》（*The
Religions of China: Confucianism and Taoism Described and Compared with
Christianity*）中，理雅各开宗明义，首先定义了他所谓的"Confu-
cianism"："首先是指中国古代宗教，其次是指伟大圣人孔子自己对
中国古代宗教的阐述和修正的观点，这些观点既存在于被认为是他所
写作的书卷中，也存在于他弟子们的记述中。"① 很明显，这种定义
既将孔子之前的中国宗教传统纳入进来，也将后世的儒学排除在外。
在此基础上，理雅各发现了一个一神论的儒教。这样的"儒教"显
然并非始于孔子，而是恰恰止于孔子（最多再把孟子包括进来。不
过理雅各又认为，在明代时又恢复了这个伟大传统，这一点后文将很
快谈到）。在孔子之前早已形成了源远流长甚至更为纯正的一神教信
仰，而且这就是信仰上帝的一神教，孔子只是承担了保存这种宗教的
重任。没有他，中国将不可能存在一种国家宗教。②

尽管理雅各的儒教一神论是在出版于 1880 年的《中国的宗教》
中首次明确被提出的，但其理论基础已经在 1852 年的《中国人的上
帝观和鬼神观》（*The Notion of the Chinese Concerning God and Spirits*）
中奠定下来了。在这篇旁征博引的长篇论文（也是一篇驳斥美国传
教士文惠廉的驳文）中，理雅各就努力论证了作为信仰至高神上帝
的一神教的中国国家宗教（the state religion of China）③，只是他当时
尚未使用"儒教"这一术语来指称这样一种国家宗教。整体来看，

---

① Legge, *The Religions of China*, p. 4.

② Ibid., p. 1.

③ James Legge, *The Notions of the Chinese Concerning God and Spirits*, Hong Kong: Hong
Kong Register Office, 1852, p. 10.

理雅各除了在《中国的宗教》中开始正视道教，以及更为冷静和系统地对儒教进行宗教学探讨之外，他关于中国的国家宗教（即儒教）的基本观点并无变化，只是增加了或改变了一些论据。这就说明理雅各在历经三十年翻译、研究中国经典的事业之后，他更加确信了自己的观点。

　　这一点对于探讨理雅各中国经典的译解十分重要。事实上，也正是在 19 世纪 50 年代之后，理雅各越来越多地将精力集中在"四书五经"的翻译之中，那么理所当然地，他的这种观点必然会贯彻在他具体的翻译实践之中；而在出版《中国的宗教》之前，他已经完成了 Chinese Classics 的翻译工作，并且业已完成了 The Sacred Books of China 的部分翻译工作。因此《中国的宗教》也可以视为理雅各细致翻译中国经典之后的一次学术总结。两篇论著基本观点的一致也说明理雅各在翻译中并没有改变自己对中国宗教的基本认识和立场，这种认识和立场一直在影响着他的翻译。①

第二节　儒教一神论的神学基础

　　从根本上讲，理雅各论证儒教一神论乃是建立在基督教神学的普遍启示的基础之上的。作为一种启示宗教，基督教最为重要的一个特征便是对于上帝的超越性与临在性的双重强调。② 在基督教看来，上帝（"God"）是绝对超越和自由的，人完全不能凭自身知晓和认识上帝。但上帝同时是位格性的，而且上帝就是爱，这使得他愿意主动向人类启示自己。因此启示总是且必须由上帝而来，启示是出自上帝之

---

　　① 理雅各受邀参加麦克斯·缪勒（Friedrich Max Muller）主编的《东方圣书》（The Sacred books of the East）的翻译工作，负责翻译《中国圣书》（The Sacred Books of China）。他在《易经》译本的导言（"Introduction"）中同样坚持将"帝"译为"God"。James Legge, The Sacred Books of China, part II: The Yi King, or Book of Changes, Oxford: Clarendon Press, 1879, p. 51. 他在 1882 年再版的前言（Preface）里仍然坚定宣称中国人的"帝"或"上帝"就是基督教中的"God"。James Legge, The Sacred Books of China, part II: The Yi King, or Book of Changes, Oxford: Clarendon Press, 1882, p. XX.

　　② 尼布尔：《人的本性与命运》（上），第 116 页。

爱的主动行为。上帝的启示既包括针对整个宇宙、整个人类和整个人类历史所呈现的普遍启示，也包括上帝在某一特定时间和地点向某一特定个人或群体自我显示的特殊启示。

理雅各认为，尽管中国人并没有领受过特殊启示，但是他们与基督徒一样领受了普遍启示。所以他引用《使徒行传》中保罗（Saint Paul）的话说："然而为自己（指上帝——引注）未尝不显出证据来，就如常施恩惠，从天降雨，赏赐丰年，叫你们饮食饱足，满心喜乐。"（徒 14：17）他还引用了《罗马书》1 章 18－20 节："原来，神的忿怒，从天上显明在一切不虔不义的人身上，就是那些行不义阻挡真理的人。神的事情，人所能知道的，原显明在人心里，因为神已经给他们显明。自从造天地以来，神的永能和神性是明明可知的，虽是眼不能见，但藉着所造之物就可以晓得，叫人无可推诿。"这表明，人通过所造之物，通过人所承受的恩典，都可以意识到上帝的存在及其某些属性，例如权能、公义、不朽和良善。对于这一点，罗马天主教完全承认，即使路德和加尔文也承认，在普遍启示的基础上，所有人（包括偶像崇拜者）都对上帝有知识。而在后来的路德宗和改革宗那里，"都在梅兰希顿的影响下达到对基督教之前和基督教之外的上帝认识的一种宁可说积极的评价"[1]。由保罗的言说无论是否能够进一步宣称普遍启示带来了人的理性潜能和能力，至少可以宣称人普遍拥有上帝知识的事实性。因此理雅各说："这些同样的资源也已经指引中国人具有了对上帝的观念和对上帝的承认。"[2]

理雅各对普遍启示的重视和解读受到了自然神论和苏格兰常识哲学的影响。理雅各成长于独特的"汉德利传统"中，这一传统中弥漫的是与传教运动相关的福音派护教学中的自由倾向、18 世纪自然

---

① ［德］潘能伯格：《系统神学》（卷一），李秋零译，道风书社 2013 年版，第 99—100 页。

② Legge, *The Religions of China*, p. 96. 另可参见 Legge, *Confucianism in Relation to Christianity*, pp. 10－11。值得注意的是，加尔文（John Calvin）强调，尽管上帝也借用普遍启示来启示自我，但是堕落后的人已经不能正确接受和体会上帝的启示了，除非经由中保基督。显然，理雅各有意偏离了加尔文神学的某些教导，这也体现在理雅各的诸多译作、著作中。

神论的理性主义和自然宗教元素、苏格兰常识哲学传统（特别是经由托马斯·里德和 D. 斯图亚特的发展后的）、圣经高等批判、与圣书的巨大古代遗产相关的比较历史科学以及进化论的或者思辨的比较学。① 苏格兰常识学派将外部世界的存在和心灵世界的存在作为常识接受和肯定下来，其理论基础就建立在人心灵的初始能力与构造原则之中，而这一能力和原则是源出于上帝的，② 具体来说，就是来自于上帝在创造之中的普遍启示。作为苏格兰常识哲学奠基人的托马斯·里德曾经专门谈到，自然神学是人在所有受造物中的特权，这使得人能够知晓他们的创造者，敬拜他，模仿他的完美性。③ 自然神学传统和常识哲学传统在理雅各所就读的阿伯丁国王学院影响深远，其原因之一就是托马斯·里德在 1751—1764 年曾在此执教并形成、发展并传播了他的常识哲学。根据费乐仁的考察，这些传统对理雅各的思想的成型影响重大。④

　　需要特别指出的是，初看起来，似乎理雅各通过普遍启示的观念将基督教中的"上帝"观念"强加"给了中国信仰，但是实际上理雅各一直在强调即使基督教自身对"上帝"的知识也是相对的⑤，因为基督教同样也是建立在上帝启示的基础之上的，哪怕基督徒宣称自己获得了圣经中的特殊启示，他们也不能宣称获得了关于上帝的绝对知识。

　　这就关系到上帝的无限性、超越性以及人的有限性。即使上帝主动启示，人类仍然不能完全认识上帝，这一方面是由于上帝在启示中既显又隐，在启示中所启示的上帝并非进行启示的上帝本身，正如巴特（Karl Barth）所说："借助于一个他不是的形式里遮掩他自己，他

---

①　Girardot, *TheVictorian Translation of China*, pp. 20 – 21.

②　[英] 托马斯·里德：《按常识原理探究人类心灵》，李涤非译，浙江大学出版社 2009 年版，第 7 页。

③　[英] 托马斯·里德：《实践伦理学》，转引自 Pfister, *Striving for "The Whole Duty of Man"*, p. 63。

④　Pfister, *Striving for "The Whole Duty of Man"*, pp. 65 – 67.

⑤　Legge, *The Religions of China*, p. 96.

揭示他自己是一个他所是的人。"① 启示既是上帝主动向人自我揭示，同时也是自我隐藏的一种方式。路德说由于信仰指向不可见之物，为使信仰有机会，一切被信仰的东西必须是隐藏的。如果它们与人们看见、感知、经验的正好相反，那么它们就是隐藏得最深的。② 因而上帝永远是无限的和超越的。

另一方面，对于上帝启示奥秘的表达、对于圣言的传达，也终究是用人言来进行的，因而不能不受制于人言的限制和弹性。③ 这意味着任何一种人言都绝对无法真确、整全地言说上帝，任何一种人言的术语都无法向人类传达"God"的全部内涵，从而只是一种相对性真理。如此一来，西方传教士们的基督教言说也并不必然具有先天优越性。从个体生存论而言，正如刘小枫所说的那样，由于基督文化是指圣言（基督事件）在个体偶在生存中的言语生成，因而圣言对于任何民族性存在及其文化来说，都是从此世之外、从神圣的他在发出的异音，不同民族语言和文化去承纳、言说、跟随圣言才呈现为多样的基督文化之人言样式。④ 由此而言，不管是希伯来语、希腊语或拉丁语的言说，还是汉语言说，都天然具有相对于无限和超越之上帝的有限性。在有限性层面上，这些言说是平等的。

因此，从根本上说，基督教不能依据自己形成的对上帝的认识来判定其他文化或宗教信仰中是否缺乏对上帝的认识。如果基督教妄称其他文化或宗教信仰根本不可能具有任何对上帝的知识，那么这种说法既是基督教相对于其他文化和宗教信仰的自傲，也是对上帝的亵渎。可以说理雅各的这种思想已经包含了对基督教自我中心意识的深

---

① ［瑞士］卡尔·巴特：《教会教义学》（精选本），何亚将、朱雁冰译，生活·读书·新知三联书店1998年版，第17页。

② 路德语。转引自卡尔·巴特《罗马书释义》，魏育青译，华东师范大学出版社2005年版，第41页。

③ 保罗二世："教宗若望保禄二世贺辞"，宗座圣经委员会公告，冼嘉仪译：《教会内的圣经诠释》，思高圣经学会1995年版，第ⅳ页。转引自杨慧林《圣言·人言——神学诠释学》，上海译文出版社2002年版，第3页。

④ 参见刘小枫《道与言——华夏文化与基督教文化相遇·编者序》，生活·读书·新知三联书店1995年版。

刻自省，而不仅仅是来自经学考察的学术成果。

　　这种反省在当时的传教士群体中弥足珍贵，但并不是绝唱。例如19世纪美南浸信会传教士纪好弼（R. H. Graves）通过对圣经希伯来原文的考察，发现 God 之名多种多样，而不同的名字具有不同的侧重点：考虑到他的永恒与绝对独立，他被称作"Elohim"——永恒；当他被看作自由和人格的 God，通过他的创造工作显现自己时，他被称作"Jehovah"——自存者、造物主；当考虑到他超越一切造物的无法企及的超绝时，他被称作"El Elion"——至高的 God；当他展现出不可战胜的全能时，他被称作"El Shaddai"——全能的God；在以色列人生活在偶像崇拜民族中的以斯拉和但以理时代，他们又称他为"天上的 God"。按照纪好弼的分析，之所以"God"在圣经中会有如此多样的名称，主要在于人们只能理解他的一部分本性，并不能形成对于他的本性的充分观念，因而 God 用多个语词来使人们知道他的属性和本性。① 这就意味着，即使作为 God 之话语的圣经，由于仍然是人用人言所记述的，还是不能尽然形成对 God 的整全和完全真确的认识，且受到人言本身的肉身性和含混性的限制。纪好弼提议既然希伯来原文中 God 之名并非单一的，那么也应采用不同的中文译名来翻译 God。尽管纪好弼的解决方案与理雅各并不相同，但是双方都意识到，相对于 God 的绝对性、超越性，人的头脑不能形成关于 God 的本性的充分整全的观念，即使在基督教文化自身中显然也不能。

　　因此，只有意识到基督教自我的局限，才能以一种平等的姿态谈论译名问题，才能不贸然将包括儒家文化在内的他者文化断然视为异教的乃至低级的。

第三节　儒教一神论的经学基础

　　在普遍启示和人言的有限性的神学基础上，理雅各在经学层面展

---

① 参见程小娟《God 的汉译史——争论、接受与启示》，社会科学文献出版社 2013年版，第 40 页。

开具体研究和论证。通过细致考察中国典籍，进行严谨的经学研究，且在基督教经典与儒家经典之间进行比较、辩读，理雅各提出中国人信仰的"上帝"就是基督教所信仰的"God"。

经学是中国古代学术的主体。一般来说，所谓"经学"，指的是中国历代学者对于儒家经籍的注疏、训解与诠释。学者们在经学传统内部发展出了包括训诂、章句、义疏、义理、考据等在内的一整套阅读和阐释技艺。在近两千年的基督教历史中，意图显明圣经经文原意和寓意或者阐明圣经经文在某种特殊情境之中的意义的基督教释经学同样会借重这些类似技艺。理雅各也受了这些学术训练，一方面，理雅各在早年的学术训练中已经掌握了包括圣经高等批判在内的基督教释经学的基本原则和方法——这为他后来诠释中国经典作了至关重要的学术方法的准备；① 另一方面，他在学习、阅读、理解中国经典时也领会了包括汉学、宋学在内的中国经学传统，且不拘泥于某一特定传统。② 这些学术训练与理念，决定了理雅各所提出的儒教一神论，必然建立在儒家经典及其注疏传统、基督教圣经及其释经传统的双重经学基础之上。

他最主要的辩读途径是论证中国四千年的一神信仰。理雅各坚称："中国人的确知晓宇宙的创世者、护持者和主宰者——'God'。"③ 理雅各几乎在他的整个后半生都在坚持和论证这种观点，而其中最重要的文献是《中国人的上帝观与鬼神观》和《中国的宗教》。

一　《中国人的上帝观与鬼神观》：建构国家一神教的历史

在《中国人的上帝观与鬼神观》中，理雅各的论证思路主要是返回古典，通过对中国古代经典的辨析，来凸显其中的一神信仰。此时的理雅各，虽然已经开始借重《尚书》和《诗经》中的相关记载，

---

① Girardot, *TheVictorian Translation of China*, p. 31.

② 王韬：《送西儒理雅各回国序》，第316—317 页。

③ Legge, *The Notions of the Chinese Concerning God and Spirits*, p. 7.

但是他似乎对古代经典中的《易经》更为重视。这可能因为一方面他和他的论辩对手们普遍将《易经》作为中国最古老的典籍，另一方面可能他也认为，如果能够从《易经》——那些坚称中国并无一神信仰的论辩对手们将之作为最有力量的证据之一——成功发掘出信仰唯一上帝的信息，那么这无疑也使他的观点更具说服力。① 他认为，《易经》中的"帝"或者"上帝"并非"无意志、无理解力的原初理性"②（即"道"），而是生成万物又主宰万物的人格化存在。③在论及《易经·系辞》中的"易有太极，是生两仪，两仪生四象，四象生八卦"时，理雅各借助于孔颖达的注解，④ 将"太极"理解为"最初的创世行为之前的状态或时间"。⑤ 这实际上将"太极"降格，从而使"太极"并不具有创造者的地位（理雅各将"太极生两仪"中的"生"仅仅理解为时间上的在先，而非创生），而恰恰是需要被改变的状态。笔者无意也无力去判断此解的正误，只是想指出，理雅各的理解很明显地借助了圣经的资源。在受到孔颖达的启发后，理雅各很自然地将"太极"与《圣经·创世记》1 章 1 - 2 节联系起来思考，因为这段经文恰恰讲述了上帝创世"之先"⑥ 的混沌状态："起

---

　　① 不过，主要为了回应更加关注《易传》的论辩对手，理雅各事实上同样更多地讨论了《易传》。

　　② 理雅各引述其论辩对手文惠廉（William J. Boone）的观点。（Legge, *The Notions of the Chinese Concerning God and Spirits*, p. 11。）

　　③ 理雅各借用了康熙年间的一些释经者的观点："天之生成万物而主宰之者谓之帝。"见 Legge, *The Notions of the Chinese Concerning God and Spirits*, p. 12。他也引用孔安国的注解作为例证："帝者，生物之主，兴益之宗。"见 Legge, The Notions of the Chinese Concerning God and Spirits, p. 16。可惜的是，作为一篇反驳性的长文，理雅各主要纠缠于某些具体经文的释读，而没有从整体上来充分论证《易经》表述了对人格化上帝的信仰，而且他对具体经文的释读也很难说是充分的。这可能也是他后来在《中国的宗教》中不再倚重《易经》的重要原因。

　　④ 孔颖达："太极谓天地未分之前，元气混而为一，即是太初、太一也。"Legge, *The Notions of the Chinese Concerning God and Spirits*, p. 12. 参见（魏）王弼注、（唐）孔颖达疏《周易正义》，北京大学出版社 1999 年版，第 189 页。

　　⑤ Legge, *The Notions of the Chinese Concerning God and Spirits*, p. 11.

　　⑥ 按照奥古斯丁的理解，时间也是创世的一种产物，因此不存在所谓"创世之前"的时候如何的问题。（[古罗马] 奥古斯丁：《忏悔录》，周士良译，商务印书馆 1963 年版，第 241 页。）但是我们不妨按照理雅各的说法，将之表述为顺序上的在先。

初神创造天地。地是空虚混沌。渊面黑暗。神的灵运行在水面上。"
在这里，"空虚混沌"显然并不是造物主，只是造物主创世之先的状
态（按照基督教的正统观点，这种状态是绝对的"无"，而非混沌未
开的"有"）。由此，在圣经的参照下，理雅各达成了对"太极"的
全新理解。而在理雅各看来，之所以他的论辩对手们将"太极"理
解为无理解力、无意志的"道"，完全是受到了宋儒们的不良影响；
而事实上，宋之前的儒者们都倾向于将"太极"理解为创世之前的
状态。①

　　此外，对于《周易·说卦》中的"帝出乎震"中的"帝出"，
理雅各理解为"帝"使得万物生出（"*Te* cause things to issue
forth"），② 而非如文惠廉所认为的意为"帝"的生出。理雅各进一步
引用朱熹和孔安国的注解作为论据，指出"帝"正是万物的主宰者、
护持者。③ 据此理雅各宣称："孔子此文无可争辩地证明了中国人的
上帝就是真正的'God'。"④ 在对"涣"卦的解释中，理雅各强调
"王假有庙"和"先王以享于帝立庙"正是表达了享帝、祭祖对于拯
救天下之涣散的重要性和紧迫性。⑤

---

①　理雅各引述了晋人韩康伯的解释："夫有必始于无，故太极生两仪也。太极者，无
称之称也，不可得而名，取有之所及况之，太极者也。"还引了唐人孔颖达的注疏："太极
谓天地未分之前，元气混而为一。"另有其他两种注解。（Legge, The Notions *of the Chinese
Concerning God and Spirits*, 18.）不过需要指出的是，即使就韩康伯和孔颖达的解释来说，
前者坚持"太极"就是绝对的无，而后者则认为"太极"乃是元气混沌为一，仍然是
"有"。理雅各并没有仔细分疏这些注解的差异，只是含混地将之称为"创世之先的状态或
时间"。不过这些注解都可以为人格化的创者预留出空间，因此理雅各的含混并不影响
他论证的有效性。

②　Legge, *The Notions of the Chinese Concerning God and Spirits*, p. 14.

③　朱熹："帝者，天之主宰。……万物之随帝以出入也。"孔安国："帝者，生物之
主，兴益之主。"见 Legge, *The Notions of the Chinese Concerning God and Spirits*, pp. 15, 16。
另见（宋）朱熹：《周易本义》，北京大学出版社 1992 年版，第 170 页。

④　Legge, *The Notions of the Chinese Concerning God and Spirits*, p. 16.

⑤　Legge, *The Notions of the Chinese Concerning God and Spirits*, p. 13. 理雅各甚至乐于
引用他本来抱有不满的宋儒的观点，来以子之矛陷子之盾。如程颐："先王观是象，救
天下之涣散至于享帝立庙也，收合人心，无如宗庙祭祀之报出于其心，故享帝立庙，人心
之所归也，系人心合离散之道，无大于此。"

理雅各也注意到了其他中国经典中的相关论述，如《尚书·舜典》："肆类于上帝，禋于六宗，望于山川，遍于群神。"《中庸》："郊社之礼，所以事上帝也。"尤其在论述上帝对世界和人的护理、维持时，他大量引述了《诗经》《尚书》《孟子》等。

从学理上说，在中国的古代经典中找寻一神信仰的证据，可以说是适当的，也是必需的，因为经典毕竟保留了当时最重要的文化成果，而这些成果的确能够透露出当时甚至此前的宗教信仰、社会政治等方面的重要信息（当然这是建立在对这些经典之可靠性的肯定之上的）。但是，即使理雅各的论证是充分的甚至是确切的，他也面临着一个棘手的挑战：经典中透露出的古代信仰是否一直作为中国历史中的主流信仰，支配了从尧舜禹时代直到理雅各所处的清代后期的国家信仰和民众信仰？如果这种古代信仰仅仅存在于遥不可及的过去，此后便无遗响，那么由此判定中国人是一神信仰便是以偏概全，对于解决译名问题也是隔靴搔痒。因此，理雅各必须建构起中国的一神教历史，以证明一神教统绪不坠。

理雅各也承认，自春秋战国之后，对至高上帝的一神信仰多面目全非。理雅各认为，秦时开始形成、至汉文帝时最终形成的五帝崇拜已经败坏了原本的一神信仰。唐代虽已认识到古代宗教之败坏①，但并未能成功清除这些败坏，也未能对此后五百年的宗教信仰发挥正面影响。此后，"宋儒们将上帝与'太极'、'道'、'理'混同起来"②，从而"将至高神——上帝的位格性特点消除了"。③不过尽管如此，理雅各还是认为宋儒们的观念"从来没有影响到已经建立起来的国家宗教，也没有影响到大众信仰"。④而到了明代，明代皇室一举革新前朝数代的宗教仪式，"凡所谓天皇太乙、六天

---

①　理雅各引述唐代史家的观点论述了这一变乱的原因、过程及表现。Legge, *The Notions of the Chinese Concerning God and Spirits*, pp. 45 – 46.

②　Legge, *The Notions of the Chinese Concerning God and Spirits*, p. 18.

③　Ibid., p. 21.

④　Ibid., p. 22.

五帝之类，一切革除"①，由此彻底超越了之前的"黑暗时代"，回归到古时简洁而纯正的信仰。②

二 《中国的宗教》：作为国家一神教的儒教

在《中国的宗教》中，理雅各进一步提出，这种一神教的国家宗教就是"儒教"（Confucianism）。与前著不同是，他将中国汉字也作为了自己的论据。作为象形文字的汉字，历史久远，一路传承下来，完全可以令人信服地从中检视汉字创制者们的宗教观念或超越感观世界的观念；而且文字的出现显然比文献的出现更早，因而更具有始源性，那么回溯到有据可查的源头——汉字——便可以打破对古代经典的单一依赖。基于此，理雅各回到了汉字的"原初形态"③，他一一分析了"天""帝"以及"祀""神""社""鬼""卜""卦"等古老汉字的构造和意义。对于"天"，他认为"天"由"一"和"大"两部分构成，"一"象征着"整一"（unity），"大"意为"伟大"，由此引发先民头顶之天的广阔无垠的观念，而后便唤醒了中国先民们的神圣感，由此，他们便开始使用"天"来表达超越性力量。④ 理雅各认为，"天"和"帝"两个汉字表明了中国古代宗教乃是一种一神教。⑤ 而在《尚书》和《诗经》中，"天"、"帝"和"上帝"是交互使用的，而"天"展示大能权柄，"帝"显示人格意志，

---

① 理雅各引述明代资料。见 Legge, *The Notions of the Chinese Concerning God and Spirits*, p. 44。

② 理雅各主要依据的材料是《大明会典》。他在《中国人的上帝观与鬼神观》和《中国的宗教》中对《大明会典》给予了大量篇幅进行翻译和讨论。Legge, *The Notions of the Chinese Concerning God and Spirits*, pp. 25 – 42；Legge, *The Religions of China*, pp. 43 – 51。

③ 根据理雅各引用的"天""示""神""社"等的字体及对其的分析来看，他探讨的汉字很可能是春秋战国时期出现的篆书，甚至可能是秦汉时期出现的隶书。他并没有回到金文，当然更不可能回到甲骨文，因为在他写作《中国的宗教》的 19 世纪 70 年代，甲骨文尚未被发现。所以他所谓的原初汉字是有时间局限的。不过他又认为，中国汉字的流变乃是一脉相承的，因此它所含带的信息仍会在后世形态中留下痕迹。Legge, *The Religions of China: Confucianism and Taoism Described and Compared with Christianity*, p. 8。

④ Legge, *The Religions of China*, p. 9.

⑤ Ibid., p. 11.

它们指向同一至高神。事实上，在《中国人的上帝观与鬼神观》中，理雅各已经做出了类似区别："以其神性本质之绝对性而言，称'天'；以其与存在物的关系而言，称'帝'。"①

理雅各甚至试图推测文字初创之后至公元前 23 世纪的一千年间发生的历史。理雅各推测，在此期间，汉字所透露出来的祭祀方式，已经体制化了：全民崇拜上帝，但是必由君王代理；全民祭祖，或者至少由族长进行祭祖。② 理雅各之所以如此推测，可能由于他试图将汉字初创时代与《尚书》等中国古籍中表现的宗教信仰状况连接起来，而《尚书》则表明，当时的宗教祭祀明显地是体制化的了。

此时的理雅各对于《易经》已经持有怀疑，并且早已了解《易经》并非中国最古老的典籍。他明确宣称《易经》的目的乃是占卜，对于研究宗教问题鲜有裨益。③ 因此他更为重视《尚书》④ 和《诗经》。他通过辨析《尚书·尧典》中对舜祭祀上帝、群神等的记载，进一步证明一神信仰的延续，以及鬼神祭祀的从属性。⑤ 对于《诗经》，他强调了其中体现出的上帝之主宰者地位和对人类、人类历史的护理、监管。

因此理雅各仍坚持认为，五千年前的中国人就是一神论者（monotheists）——不是单一神论者（henotheists），而就是一神论者。⑥ 他又进而提出，中国的先民们与创立者信仰至高无上、独一无二的上帝（God）。上帝（God）是中国人最初的崇拜对象，在一段时期内很可能还是唯一的崇拜对象。⑦ 尽管这种一神论一直遭受着自

---

① Legge, *The Notions of the Chinese Concerning God and Spirits*, p. 127.

② Legge, *The Religions of China*, p. 23.

③ Ibid.

④ 理雅各已经知晓《尚书》才是中国最古老的典籍，而且他引用一位中国学者的话说："中国之事，其根基无不在《尧典》和《舜典》。"足见理雅各对《尚书》的重视程度。James Legge, *The Religions of China*, pp. 23 – 24。

⑤ 需要指出的是，在《中国人的上帝观和鬼神观》中，理雅各已经注意到了此段记载，但是理雅各借此侧重说明舜时即有鬼神崇拜在腐蚀着一神信仰。而到此时理雅各的态度已经从单纯的批评转变为有保留的赞赏。

⑥ Legge, *The Religions of China*, p. 16.

⑦ Ibid, p. 69.

然崇拜和迷信占卜的败坏，但是它并没有被最终毁掉。几经波折，在明代时被重新净化。由此，他已经建立了对中国一神教信仰之历史变革脉络的想象。①

第四节　《论语》中作为人格化唯一神的"天"

既然理雅各论证了"Confucianism"是宗教，而且是一神论的宗教，这种宗教既存在于中国的先民们那里，也体现在《尚书》《诗经》等儒家经典中，那么这种结论也必须能够与其他儒家经典的思想相协调，当然，其中包括最为重要的经典之一《论语》。

实际上，《论语》对于理雅各来说，一直是一个巨大的障碍。如果说他在论证儒教的一神信仰时，《尚书》《诗经》尚可成为他有力证据的话，那么《论语》无论如何称不上证据，他更多的是为之艰难辩护。理雅各在 1861 年版及 1893 年版的《中国经典》第一卷的长篇序言中都曾提到，孔子并没有在万物的起源和终结上费神思考，也没有为如何解释人的起源、或探求他自己死后如何的问题所困扰，对自然哲学或形而上学同样不感兴趣。② 理雅各自己也承认，在《论语》中，孔子避免使用人格化的"帝"，慎言"鬼神"，而是更多地

---

① 笔者并不打算对理雅各的这种想象和论证的正当性与合理性进行评价，不过，诸多学者承认"五经"中的确包含了对至上神的崇拜，甚至在学界对殷墟甲骨文细致考察后，也有不少学者提出甲骨文中的"帝"已具有至上神品格。参见陈来《古代宗教与伦理——儒家思想的根源》，生活·读书·新知三联书店 1996 年版。单就理雅各的论证来说，笔者只想指出，其中当然有粗疏乃至错误之处，例如对"天"的解释（可以参照陈咏明《儒学与中国宗教传统》，宗教文化出版社 2003 年版，第 66—100 页），但是笔者以为，这种建立一神教历史叙事的尝试无论如何都是一种有益的启示，能够提醒现代中国人从宗教信仰的角度重新审视自己的传统。

② Legge, *The Chinese Classics*, vol. I, pp. 97 – 98; James Legge, *The Chinese Classics*, vol. I, *The Prolegomena*, Hong Kong: the Author's; London: Trübner & Co., 1861, p. 98. 除非特别指明，本文所引 *The Chinese Classics* 皆为 1893 年修订版。

使用非常模糊的语词"天"①。那么"天"与"帝"，与"Elohim"或"Theos"或"God"等诸名称是否指称同一真神呢？或者更为根本的问题是，孔子是不是一个宗教家？抑或仅仅是教导世俗道德的道德家？

在《中国人的上帝观和鬼神观》中，理雅各反对将"天"理解为"物质之天"，而试图将《尚书》《诗经》中的"上帝"（"帝"）与"天"等同起来。正如前面指出的那样，两者的区分仅仅在于对至高神之不同侧面的表征。不过此时的理雅各并没有特别处理《论语》中"天"的问题。在1861年版和1893年版的《中国经典》导言中，理雅各都批评了孔子缺失了先贤们那样的有关上帝的教义（the doctrine of God），因为《诗经》和《尚书》中的两个人格化（personal）名称"帝"和"上帝"在孔子那里是付之阙如的，孔子更喜欢谈及"天"。②理雅各列出的证据是"获罪于天，无所祷也"（《论语·八佾》第十三章），以及《论语·宪问》第三十七章："不怨天，不尤人，下学而上达，知我者其天乎？"不过，此时仍然不清楚的是，理雅各是否认为这里的"天"同样具有人格化色彩，例如可以愤怒，可以惩罚或奖赏，可以为人所证验？是否仍然可以等同于"帝"或"上帝"？理雅各并没有在导言中给出解析，却径直认为尽

---

① 据杨伯峻统计，《论语》中孔子单言"天"的，共有十二次半："获罪于天，无所祷也。""予所否者，天厌之！天厌之！""天生德于予，桓魋其如予何？""天之将丧斯文也，后死者不得与于斯文也；天之未丧斯文也，匡人其如予何？""吾谁欺，欺天乎？""不怨天，不尤人。下学而上达，知我者，其天乎？"杨伯峻将子夏求教于孔子的"商闻之矣：死生有命，富贵在天"姑且视为孔子半次言"天"。（杨伯峻：《论语译注·附录》，中华书局1980年版，第10页。）当然《论语·尧曰》也三次使用了人格性的"帝"字，理雅各也注意到了，只是此为商汤之言。

② Legge, *The Chinese Classics*, vol. I, *The Prolegomena*, 1861, p. 99；Legge, *The Chinese Classics*, vol. I, p. 98. 需要指出的是，两个版本导言中关于孔子的部分可能并不如许多人所相信的那样，存在着巨大的转变。事实上，除了结尾处的突兀改变之外，理雅各仅仅在某些具体论述上进行了些许软化。例如，理雅各在1861年版的导言中批评孔子的"不诚"鼓励了后人们装模作样、掩饰真实情感甚至作恶犯罪（encourage them to act, to dissemble, to sin），1893年版则调整为"没有鼓励他们反对虚伪不诚"。1861年版说："外国人有足够的理由指责这个民族及其政府具有一种欺诈的习性。"1893年版改为："外国人指责这个民族及其政府具有欺诈的习性。至于这一指责是否公正，我无话可说。"

管孔子不是"反宗教性的"（irreligious），却是"非宗教性的"（un-religious），甚至认为孔子的思想普遍地影响了中国人宗教感的发展，也为中古及当时士人们的无神论预备了道路。① 可以推想的是，既然孔子是"非宗教的"，那么他所言的"天"可能已经被理雅各认为缺失了人格化色彩，理雅各似乎应认为孔子已经将古代信仰中人格化的一神转化为本体论的实在。

然而，理雅各在《论语》的相关译解中，却极力彰显"天"的人格化色彩。例如在注解"获罪于天，无所祷也"时，理雅各提及了朱熹对"天"的注疏"天即理也"。毋庸置疑的是，朱熹的"天"显然完全丧失了人格化色彩，成为本体论意义上的客观实体。但是理雅各显然不满意于朱熹的注疏，他质疑说："如果'天'不曾用于表达对智慧而公义的至高主宰的直觉意识，如何会有'天即理'的观念出现？"② 他的质疑是基督教式的，因为"智慧而公义的至高主宰"往往是基督教中对上帝属性和地位的描述。理雅各将之应用到这里的"天"，这就说明他试图指出，之所以"获罪于天，无所祷也"，正在于"天"拥有无限的智慧而不可能被人所蒙蔽，而"天"的公义也决定了他必将公平地赏善罚恶。可见，此时的理雅各试图将"天即理"的观念还原到中国人对"天"的原初意识，这种原初意识与基督教的上帝观并不相悖，而孔子的"获罪于天，无所祷也"恰恰鲜明地表征了这种原初意识。

对于"天何言哉！四时行焉，百物生焉，天何言哉！"（《阳货》十九章），理雅各将"百物生焉"译为"all the things are continually being produced"③，这意味着"百物之生"乃是"被生"、被天创生，而非"自生"，从而突出了"天"的造物主属性。也正是在此意义上，理雅各才对孔子将自身比之于天的倾向表示不满，因为在基督教那里，作为受造物的人与作为造物主的上帝之间隔着绝对的鸿沟，人

---

① Legge, *The Chinese Classics*, vol. I, p. 100.

② Legge, *The Chinese Classics*, vol. I, 1861, p. 23.

③ Legge, *The Chinese Classics*, vol. I, 1861, 190；Legge, *The Chinese Classics*, vol. I, p. 326.

试图成为上帝不但是毫无可能的，而且是极为严重的罪。与此相似的是，理雅各也对孔子对尧的赞美——"巍巍乎！唯天为大，唯尧则之"（《泰伯》十八章）——表示质疑。既然朱熹不只将"则之"理解为"法之"，而且进一步理解为"与之准"①（与之相等），那么在理雅各看来："毫无疑问，尧是一位合适的赞美对象，但是如果孔子对'天'有着正确的知识和尊敬的话，他就不会如此赞美尧了。即使孔子欲图将尧比之为广阔无垠的可见之天，这仍是十分荒谬的。"②

此时已经基本清楚，理雅各尽管在《中国经典》导言中认定孔子是"非宗教性的"，却在具体的译解中倾向于将"天"理解为作为人格化的至高主宰者的"天"，孔子的"获罪于天，无所祷也"可以表明，孔子仍然保留着先贤们对人格化至高神的"帝""上帝"或者"天"的认知，孔子的问题主要在于他将圣人与天的界限模糊了。

事实上，1880 年出版的《中国的宗教》已经明确将孔子作为"宗教导师"了③。理雅各倾向于将孔子视为恢复古老一神信仰的宗教守护者。面对着"郊社之礼"可能威胁古老一神信仰之纯净性的危险，孔子正是通过"郊社之礼，所以事上帝也"的宣告来予以避免和纠正；面对着日益泛滥的鬼神祭祀，孔子也试图予以矫正（这一点会在下一章详细谈论）。尽管理雅各仍然在这里表达着对于孔子避免使用"帝"或"上帝"而仅仅使用更加模糊的"天"的遗憾，但是他也试图为孔子作出辩解：当时对"帝"的公共祭祀已经由君王代表臣民进行，孔子因此感觉受到束缚，不敢轻言"帝"名。④ 有趣的是，对于"获罪于天，无所祷也"和"莫我知也夫！知我者，其天乎！"，理雅各在 1861 年版（也包括后来的 1893 年版）《中国经典》第 1 卷导言中将之作为孔子之"非宗教性"的论据，却在这里用于论证"天"的人格化色彩。

---

① 朱熹：《四书章句集注》，第 107 页。

② Legge, *The Chinese Classics*, vol. I, 1861, p. 23; Legge, *The Chinese Classics*, vol. I, p. 214.

③ Legge, *The Religions of China*, p. 4.

④ Ibid, p. 140.

可以看到，对于孔子之"天"是否具有人格化色彩以及孔子是否具有宗教性，理雅各的态度是有所变化的：从 1861 年版导言中的否认到 1880 年《中国的宗教》中的肯定，再到 1893 年版导言中的否定。似乎可以很轻松地按照"否认—肯定—否认"的理路，认定理雅各最终确认了孔子思想的非宗教性。但是正如前文已经论述的那样，1861 年版的导言与 1861 年版中的具体译解并不一致，1893 年版的导言与 1893 年版中的具体译解也有冲突，而这些具体译解却仍然展示了一位信仰人格化之"天"的宗教导师的形象；还要注意的是，即使在写出 1893 年修订版导言之后不久，理雅各撰文激烈批评了一位汉学家对孔子形象的贬损。① 基于此，笔者还是倾向于认为理雅各仍然坚持将《论语》中的"天"视为《尚书》《诗经》中的"帝"或"上帝"，视为人格化的存在。

小 结

理雅各通过在古代儒家经典（尤其是《尚书》《诗经》《易经》）和基督教经典中的互读、互参，肯认了作为一神论的儒教，甚至宣称儒家经典中的"上帝"或"天"就是基督教中的"God"。他把这种观点也引入《论语》中来，将孔子常说的"天"也视为人格化的唯一神，它与之前古籍中的"上帝"并无二致。如此一来，理雅各在儒家经典和基督教经典之间进行的对话在客观上便具有了最为根本的基础。

---

① See Girardot, *The Victorian Translation of China*, p. 472.

第二章　鬼神与天：不在场的在场

　　既然理雅各论证了"天"或者"上帝"乃是儒教的唯一神，那么这是否意味着鬼神不存在？如果鬼神不存在，那么孔子所谓的"敬鬼神而远之"是否就仅仅意味着孔子对内心诚敬的要求？事实上，在理雅各看来，孔子不但认为鬼神是存在的，而且将之视作不可见、非物质性的超越者。鬼神并非多神教中具有外在形象或者物质性的神祇（gods），反而被理解为灵性存有（"spiritual beings"），从而鬼神与"天"或"上帝"一起，尽管不可见、不在现场，却时时面对、监察每一个人，以其不在场的在场，召唤人的回应，向人提出绝对的责任。因而不管是"敬鬼神而远之"，还是"祭如在，祭神如神在"，都在表征着鬼神不在场的在场。

第一节　何谓鬼神："敬鬼神而远之"

　　正如前文已经体现出的那样，理雅各在论证中国古代一神教之存在时，就必然面临一个障碍，即中国先民们的自然崇拜、占卜行为和鬼神祭祀。他试图表明，自然崇拜和占卜行为的确威胁和败坏着一神崇拜，但最终后者战胜了前者而站立不倒。[①] 而对理雅各的一神教论证可能构成最大威胁的是鬼神祭祀。如果儒教中存在着诸多如同奥林匹斯神系中的众神一样的神祇的话，那么这种宗教显然不可能是一神教，而只能是多神教了。那么理雅各是如何认识和理解鬼神崇拜的

---

　　① Legge, *The Religions of China*, p. 16.

呢？又是如何协调他的儒教—神论的呢？

这里可以首先来考察理雅各对"鬼神"的理解。在与以文惠廉为代表的"神派"传教士的论争中，理雅各发展出了对鬼神的独特理解。笔者无意梳理他在诸多论争文章中的具体论述，而是继续回到讨论的中心——《论语》，最佳的例子应该是《论语·雍也》二十章。

一　鬼神——"spiritual beings"

《论语·雍也》第二十章记载："樊迟问知。子曰：'务民之义，敬鬼神而远之，可谓知矣。'"理雅各对于此句的翻译是：Fan Ch'ih asked what constituted wisdom. The master said, "To give one's self earnestly to the duties due to men, and, while respecting spiritual beings, to keep aloof from them, may be called wisdom."[①]

可以看到，理雅各使用"spiritual beings"来翻译"鬼神"。他甚至认为再也没有比"spirits"或"spiritual beings"更好的术语来翻译"鬼神"这个组合词了。虽然理雅各如此自信，但阿瑟·韦利（Arthur Waley）、安乐哲（Roger T. Ames）、罗思文（Henry Rosemont Jr.）在各自的《论语》译本中更愿意将"鬼神"拆分开来，译为"ghosts and spirits"。[②] 从语词使用效果来讲，"ghosts"更容易给人以恐怖、邪恶之感，[③] 而儒家思想中的"鬼"则不然。《礼记·祭法》云："大凡生于天地之间者皆曰命，其万物死皆曰折，人死曰鬼。"孔颖达正义曰："总包万物，故曰'大凡'；皆受天之赋命而生，故云'皆曰命'也。万物无知，死皆曰折。人为有识，故死曰鬼。"

---

① Legge, *The Chinese Classics*, vol. I, p. 191.

② Arthur Waley trans., *The Analects of Confucius*, London: George Allen and Unwin LTD, 1938, p. 120; Roger T. Ames and Henry Rosemont trans., *The Analects of Confucius: A philosophical Translation*, New York: The Ballantine Publishing Group, 1998, p. 108.

③ 盖勒（Rosemary Ellen Guiley）在一部有关鬼神的百科全书中说，重返人间的"ghost"会被认为是非自然、可怕的，甚至是像恶魔似的。在一些欧洲传说中，往往夹杂着对"ghost"的恐惧和禁忌。Rosemary Ellen Guiley, *The Encyclopedia of Ghosts and Spirits*, New York: Facts On File, INC., 1992, pp. 134 – 135。

《礼记·祭义》又云："众生必死，死必归土，此之谓鬼。"鬼只是人死之后的一种存在状态，无所谓恐怖，更与邪恶无关。

　　刘殿爵将"鬼神"译为"the gods and spirits"①。刘氏之意，可能并非将鬼神拆开理解从而将"gods"与"神"、"spirits"与"鬼"一一对应，更可能的情形是，他试图通过这两个英文单词来共同说明"鬼神"的实际所指。《周礼·春官·宗伯》载："大宗伯之职，掌建邦之天神、人鬼、地示之礼，以佐王建保邦国。"大宗伯所掌管之祭祀的对象，当包括天神、人鬼、地示。由此推论，刘氏此译，当是将"鬼神"具体理解为了天神、人鬼和地示。理雅各对《周礼》中此段并不陌生。在译解《论语·为政》最后一章中的"非其鬼而祭之"时，理雅各特别解释说，中国古代祭祀乃是针对三种对象：天神、地示、人鬼。② 此处显然引述了《周礼·春官·宗伯》。而《周礼·春官·宗伯》另一处文字中所载之"以祀天神""以祭地示""以祀四望""以祀山川""以享先妣""以享先祖"，可以更为具体地说明祭祀对象。可见理雅各显然明白，中国古代之祭祀所涉极广，鬼神之所指范围极大。问题的关键是如何认识这些鬼神的属性，"敬鬼神而远之"中的"鬼神"是否指向所有这些祭祀对象。刘殿爵在他的译本序言中并未谈及孔子本人或其同时代人的鬼神观，他只是根据孔子的相关论述，将孔子定义为不可知论者。③ 不过从刘殿爵"the gods and spirits"的翻译可以推测，他倾向于将此处的"鬼神"理解为所有的天神、地祇、人鬼，并且将"鬼"视为更具实体性的存在，而将"神"视为更具有实体性和相对独立性的存在。

二　鬼神的无神格及从属性

　　理雅各显然不愿意如此理解他译为"spiritual beings"的"鬼神"。他在注解"敬鬼神而远之"中的"鬼神"时，指引读者参阅

①　D. C. Lau trans., *Confucius: The Analects*, London: Penguin Books, 1979, p. 53.

②　Legge, *The Chinese Classics*, vol. I, p. 154.

③　Lau trans., *Confucius: The Analects*, *Introduction*, p. xii.

《中庸》十六章：

> 子曰：“鬼神之为德，其盛矣乎：视之而弗见，听之而弗闻，体物而不可遗，使天下之人齐明盛服以承祭祀，洋洋乎如在其上，如在其左右。诗曰：‘神之格思，不可度思，矧可射思。’夫微之显，诚之不可揜如此夫。”

在对此段的注解中，理雅各表示，朱熹等理学家的疏解难以理解。[①] 他自己认为，其中的“神”指称脱离了肉体的“知气”（intelligent soul），而“鬼”则既指“体”（animal grosser），也指“魄”（soul）。不过在这里两者乃是合称，因此不宜分开翻译，它们一起等同于“神”（“spirits”，或“spiritual beings”）。[②] 虽然理雅各抱怨理学家们的解释难以理解，而事实上他的这种解释也很难说是清楚明白的。不过，此处理雅各奇怪的译词（如“intelligent soul”）并非故弄玄虚，它们实际上又指向了理雅各在《中国的宗教》曾提及的《礼记》中的一段文字：“及其死也，升屋而号，告曰：‘皋——某复！’然后饭腥而苴孰。故天望而地藏也，体魄则降，知气在上。故死者北首，生者南乡，皆从其初。”（《礼记·礼运》）理雅各承认，此段包含了道家思想成分，又作于汉代，不尽可信，但毕竟可以证明中国古人的信仰：死后魂与体分离，魂发扬其上，仍然存在。[③] 因此，鬼神

---

① 朱熹说：“程子曰：‘鬼神，天地之功用，而造化之迹也。’张子曰：‘鬼神者，二其之良能也。’愚谓以二气言，则鬼神阴之灵也，神者阳之灵也。以一气言，则至而伸者为神，反而归者为鬼，其实一物而已。……鬼神无形与声，然物之终始，莫非阴阳合散之所为，是其为物之体，而物所不能遗也。……能使人畏敬奉承，而发见昭著如此，乃其体物而不可遗之验也。”（朱熹：《四书章句集注》，第25页。）在《中国人的上帝观与鬼神观》中，理雅各也明确批评了宋儒的解释。在他看来，在解释“鬼神之为德”时，宋儒（如二程、张载、朱熹）普遍将“鬼神”理解为阴阳之气的物理性变化，但这却不能解释《中庸》第十六章后半段中“鬼神”的人格化作为（“体物”、“神之格思”以及监管人之行为“使天下之人……”等）。Legge, *The Notions of the Chinese Concerning God and Spirits*, pp. 19 – 20。

② Legge, *The Chinese Classics*, vol. I, p. 398.

③ Legge, *The Religions of China*, pp. 119 – 120.

虽然可以指涉天神、地祇、人鬼，但往往指人死之后灵魂的存在形态。这一点，理雅各早在 1850 年的一篇著名论文里就已经说明了："神通常用于指称祖先的亡灵。有时单独使用，有时与'鬼'字合称。"①

从另外一个方面说，即使存在着天神、地祇、人鬼，他们也不具有多神教中众神（gods）的属性，因为他们并不具有神格（deity）②，而仅仅是灵性的存在，没有形体，也不具有物质性（"视之而弗见，听之而弗闻"）。由此可以明了，理雅各之所以对《中庸》第十六章情有独钟，应该是由于它展示了鬼神不具备可视性、可听性的灵性本质。由此，虽然理雅各并不信任《礼记》所载孔子言行的真实性，但是其中孔子的一段谈话应该会让理雅各心有戚戚焉：

> 宰我曰："吾闻鬼神之名，不知其所谓。"子曰："气也者，神之盛也；魄也者，鬼之盛也。合鬼与神，教之至也。众生必死，死必归土，此之谓鬼。骨肉毙于下，阴为野土，其气发扬于上，为昭明……因物之精制为之极，明命鬼神，以为黔首则，百众以畏，万民以服。"

虽然在《论语》中并不能明显看出孔子竟然持有此"气"论，但此篇表现出孔子并没有人死之后一切皆为无③的观念，应该不与

---

① Legge, *An argument for* 上帝*(Shang Te) as the proper rendering of the words Elohim and Theos in the Chinese language , with strictures on the essay of Bishop Boone in favour of the term* 神*(Shin)* , p. 14。

② Legge, *An argument for* 上帝*(Shang Te) as the proper rendering of the words Elohim and Theos in the Chinese langua ge , with strictures on the essay of Bishop Boone in favour of the term* 神*(Shin)* , p. 37. See also Legge, The Notions of the Chinese Concerning God and Spirits, p. 43。

③ 按照陈来的说法，这里的鬼神乃是指人的生命体死后转变而成的特殊形态之存在。参见陈来《古代宗教与伦理——儒家思想的根源》，第 131 页。那么孔子所谓的"鬼神"不同于奥林波斯神系中的诸神，也不同于印度教的多神。理雅各在《中国的宗教》中讲到"鬼"时说，他虽然不能确定这个字的创制者使用此字来作为飘荡之灵的符号时到底是何含义，但是至少可以得知，他们并不认为人死之后一了百了。见 Legge, *The Religions of China*, p. 14。

《论语》相矛盾，而且也标示了鬼神的灵性本质。

　　理雅各在《中国人的上帝观与鬼神观》中引述马礼逊（Robert Morrison）的理解："每一个瞬息万变、不可见、不可理解的灵性的运作力量或动因（cause），称为'神'。"① 理雅各在反驳将中国古代宗教视为万物有灵论（animistic）的观点时说："如果万物有灵论是指精灵（spirit）崇拜的话，那么哪种宗教不是万物有灵论的呢？"② 显然理雅各认为它们理所当然地是"spirits"，而非"gods"③；并且他随即指出，对它们的崇拜又是从属于至高神崇拜。④ 这些鬼神并没有独立性，也不与上帝处于同一地位，他们与其他自然万物一样，只是上帝的造物，只是代表着上帝（"帝"或"God"）服务于人，上帝（"God"）仍被作为至高神而被崇拜，而鬼神祭祀仅仅是从属性的。⑤ 从根本上说，鬼神祭祀实质上仍是对至高上帝的崇拜。不过需

---

　　① Legge, *The Notions of the Chinese Concerning God and Spirits*, p. 155.

　　② Legge, *The Religions of China*, p. 18.

　　③ 理雅各的这一看法显然受到了其前辈麦都思（Walter Henry Medhurst）的影响。麦都思在依据儒家思想提出中国人乃是一神信仰的观点时辩解说："假使一神主义意指人们只敬拜一个至高存有，不准许膜拜其他任何种类的无形存有，则中国人可视为非一神主义者；相反地，正如 Cudworth 所说，若果在独一至高存有之外，同时接纳其它依附于祂以下不同的无形存有，则中国人仍可归为一神主义者。"（W. H. Medhurst, "Reply to the essay of Dr. Boone on the Proper Rendering of the Words Elohim and Theos into the Chinese Language," *The Chinese Repository* 17（Oct 1848），p. 489. 转引自李家驹：《一场"神"或"上帝"的争论——早期来华新教教士对于"God"一词的翻译与解释（1807—1877）》，香港中文大学硕士学位论文，1991 年，第 189 页。）麦都思、理雅各的观点可以与阿尔伯特·史怀哲（Albert Schweitzer）的观点互参，可能会更易被理解。后者在《中国思想史》中指出："多神主义的本质在于，每个神的具有个性的人格特征被不断地强化。在这一点上，中国的神灵既没有个性也缺乏想象力。"（［德］阿尔伯特·史怀哲：《中国思想史》，常暄译，社会科学文献出版社 2009 年版，第 34 页。）

　　④ Legge, *The Religions of China*, pp. 17 – 18.

　　⑤ Legge, *The Religions of China*, pp. 26, 254. 另见 Legge, *The Notions of the Chinese Concerning God and Spirits*, pp. 31, 32, 53. 似乎理雅各倾向于将儒教中的"鬼神"类比为基督教中作为纯灵体并不作为"gods"出现的、服从和服务于上帝的"天使"，从而按照基督教中上帝、天使的层级关系来类比中国的"上帝"（或者"帝"、"天"）和鬼神的层级关系。只是在基督教中绝不允许崇拜天使。在此情形下，既然作为一神教的基督教仍然存在着天使，那么承认鬼神存在但仍然信奉至高上帝的儒教也仍然可以视为一神教。见 Legge; *The Notions of the Chinese Concerning God and Spirits*, p. 54。

要指出的是，由《尚书》来看，祭天（崇拜上帝）之礼，至少在舜时已经只能出君王进行了，普通大众绝不允许祭天。而据《礼记·曲礼》，周朝的祭祀有着更为严格的分层："天子祭天地，祭四方，祭山川，祭五祀，岁遍。诸侯方祀，祭山川，祭五祀，岁遍。大夫祭五祀，岁遍。士祭其先。"

在祭天为君王垄断的情况之下，民间只能将鬼神祭祀（准确来说即祭祖）作为自身最为重要的宗教活动。因此在陈来看来，"这有意无意地导致民间合法的祖先祭祀的盛行。从而使得祖先祭祀成了最普遍的宗教性行为"[①]。但是鬼神祭祀在民间合法性地盛行，并不表明民众将鬼神作为了至高神，更不表明民众将自己的祖先视为唯一的神灵存在。因此理雅各仍然坚持说："由此看来，严格地说中国的宗教不能称为多神教，它承认一个完美的存在，这一存在高于一切，是宇宙的创造者和主宰者，并没有与其他存在物混同。"[②]

可以看出，理雅各将"鬼神"理解为人死之后的特殊存在形态，并不是受某一主神领导之下的群神，没有物质性，一般不具备形象，因而是"spirits"而非"gods"；而且将崇拜上帝与祭祀鬼神切割开来，认定两者并不可混同，鬼神不具有与上帝同等的地位，而是受上帝的掌控，代表上帝服务于人。因而祭祀鬼神乃是从属于崇拜上帝的。由此，一神信仰在鬼神祭祀的背景之下仍然得以保持。而且，下文很快就会谈到，鬼神由于被理解为单纯的灵性存有（Spiritual beings）而得以摆脱了被指认、被固定、被对象化的危险，反而因其不在场的在场来提出和提醒人的责任。

第二节　"祭如在，祭神如神在"：鬼神的存在与在场

事实上，前文所引的"敬鬼神而远之"往往被诸多论者作为孔子怀疑甚至否定鬼神之存在、进而缺乏宗教信仰的有力证据。这在近

---

①　陈来：《古代宗教与伦理：儒家思想的根源》，第 140 页。

②　Legge, *The Notions of the Chinese Concerning God and Spirits*, p. 53.

代以来尤为明显。章太炎之所以对孔子景仰有加，正是由于他认为孔子破坏了鬼神之说："至于破坏鬼神之说，则景仰孔子当如岱宗北斗。"① 与章氏相似，王治心在《中国宗教思想大纲》中也宣称：孔子是不信"死后有知"，"人死为鬼"的道理的，不过他没有明确把这个闷葫芦揭破罢了！因为他觉得不应当把它揭破，他看这种鬼神信仰，对于一般社会，还有一部分用处，他把这些问题都放在怀疑之列，不愿意多费时间去讨论。……质言之，他（孔子）是不信鬼神的。② 冯友兰的态度并未如此极端，而是认为"孔丘对于鬼神的问题的态度大概是，不明确地否认鬼神的存在，但也不强调鬼神的存在"③。

这些论者着意凸显孔子的人文性，而在他们看来，如果孔子是信仰鬼神的，那么必然会毁坏或减损他的人文性。不可否认，孔子强调修己安人，克己复礼，力尽仁义。他试图激发世人内在之"仁"，在人的具体践复中遵行作为"仁"之外在体现的"礼"，从而挽救礼崩乐坏之颓势。然而这只是孔子思想的一个面向，尽管是最为重要的一个面向，但它并非全部。④ 孔子必须对"信仰"这一面向做出反应和调整。这种反应和调整当然不可能通过单纯否定鬼神之存在甚至否认人格化"天"之存在而完成。因为，在孔子当时及以往的悠久时代里，对"天"（或"帝"）、对鬼神的崇拜是普遍的和根深蒂固的，正是因此理雅各才提出了"儒教一神论"。在此背景下，单纯的否认对于民众来说是毫无意义的，因为具有根深蒂固的鬼神崇拜观念的他们根本不予之认同，而只会将之视为奇谈怪论而置之不理，或者视为冒犯因而起而攻之，从而根本谈不上对民众观念的革新。另外，如果孔子是不信鬼神的，那么就必须回答一个问题：生长在这一信仰传统中"述而不作"

---

① 章太炎：《答铁铮》，转引自蔡尚思《孔子思想体系》，上海人民出版社1982年版，第96页。

② 王治心：《中国宗教思想史大纲》，东方出版社1996年版，第54—55页。

③ 冯友兰：《中国哲学史新编》（上卷），人民出版社1998年版，第175页。

④ 而且，在唐君毅看来，依孔子之教，仁必依孝为本，孝必极于慎终追远，则于祖先之鬼神之祭祀，明似更为重视。（唐君毅：《中国哲学原论·原道篇》（卷一），第134页。）

的孔子如何摆脱了这一传统从而形成了不信鬼神的观念?① 如果无法解决这个问题，那么有关孔子不信鬼神的看法就是可疑的。如果回到孔子思想本身的话，其实问题的关键是，信仰的层面是否必然与人事的层面不相容？或者说孔子是否认为两者不可共存、不可互益?② 孔子是否在承认鬼神存在的基础上，试图对鬼神信仰做出了新的思考？或许理雅各的译解对于解决这一问题能够有所启发。

正如前文已经指出的那样，理雅各论证了儒教的一神教特征，而且也清楚看到鬼神崇拜对一神信仰的威胁。对于孔子对待鬼神的态度，理雅各更为便捷的选择应该是明确肯定孔子不信鬼神，从而能够更为清晰有力地凸显孔子对"天"这一唯一神的信仰。因此，从理雅各的理论需要来讲，认定孔子的不信鬼神是有益于他的。但是坚持还原孔子原意的理雅各，一方面承认孔子相信鬼神的存在，另一方面试图厘清一神信仰与鬼神崇拜之间的关系。这种考虑就融入到了他对《论语》中相关章句的译解之中，从而可能激发出这些章句的崭新意义（抑或是原意?）。

一　"在"（"present"）：存在还是在场？

如果要补足"祭如在，祭神如神在"的话，那么就需要在第一个"祭"和"如"字后面加上"人鬼"或者"鬼"（亦即逝去的祖先）。这一点几无异议。③ 关键问题是如何理解"在"，这仍然直接涉

---

① 理雅各也认为，孔子是儒教的继承者、保存者和阐述者，而非始创者、建立者，尽管他为儒教打上了自身个性和观念的个人色彩。见 Legge, *The Religions of China*, pp. 3 – 4。

② 理雅各也试图指出，尽管孔子教导了世俗道德，但是这种道德并非没有关联着上帝的意志。见 Legge, *The Religions of China*, pp. 123 – 124。

③ 皇侃疏曰："此先说祭人鬼也。"邢昺正义曰："'祭如在'者，谓祭宗庙必致其敬，如其亲存。言事死如事生也。"朱熹引范氏曰："……郊则天神格，庙则人鬼享。"可见古代注疏家们一般将"祭如在"理解为"祭鬼如鬼在"。分别见何晏集解、皇侃义疏《论语集解义疏》，第35页；（魏）何晏注、（宋）邢昺疏《论语注疏》，北京大学出版社1999年版，第64页。就笔者所见，英译本中阿瑟·韦利的翻译完全从字面上径直理解这句话为"'祭'字就如'在'字一样"，就显得怪异："The word 'sacrifice' is like the word 'present'."见 Arthur Waley trans., *The Analects of Confucius*, p. 97。

及鬼神存在与否的问题。

此处"在"的含混在于，它既可以意指"存在"，即在"有无"的意义上表示"有"，如此一来，"如在"事实上是指"不存在"；"在"又可以意指"在场"，即在"有"或者"存在"的基础上表示"来到现场""在现场"，在此情形下，"在场"必然意味着"存在"，但是反过来并不成立，"不在场"并不意味着"不存在"，而只意味着"在别处"，所以"如在"便是指"真实存在"而"如同在场"；更含混之处可能还在于，"在"被理解为"存在"时，往往也被进一步理解为"在场"的"存在"，即是说"存在"与"在场"是同一的，其"存在"是通过"在场"而实现出来的，其"存在"的被确认是通过确认其"在场"与否来完成的。"在场"当然意味着"存在"，但"不在场"则意味着"不存在"，当然"不存在"便不可能"在场"。在此情形下，"如在"便是指"如同在场"或"如同存在"，即事实上"不在场"且"不存在"。鉴于理雅各对朱熹之注用功甚深，也由于朱熹注本身就非常重要，这里可以先考察朱熹的理解。

在《四书章句集注》中，朱熹突出了孔子对祭祀之"诚"的强调，他说："愚谓此门人记孔子祭祀之诚意。"并引范氏曰："君子之祭，七日戒，三日斋，必见所祭者，诚之至也。是故郊则天神格，庙则人鬼享，皆由己以致之也。有其诚则有其神，无其诚则无其神，可不谨乎？吾不与祭如不祭，诚为贵，礼为虚也。"[1] "有其诚则有其神，无其诚则无其神"，似乎鬼神的存在与否乃是决定于、依赖于祭祀者的诚意，只有祭祀者以"诚"呈奉祭祀时，才会有鬼神，如若没有这种"诚"，那么鬼神便也不存在。[2] 而且，既然所谓的"诚"主要是一种情感状态，那么鬼神便可能被视为情感想象

---

① 朱熹：《四书章句集注》，第64—65页。

② 这里有个前提，即朱熹对鬼神的理解。在《朱子语类》卷三《鬼神》篇中，朱熹主张鬼神其实只是尚未散尽之"气"（"魂"），子孙祭祀时，魂气便会因与子孙同为一气而聚合、感格。（朱熹：《朱子语类》（第一册），中华书局1986年版，第40、50页。）

的产物①。那么，这些疏解是否意味着范氏和朱熹事实上否定了鬼神的存在呢？

朱熹的弟子即有此疑惑。问："祭祀之理，还是有其诚则有其神，无其诚则无其神否？"朱子答曰："鬼神之理，即是此心之理。祭祀之感格，或求之阴，或求之阳，各从其类，来则俱来。然非有一物聚于空虚之中，以待子孙之求也。但主祭祀者既是他一气之流传，则尽其诚敬感格之时，此气固寓此也。"②然而，既然人死即是魂魄各自飞散，而鬼神只是未散尽之气（魂），那么在子孙祭祀之时，到底是魂魄聚合，还是仅仅气（魂）相聚来格呢？所以弟子进一步发问道："子孙祭祀，尽其诚意以聚祖考精神，不知是合他魂魄，只是感格其魂气？"朱熹的回答似乎比之前所持的气之相聚观点有所不同："炳萧祭脂，所以报气；灌用鬱鬯，所以招魂，便是合他，所谓'合鬼与神，教之至也'。"又问："不知常常恁地，只是祭祀时恁地？"答曰："但有子孙之气在，则他便在。然不是祭祀时，如何得他聚！"③如此一来，气之相聚及其与魄之相合，只有在诚挚祭祀之时才有可能发生，也即此时鬼神才会真正存在；祭祀结束之后，魂魄复离，气（魂）复散，如此可说鬼神便已不存在。因此当弟子总结说："祖考精神既散，必须'三日斋，七日戒'。'求诸阳，求诸阴'，方得他聚。然其聚也，倏然其聚。到得祷词既毕，诚敬既散，则又忽然而散。"朱熹表示赞同。④

如此看来，朱熹肯定了人死之后"气"（魂）会离散，但并未散

---

① 《礼记·玉藻篇》曰："凡祭，容貌颜色，如见所祭者。"《礼祭·祭义篇》曰："致斋于内，散斋于外。斋之日，思其居处，思其笑语，思其志意，思其所乐，思其所嗜。斋三日，乃见其所为斋者。祭之日，入室，僾然必见乎其位。周还出户，肃然必有闻其容声。出户而听，愾然必有闻乎其叹息之声。"参见杨树达《论语疏证》，上海古籍出版社1986年版，第69页。

② 朱熹：《朱子语类》（第一册），第50页。

③ 同上。

④ 同上。随后弟子们问及天地山川之祭："祭天地山川，而用牲币酒醴者，只是表吾心之诚耶？抑真有气来格也？"朱熹同样认为会有神来享用："若道无物来享时，自家祭甚底？肃然在上，令人奉承敬畏，是甚物？若道真有云车拥从而来，又妄诞。"（朱熹：《朱子语类》（第一册），第51页。）

尽，祭祀时便重聚来格，因此鬼神并不是情感想象的产物，而是确然的存在，只是祭祀之时和未祭祀之时的存在形态不同。但是，未聚之时，尚未散尽的气（魂）仅仅是一种消极存在，毫无积极能量，更无人格意志；而复聚之时气（魂）可以馨享祭品，与子孙相感通，便带有了人格特征，不复是消极的存在形态。由此两种形态实在是有着本质差异的，如果后者能够称为"鬼神"的话，那么前者便不能够称为鬼神。由此推断，"祭如在祭神如神在"中的"在"字虽然表面上可以说被朱熹理解为"存在"基础之上的"在场"——"存在"的是原本相互离散的"气"（魂），"在场"的是复聚之时的气（魂），但是由于两者的本质差异，严格来讲离散之气的"存在"便不能称为鬼神的"存在"，因此"在"实质上表示"在场"的"存在"，其"存在"是通过其"在场"而实现的。如此一来，"如在"事实上意味着"不在场"且"不存在"。

现代注家对"存在"与"在场"分疏得较为清晰。钱穆说："孔子平常并不认真讨论鬼神之有无，只临祭时必诚必敬，若真有鬼神在其前。"[1] 这意味着钱穆倾向于从"有无"的意义上去理解"在"及"如在"。当然钱穆并不认为孔子在认真讨论这个问题，但是显然在钱穆看来，如果说孔子的论述涉及了鬼神的状态问题的话，那么他主要涉及的并不是鬼神是否"在场"，而是鬼神是否"存在"。李泽厚的理解与钱穆大同小异。[2]

如果说朱熹可以以"阴阳""气"等来对鬼神进行物理性变化（"the physical changes"）的理解，而钱穆、李泽厚等可以以孔子的名义而认为根本不必费神思量鬼神之有无或在场与否的话，那么，提出儒教一神论的理雅各必须认真面对鬼神的"存在"或"在场"的问题。另外的原因还在于，汉字对汉字的翻译，仍然可以对"在"不

---

① 钱穆：《论语新解》，第 67 页。
② 李泽厚认为："两个 '如'字，显示既未论证鬼神的存在、也未否定其存在。强调的是行祭礼的时候必须设想鬼神（祖先）是存在的。"见李泽厚《论语今读》，安徽文艺出版社 1998 年版，第 87 页。

翻译而保持其含混性，而即使翻译为"在那里""在这里"①，似乎仍然脱离不了"存在"与"在场"的纠缠。而如果翻译为英文，则无法保持"在"的含混性（或者说无法摆脱"在"的含混性），必须将"存在"或"在场"的意义显明。

正如上文已经指出的那样，理雅各并不否认孔子对鬼神存在的承认，因此，他对"在"的理解便保留了"存在"这一基础，而进一步理解为"在场"（"present"）：He sacrificed *to the dead*, as if they were present. He sacrificed to the spirits, as if the spirits were present.② 由此可见，理雅各认为当祭祀时，并非鬼神事实上并不存在从而更不在场，而是鬼神的确存在，只是鬼神是否来到、临在祭祀现场（"在场"）却是人们无从知晓的，因而是"as if⋯present"，即"如同就在现场"。

如果想更清楚地理解理雅各的表达，需要继续考察理雅各对《中庸》第十六章中"洋洋乎如在其上，如在其左右"的译解。对于此句，理雅各的翻译是："Then, like overflowing water, they seem to be over the heads, and on the right and left of their worshippers."③理雅各通过将"其"所意指的"斋明盛服以承祭祀"的祭祀者显明出来，甚至将"其上"具体化为"头顶之上"（over the heads），使此句更具有具体的位置感、在场感。理雅各虽然在对应的译文注解中并没有着意给出具体的解读，不过如果留意他在《中国人的上帝观与鬼神观》中的相关讨论，便可了解他的真实想法。他在谈到《中庸》第十六章时，驳斥了宋儒们将"鬼神"理解为"物理性变化"（"the physical changes"）④ 的观点。在他看来，如果暂时认可宋儒们的意见，则

---

① 例如杨伯峻译为："孔子祭祀祖先的时候，便好像祖先真在那里；祭神的时候，便好像神真在那里。"但是"真在那里"表示的到底是承认了鬼神之"存在"的基础上鬼神的"在场"，还是表示鬼神"真在那里"存在，即是说，不"在那里"便不存在？这仍是不清楚的。见杨伯峻《论语译注》，中华书局1980年版，第27页。

② Legge, *The Chinese Classics*, vol. I, p. 159.

③ Ibid, p. 398.

④ 即程子所说的"天地之功用，而造化之迹也"，张子所说的"二气之良能也"，朱子所说的"气之申者"与"气之归者"。

不能解释后文中的"洋洋乎如在其上，如在其左右"及所引的《诗经》诗句，因为"此时孔子将鬼神视为在千变万化的自然现象中临在"①，而显然不是所谓的"气之申者"或"气之归者"。

因此，"在"被理雅各理解为"在场"，并且包含了"存在"这一前提。那么"如在"便是"如同在场"："如同在祭祀现场"，"如同在祭祀者的头顶之上，如同在祭祀者的左右"，而鬼神的存在是无可置疑的。②

不过，此时还要处理一个疑难，即孔子所谓的"未能事人，焉能事鬼？……未知生，焉知死？"（《论语·先进》）对于此章，理雅各总结了两种解释。一种应该是以邢昺注疏为代表的古注："以鬼神及死事难明，又语之无益，故不答也。"③ 第二种则与朱熹的看法相似，认为虽曰孔子未告，实乃深告之。孔子教导了学之有序、不可躐等观点，事亡如事存。理雅各虽然认为第二种解释非常巧妙，却仍坚持认为毕竟孔子回避了这个重要的问题④。因此他在《中国经典》第1卷导言中更为清楚地说："祭祀习俗必然源于对死者之继续存在的信仰。我们无法想象那些建构了这种习俗的人会认为尘世生命的终结也意味着所有有意识存在（conscious being）的终结。但是孔子从来没有对此清晰表态。他极力避谈这个问题。"⑤ 以至于他认为孔子对鬼神的怀疑多于相信（he doubted more than he believed）⑥。值得细究的是理雅各这种小心翼翼的表述。他可能对孔子没有明确表达对鬼神相信与否的态度表示遗憾，但是他并没有因此而断然认为孔子否定鬼

---

① Legge, *The Notions of the Chinese Concerning God and Spirits*, p. 20.

② 对于孔子对鬼神之存在的确信，唐君毅以思辨的方式予以了论证，至少从逻辑上来讲颇为严密。见唐君毅《中国哲学原论·原道篇》（卷一），第135—140页。

③ 何晏注、邢昺疏：《论语注疏》，第146页。

④ Legge, *The Chinese Classics*, vol. I, 1861, p. 105；Legge, *The Chinese Classics*, vol. I, p. 241.

⑤ Legge, *The Chinese Classics*, vol. I, 1861, p. 100；Legge, *The Chinese Classics*, vol. I, p. 99.

⑥ Legge, *The Chinese Classics*, vol. I, 1861, p. 101；Legge, *The Chinese Classics*, vol. I, p. 100.

神的存在，甚至也没有简单认为孔子是持怀疑态度的，反而使用了"怀疑多于相信"的表述。这似乎表明理雅各认为孔子的态度中既有怀疑，也有相信，而"怀疑"显然不是"否定"，但"相信"却必然是"肯定"。如此一来，理雅各即使在对孔子的态度趋向于保守（相对于1880年的《中国的宗教》）的《中国经典》第1卷（无论是1861年版，还是1893年版）导言中，也并没有断然否定孔子对鬼神存在的相信。还可注意的是理雅各随后的论述"他（即孔子——引注）已经将他们（指那些公开跟随他的追随者——引注）引向了像撒都该派那样全然否定任何鬼神的存在……"①　当然这是对孔子的指责，但是这个指责恰恰表明理雅各并没有认为孔子全然否定了鬼神的存在，明确否认鬼神之存在的只是孔子的追随者们。

如果说理雅各在两版导言中的表达都小心翼翼的话，那么他在《中国的宗教》中的表述则较为明确。他的确看到了一种普遍观点："人们常说，孔子向弟子樊迟所界定的'知'可能表明孔子怀疑了鬼神的存在，或者至少表明他轻视了他们的鬼神祭祀。"②　但是理雅各马上为之辩解，认为孔子所谓的"敬鬼神而远之"同样表达了"非其鬼而祭之，谄也"的警告，以防止鬼神祭祀被滥用，沦为迷信（这一点下文随后就会谈到）。这已经表明理雅各并不认同那些认为孔子怀疑鬼神存在的观点。

如果再将上文理雅各对"在"的译解、对"洋洋乎如在其上，如在其左右"的译解等放在一起进行考察的话，那么仍然可以认定，理雅各尽管有所游移，却仍然倾向于承认孔子对鬼神之存在的相信。在此基础上，如果说孔子有所怀疑的话，那么孔子并非怀疑鬼神的存在，而是试图改造大众的鬼神观念和鬼神祭祀观念③。这一点非常重

---

①　Legge, *The Chinese Classics*, vol. I, 1861, p. 101；Legge, *The Chinese Classics*, vol. I, p. 100.

②　Legge, *The Religions of China*, p. 140.

③　Legge, *The Religions of China*, p. 259. 蔡尚思的观点可以与此互参："春秋时代，巫术迷信仍非常盛行。以为鬼神是某种实体，人们可通过特殊仪式同鬼神交通，这种观念依然普遍存在。对于这种原始粗陋的鬼神观念，孔子的确抱着否定态度，即所谓'执无鬼'。"（蔡尚思：《孔子思想体系》，第97页。）

要，却往往被人忽视。在这两个前提之下，理雅各的译解已经表明了孔子如何通过彰显鬼神之"不在场的在场"来调整和改造鬼神祭祀观念。

二　"你父在暗中察看"与鬼神"不在场的在场"

"如在"意味着"如同在场"，但这是不是就意味着鬼神真的就"不在场"？如果意味着"不在场"，那么是在什么意义上的"不在场"？这种意义上的"不在场"又能否在另外的意义上"在场"？是否可以说"不在场的在场"？

之所以说"如在"，可以理解为是因为我无法看到（"视之而弗见"）、听到（"听之而弗闻"）、触摸到，也就是说我无法凭借我的感官感受到。我无法指认它的具体位置、具体形状，而这恰恰表明鬼神的非物质性、无形体性。这是绝对的不可见性①。因而，它是不可固定的、无法指认的，从不作为一个具体可见的事物展现在我的面前，亦即它不可对象化。如果"在场"意味着以一种具体可见的对象化形式被我的感官感受到的话，那么鬼神在任何情况下都是"不在场"的。但是正如《中庸》第十六章所说的那样："鬼神之为德，其盛矣乎！视之而弗见，听之而弗闻，体物而不可遗，使天下之人齐明盛服以承祭祀。"尽管鬼神远远超乎人们的具体感觉，却真真切切地"在千变万化的自然现象中临在"（"体物而不可遗"②）。理雅各没有将"鬼神"理解为"物理性变化"，没有将"体物而不可遗"理解为"生养万物"（如郑玄、孔颖达）或者"物之体"（如朱熹），

---

① 德里达说过，绝对意义上的不可见，指的是毫无可见性的构造（"no structure of invisibility"）。见 Jacques Derrida, *The Gift of Death*, trans. David Wills, Chicago: The University of Chicago Press, 1995, p. 89。

② 需要指出的是，注家对于"体物而不可遗"的解释不尽相同。郑玄注曰："体，犹生也。可，犹所也。不有所遗，言万物无不以鬼神之气生也。"孔颖达正义曰："言鬼神之道，生养万物，无不周遍而不有所遗，言万物无不以鬼神之气生也。"见（汉）郑玄注、（唐）孔颖达疏《礼记正义》，北京大学出版社 1999 年版，第 1434 页。朱熹认为："鬼神无形无声，然物之始终，莫非阴阳合散之所为，是其为物之体，而物不能遗也。"见朱熹《四书章句集注》，第 25 页。

而是理解为"进入一切事物之中，无鬼神则无物"（"yet they enter in-
to all things, and there is nothing without them"①），这恰恰表明他认为
鬼神是以不在场的方式在场。

　　正因为此意义上的"不在场"，鬼神才不会被指认、被固定、被
对象化，不会被作为一个脆弱的客体而被相应的成为主体的我收编、
驯化、化约，更不会被作为利用工具（这一点下文将详细谈到）；而
且，正因为我无法指认鬼神到底是在"其上"，还是在"其左右"，
抑或是在其他某个地方，所以可以说鬼神是无所在的；而正因为鬼神
无所在，才是无所不在的，因为他不被空间所限定。由此，鬼神便具
有了超越性甚至绝对性的维度，或者说鬼神便成为对"我"而言的
具有超越性的他者。在此意义上，孔子强调"如在"，便不是对鬼神
存在与否存而不论，更不是意欲否定鬼神的存在，反而是以一种后撤
的方式或者说"隐"的方式将鬼神推至前台，彰显出来。（"夫微之
显"）

　　进一步来说，正是因为鬼神的不可见而无所不在，那么相对于有
限的、有形的我，两者便构成了一种不平等、不平衡的关系，这种关
系首先和主要地，是一种单向的注视、被注视的关系。鬼神以其无所
不在能够在任何时间和空间将"我"对象化，"注视"我，"监察"
我，而我无法反过来"注视"鬼神，只能接受鬼神的"注视"。理雅
各曾经明确描述鬼神的"注视"："尽管鬼神不可见，而且不管鬼神
是否被祭祀，鬼神都能够关注我们的作为。"②　而且无论我身在何处，
鬼神都能够向我投来注视的"目光"（《诗经·大雅·抑》"相在尔
室，尚不愧于屋漏，无曰不显。莫予云观，神之格思，不可度思，矧
可射思！"）理雅各提醒说，《中庸》第十六章之所以引述《抑》中
诗句，正是为了强调每个人都应该时刻警醒自己，无论独处之时还是
与人同处之时。③

---

①　Legge, *The Chinese Classics*, vol. I, p. 397.

②　Ibid..

③　Ibid..

有趣的是，《中庸》在第十六章引用了《诗经·大雅·抑》中的"神之格思，不可度思，矧可射思"之后，在第三十三章又引用了《抑》的"相在尔室，尚不愧于屋漏，无曰不显"。理雅各的译文是："Look at in your apartment, be there free from shame as being exposed to the light of heaven."① 特别值得注意的是理雅各对"屋漏"的译解。不同于朱熹将"屋漏"理解为某种特定的方位（"室西北隅"②），理雅各很肯定地解释它为"上天的光照和鬼神的监察"③。由是而论，"屋漏"象征着天或鬼神与人交往的通道，也象征着人面对天或者鬼神所永远无法闭合起来的敞开。这样的敞开表明，人从来都无法将自己完全封闭起来、隐藏起来，天或鬼神无时无刻不在关注每一个人的一言一行。它们以它们的"注视"显明自己的在场。

之所以特别看重和突出天或鬼神的注视，正是因为他以基督教中上帝的某些属性来看待天或鬼神的相关属性。在基督教思想中，上帝是不可见的绝对超越的他者，因而创世的发生是完全偶然和自由的，但是自由选择了创世的上帝表明了他自由选择了自我限制，也就是说上帝在某种程度上委身于他的创世工作及作为创世成果的造物之中。这意味着创世并不是上帝工作的结束，而只是一个开始。加尔文（John Calvin）严厉批评那种看法，即把上帝当作一时的创造主，以为他在顷刻间就完成了一切工作。④ 这是因为上帝仍要继续以爱来护理这个世界，他并不是外在于这个世界的，当然也不因此而被局限在特定的时空之中，也就是说上帝的临在性（immanence）与超越性（transcendence）并不相互冲突，更不相互取

---

①　Legge, *The Chinese Classics*, vol. I, p. 432.

②　朱熹：《四书章句集注》，第 40 页。

③　Legge, *The Chinese Classics*, vol. I, p. 432.

④　John Calvin, *Institutes of the Christianity Religion*, vol. 1, trans. Ford Lewis Battles, Louisville, Kentuchy: Westminster John Knox Press, 1960, p. 197.

消。① 但是，单就"护理"（providence）的教义来说，上帝的护理可能会在与人的主观意愿和行为、自然规律等的关系方面产生不易调和的冲突，并会引发神义论的疑难。② 不过，即使暂时撇开这些疑难问题，仍然可以谈及上帝的"监察"。圣经中有诸多表明上帝监察的经文："人岂能在隐秘处藏身，使我看不见他呢？"（耶 23：24）"耶和华从天上观看，他看见一切的世人；从他的居所往外察看地上一切的居民。"（诗 33：13 - 14）"就是你们的头发也被都数过了。"（太 10：30）"你父在暗中察看……"（太 6：18）

有趣的是，理雅各在疏解《论语·乡党》第七章"斋必有明衣"时，曾经特意提醒读者与《马太福音》6 章 16 - 18 节相比较。③ 当然，直观看来，"斋必有明衣"教导了斋戒的礼仪，因为"斋所以交神，故致洁变常以尽敬"④；而《马太福音》的这段经文，按照加尔文的解释，同样教导了祷告的准则。⑤ 不过，前者侧重于斋戒的严肃性，后者却强调信仰活动中的"无意而为"⑥，似乎两者所指实异。

---

① 葛伦斯（Stanley J. Grenz）和奥尔森（Roger E. Olson）合著的《二十世纪神学评论》即是以上帝的超越性和临在性为中心，梳理了 20 世纪神学对这个问题的不同思考。[加] 葛伦斯、[美] 奥尔森：《二十世纪神学评论》，刘良淑、任孝琦译，校园书房出版社 1998 年版。

② Louis Berkhof, *Systematic Theology*, Grand Rapids：W. M. B. Eerdmans Publishing Co. , 1941, pp. 165 - 178.

③ Legge, *The Chinese Classics*, vol. I , p. 232. 据和合本，《马太福音》6 章 16 - 18 节经文为："你们禁食的时候，不可像那假冒为善的人，脸上带着愁容，因为他们把脸弄得难看，故意叫人看出他们是禁食。我实在告诉你们，他们已经得了他们的赏赐。你禁食的时候，要梳头洗脸，不叫人看见你禁食来，只叫你暗中的父看见。你父在暗中察看，必然报答你。"

④ 朱熹：《四书章句集注》，第 119 页。

⑤ John Calvin, *Commentary on Matthew*, *Mark*, *Luke*, vol. 1, trans. W. P. Aucheterader, Grand Rapids：Christian Classics Ethereal Library, 1999, p. 216.

⑥ 加尔文在《马太福音》注释中使用的语句是 "not to be too solicitous to obtain the applause of spectators"。在注释 6 章 4 节 （"要叫你施舍的事行在暗中，你父在按照察看，必然报答你"）时，加尔文用的短语是 "without any ambition"（无意而为）。（John Calvin, *Commentary on Matthew*, *Mark*, *Luke*, vol. 1, p. 204.）很有意思的是，理雅各在翻译《道德经》中的"上德无为"时，特别在括号中加上了"有意而为"的标注："Those who possessed in the highest degree those attributes did nothing (with a purpose) ."意在指出"上德无为"乃是不"有意而为"，即此"无为"乃"无意而为"。（Legge, *The Sacred Books of China*, p. 80. ）

不过，需要考虑的是，斋戒的严肃性也在于鬼神无时无刻不在注视着我的所作所为，而不仅仅是斋戒形式上的要求；之所以"无意而为"，乃是因为全知的上帝已然查知一切。

"暗中察看"的上帝，是"住在幽暗之处"（代下 6：1）的上帝。德里达说："上帝注视我，在秘密之处察看我，但是我看不到他，我看不到他在看我，尽管他是从正面注视我，而不是像一个精神分析师那样从我背后注视我。由于我看不到他在看我，所以我可以以及必须只能倾听他。……正是这种凝视将我从人群中挑离出来（singles me out），并由此带来了我的责任或回应（responsibility）。"①

在此基础上，不管鬼神与上帝是多么地不同，从他们对人的"注视""监察"来说，他们是相通的。联系到理雅各所坚称的观点，即儒教中的鬼神只是"上帝"的从属，为"上帝"服务，那么鬼神的"注视""察看"便是服务的一种方式。在鬼神的"注视"下，自我不再是主体，更不是主人，并且永远不可能是主体和主人；反而意识到自己是作为鬼神的他者的客体、对象，而且由于这一他者与自我拥有自然的血缘关系，他将永远在我的"左右"。正如德里达在"你父在暗中察看"中发现了上帝"绝对的不可见性"（absolute invisibility）那样，只能听、不能看的"我"不得不回应这一"绝对的不可见性"，"使我不得不说'这是我的工作、我的事务、我的责任'"出处。由此，这种回应便不是"（康德意义上的）自律，即不是藉此我看到自己在全然自由或自我制定的法则下行动，而是'他在监视我'下的他律，即使我没有看到任何事物，我也没有任何自主权，因而我不能藉由我的自主权先行占有任何正在命令我做决断的事物，然而决断是我自己的，而且是我自己将必须回应的"②。

在这种情况下，鬼神显然不是依赖于我的那种存在。鬼神并没有由于自然生命的死亡而结束鬼神的存在，从而只能够完全无助地依赖

---

① Derrida, *The Gift of Death*, p. 91.

② Ibid. .

于我。① 如果说他完全无助而只能完全依赖于我，从而在某种意义上可以说"他的绝对无助却正是我的绝对负担"，"我正是在这种情况下才完完全全地无从推卸我对他者的责任"②，那么，首先我所承担下来的绝对负担、绝对责任，似乎只是来自于和针对于这一狭隘范围内的"他"，即所谓的"善继人之志，善述人之事"③，"他"自身并无内在的必然和意愿提出或提醒我的其他负担和责任。其次，如何保障我必须承担起这份负担和责任？这种观点可能最终只能求助于自我之心的"不安"（《论语·阳货》第二十一章），使"不安"作为内在保障而自我无法寻求外源性的保障力量。而且，即使暂且承认自我内在的"不安"之心足够保障自我坚强担负责任，这也在某种意义上否定了祭祀的必要性，因为"善继人之志，善述人之事"完全不需要借助祭祀活动。更严重的问题可能是，这样完全无助、完全依赖于我的他者，又在何种意义上能够作为他者而存在呢？可能只会沦为自我的一个假象罢了。

而根据理雅各的译解，鬼神不但不是无助的、不依赖于我的存在，反而由于其无所不在的超越性而使我在任何时间和空间中都必须面对他的"注视"。他完全可以作为一种外源性的"力量"进入我一切的生存活动之中。之所以"力量"需要加上引号，乃是由于鬼神并不直接对人世产生效力，而是仅仅以其无所不在的"目光"向"我"提醒我的伦理责任，并敦促我遵行。"我"既需要"善继其志，善述其事"，更需要按照"仁"和"礼"的要求践行对每一

---

① 伍晓明在试图揭示作为鬼神的祖先与作为后人的自我之关系时，取消了鬼神在真实意义上的存在——这种存在"并不意味着任何天真的愚昧或者宗教性的迷信"，而强调作为祖先的他人在死亡后由于绝对的无助而完完全全依赖于我："死去的他人是这样的他人，他由于自己的死亡而将自己彻底无遗地、完全无助地交给了我。现在他完全依赖于我的'仁爱'或'仁慈'。……他人在死亡后的'存在'完全取决于我，而我之能让他人存在从某种意义上说最终表现为我之能让已经'不在'的他人继续存在。"（伍晓明：《吾道一以贯之：重读孔子》，北京大学出版社2003年版，第178、180页。）

② 伍晓明：《吾道一以贯之：重读孔子》，第178页。

③ 伍晓明最后将逝去的祖先对"我"提出的绝对责任归结为"善继人之志，善述人之事"。见伍晓明《吾道一以贯之：重读孔子》，第179页。

个活生生的他人应有的责任和义务①。在孔子那里，鬼神（或者天）并不是在人所当行的事务、义务、责任（"民之义"）之外另行提出一套更为超越、更为崇高甚至与之完全相悖的标准，② 反而两者本就是同一的，因为人所当行的便是天于人所赋的命，因为"天命之谓性"（关于这一点，下一章将会展开讨论）。也就是说，当"我"在遵行那些被认为是普遍化的"仁"和"礼"的要求时，"我"已经是在听从鬼神的召唤和提醒，已经是在回应鬼神的注视了。在此意义上，鬼神是在场的，并且无时无刻不在场，鬼神恰恰以其"不在场"而实现了他的在场。

第三节　"敬"而"远之"：自我对鬼神的真正敬虔

在理雅各儒教一神论的前提下，也在鬼神"不在场的在场"的前提下，"真正的敬虔"就包含了两方面的含义：一是对上帝或天的坚定信仰，将之视为唯一神，而不被其他任何鬼神信仰污染；一是对鬼神的敬虔，清除将鬼神工具化的任何企图，鬼神祭祀中所表达的诚敬，仅仅是不求得任何回报的情感奉献。

一　净化一神信仰

前文已经谈到，理雅各认为孔子有一神信仰，那么孔子所谓的"敬鬼神而远之"，显然首先是在一神信仰之下对鬼神的态度。理雅

---

① 《论语·述而》载：子疾病，子路请祷。子曰："有诸？"子路对曰："有之。诔曰：'祷尔于上下神祇。'"子曰："丘之祷久矣。"可以理解为，在日常生活中践行仁礼，恰好符合鬼神对人的伦理期待；而符合鬼神的伦理期待，才是对鬼神的真正祈祷，不妨称之为"无祈祷的祈祷"。这种讲求自我践行仁礼的祈祷也恰好排除了祈祷的功利性。理雅各也推测说，或许孔子试图矫正子路的迷信观念。（Legge, The Religions of China, p. 143.）这意味着个人遭遇不祥之时，意图消灾祈福的祈祷乃一种迷信。后文很快就会讨论这个问题。另可参《论语·八佾》中的"获罪于天，无所祷也"。

② 克尔凯郭尔（Soren Aabye Kierkegaard）通过分析亚伯拉罕献祭的故事试图指出，信仰超越甚至反对伦理，个体与上帝的绝对关系使得普遍性的伦理关系成为相对关系。见［丹］克尔凯郭尔《恐惧与颤栗》，刘继译，贵州人民出版社 1994 年版。

各在注解中特别解释了"远之"："'keep at a distance from them',
not 'keep them at a distance'."① 理雅各认为，此处"远之"并非指
将鬼神推远，使之远离自己，更不是抛弃鬼神（由于鬼神的不在场
的在场，鬼神是无法被抛弃的），而是意指人自己后撤，与鬼神保持
一个适当的距离。但是"respecting"的态度是一以贯之的。"远"而
不"敬"，抑或"敬"而不"远"，皆可称为不"知"。

　　理雅各虽然将孔子的鬼神祭祀与上帝信仰切割开来，不过，他还
认为鬼神祭祀仍然存在着危险倾向，即将鬼神视为与上帝处于同等地
位的独立力量。② 而那种认为鬼神能够掌控一方、管理人事的观念，也
会妨害中国人完全地意识到上帝的全知、全能和遍在。③ 基于这种态
度，他认定，孔子此一"远之"表明孔子自己对鬼神祭祀持怀疑态度，
并极力抑制充满疑惑的弟子们的疑问。④ 理雅各认为这种怀疑，说明孔
子从来没有将鬼神放置在唯一神的位置之上，反而在民众广泛祭祀鬼
神的大背景下，提醒人们避免沉溺于敬拜鬼神，保持对唯一神的纯正
信仰。

　　如此一来，理雅各认为"敬鬼神而远之"根本不是孔子对鬼神
信仰的否定，更不是孔子缺乏宗教信仰的明证，反而恰恰彰显了孔子
对一神信仰的净化。

二　作为礼物的鬼神祭祀

　　根据理雅各的理论，孔子虽然试图在鬼神信仰的热潮下净化一神
信仰，但是这并不意味着孔子主张取消鬼神祭祀。孔子一方面维护了
祭祀的必要性；另一方面又避免了从功利角度进行论证，论述反而指
向了自我的责任，自我的纯粹"奉献"。

　　朱熹已经从祭祀中祭祀者与被祭祀者"气"的感通论证了鬼神
祭祀的必要性。在朱熹那里，"气"乃是作为论证祭祀之必要性和有

---

① Legge, *The Chinese Classics*, vol. I, p. 191.

② Legge, *The Religions of China*, p. 20.

③ Legge, *The Chinese Classics*, vol. I, pp. 254 – 255.

④ Ibid. .

效性的前提被确定下来，而如果还能够保证祭祀中祭祀者的诚敬，那么在祭祀过程中承祭的子孙与逝去的祖先就会因同一种"气"而相感通："然奉祭祀者既是他子孙，必竟只是这一气相传下来，若能极其诚敬，则亦有感通之理。"① 朱熹希望借助于祭祀的此种效能而继续为祭祀的必要性辩护，避免了祭祀沦为纯形式的礼仪。

进一步来看，朱熹的解释已经包含了防止祭祀沦为子孙后代消灾祈福的工具的倾向，因为一方面此时的鬼神除了在祭祀中能够"享用"祭品之外，便只是不具有任何能动性的离散之气了，因此福佑子孙便无从谈起；另一方面"气"的聚集也必须依赖于祭祀者的"极其诚敬"，而带有功利考量的祭祀显然已经远离了"诚敬"。但是这一点朱熹并没有特别指明。

而理雅各特别重视祭祀的意图。理雅各谈到中国古代祭祖现象时不满地说，祭祖并不止于表达孝敬和情感，祖先被认为能够帮助生者，他们被作为灵性力量而接受祈祷和祭祀，借此祭祀者能够获得护佑和恩赐。因此祭祖成为一种诱惑和绊脚石，② 其有害之处主要在于祭祖往往会滑向守护神迷信。③ 而理雅各的译解试图表明，既然不在场的鬼神以其绝对的不可见性向人提出了责任，那么人无法将之作为对象，更无法将之作为为人服务的工具，因为鬼神在根本上抵制对象化、工具化。孔子借此消除了通过祭祀行为获取鬼神的好感和回报的可能性。

因而理雅各认为，孔子在此意在教导弟子"关注平实的人之责任，不要相信迷信"（"attend to what are plainly human duties, and do not be superstitious"④）。而如果试图通过祭祀消灾祈福，那么这种意图完全可以以"迷信"名之，因为它将敬拜活动最重要的内核——内心之虔诚——抽离掉了，因而实质上敬拜的并非鬼神，而是敬拜者自身。理雅各认为，孔子并不否定鬼神之存在，同样要求自己和他人

---

① 朱熹：《朱子语类》卷三，第40页。

② Legge, *The Notions of the Chinese Concerning God and Spirits*, p. 55.

③ Legge, *The Religions of China*, p. 85.

④ Legge, *The Chinese Classics*, vol. I, p. 191.

对鬼神保持敬畏，所谓"生，事之以礼；死，葬之以礼，祭之以礼"，所谓"慎终追远，民德归厚矣"。

而且理雅各特别指出孔子对祭祀中内心虔诚的严格强调。[①] 如果孔子认为祭祀鬼神是必要的，可能没有人比孔子更为严格地执行祭祀，正如《论语·八佾》所载："祭如在。祭神如神在。子曰：'吾不与祭，如不祭。'"此时的祭祀只是一种纯粹的忠诚和奉献，是完全慷慨的礼物和赠予，既不寻求神的恩惠，也不传达个体的欲求，反而是将自己完全投入到对祖先的祭奉之上。在情感上"极其诚敬"，而且不将之作为换取鬼神之"报答"的方式，完全是"无意而为"（without any ambition）的。

由此可以反观基督教中的祈祷。前文论及"你父在暗中察看"时在注释中引述了加尔文注解中的"无意而为"（"without any ambition"）。不过，耶稣在提醒了上帝的暗中察看之后，也许诺了"必然报答你"[②]。但是随之就会出现加尔文那样的追问：何时报答？加尔文说报答必将到来（"it will be"），但是他将许诺推向了终末（"the last day"）。[③] 然而正像终末的到来是完全无法预知的一样，报答的到来也不是人所能期待的。而且，既然是"无意而为"的，那么"报答"也不是人所应期待的。事实上，加尔文在《基督教要义》中论述"祈祷"时已经表示了，祈祷并不能为自己获得救恩增添任何筹码，祈祷只是"在神的面前祈求神所应许的"[④]，神所赐予或将要赐

---

① 理雅各至少在两个地方谈及此看法：Legge, *The Chinese Classics*, vol. I, p. 99; Legge, *The Notions of the Chinese Concerning God and Spirits*, p. 141. 此论恰可与近人唐君毅所论相参。唐氏在《中国哲学原论·原道篇》（卷一）云："……孔子之于鬼神，则初不以想象推测把握之，故亦不重对鬼神之祈求，而重对鬼神之礼。祷以求为本，而礼以敬为本。……孔子以言之当祭鬼神，以'仁及于鬼神'，即全脱于功利心之外，而纯只是义上之所当然。"（唐君毅：《中国哲学原论·原道篇》（卷一），第 143 页。）唐氏强调，祭礼以敬，则有感通，在感通之中，便有鬼神存在。理雅各则重在以"敬鬼神而远之"，来净化和提升一神信仰。

② 在《马太福音》6 章中，共有 3 处提及了"你父在暗中察看，必然报答你"，分别是 4 节、6 节和 18 节，涉及的分别是对施舍的教导、祷告的教导和禁食的教导。

③ Calvin, *Commentary on Matthew, Mark, Luke*, vol. 1, p. 205.

④ Calvin, *Institutes of the Christianity Religion*, vol. 2, p. 851.

予的只是神早已应许的，而神的应许是绝对的奥秘，因此祈祷只是对完全未知的奥秘的回应，祈祷本身并不提出要求，也不可能提出要求。

正是因为联系到"必然报答你"，德里达指出了亚伯拉罕的献祭拒斥了"经济学化的献祭"（"a sacrifice of economizes"）："亚伯拉罕愿意承受死亡或者更严重的事情，而且没有任何的算计、投资，没有对收回损失的任何期待。因此，这似乎超出了补偿（recompense）或者酬报（retribution），超出了经济学，不冀求任何的酬劳（remuneration）。"① 这是"绝对的献祭"（absolute sacrifice），不过在德里达看来，由于这一时刻上帝以其至高意志将亚伯拉罕的儿子作为一个绝对的礼物归还给亚伯拉罕，这一行为类似奖赏，所以在实质上也为献祭重新刻上交换经济学印记。② 但是这种经济学仅仅是在"上帝确认他交出了一个超越了交换经济学的礼物，即死亡的礼物——或者说作为无价之宝的死亡的礼物——时才做出的回馈"，因此"必然报答你"只是作为对"不抱有任何交换、奖赏、流通或者交流（communication）之希望""赠予"的"礼物"。③ 因此，"报答"便不是我所应该祈求的，我所做的只是对这一绝对的他者"无意而为"的回应。

因此，祈祷、献祭并非交换的经济学，正如孔子在阐释"敬鬼神而远之"中同样排除了交换的经济学一样。不同的是，"鬼神"在孔子那里仅仅被视作发挥监察功能的存在（正统基督教当然强调上帝的大能），孔子将人们对鬼神消灾降福的想象完全击碎了。如此一来，对祭祀之诚敬的要求既显得更为纯净，又显得更为艰难，因为鬼神"报答"的可能性已经被抽空了。

在《中国的宗教》中，理雅各也谈及此看法。在这里他的观点表述得更为清晰："我愿意认为，孔子希望保护他的弟子以及其他

---

① Derrida, *The Gift of Death*, p. 95.

② Ibid. , p. 96.

③ Derrida, *The Gift of Death*, p. 96. 需要说明的是，事实上德里达仍然进一步批判了基督教中耶稣的不对等的经济学及恩典和信仰之间的经济学。

人，以免他们陷入迷信和其它罪恶之中。"① 理雅各也运用了同样的
思路解释了《论语·述而》第三十四章：

> 子疾病，子路请祷。子曰："有诸?"子路对曰："有之。诔
> 曰：'祷尔于上下神祇。'"子曰："丘之祷久矣。"

　　理雅各据此说："他（孔子）可能希望矫正子路有关祈祷方面的
某些迷信观念。"②

小　结

　　理雅各倾向于肯定孔子相信鬼神之存在，凸显孔子对鬼神观念和
鬼神祭祀的改造。在译解中，理雅各在基督权中上帝的绝对不可见的
护理者身份方面与孔子的鬼神观念互释，从而使得鬼神的绝对不可见
性、"不在场的在场"的特征被凸显出来。在理雅各看来，在孔子那
里，一方面鬼神以其无所在而无所不在的在场与作为人的"自我"
构成了注视与被注视的不平衡关系，鬼神的注视时刻向人提出和提醒
了绝对的责任和义务；另一方面孔子也断然切断了鬼神对人消灾祈福
的可能性，鬼神仅仅提出、提醒对人的要求，却完全不会承诺对人的
报偿。因此孔子打破了祭祀的"交换经济学"，将祭祀净化为纯然的
"回应"和"献身"。而事实上基督教——在克尔凯郭尔和德里达的
"以撒献祭"中，在加尔文和德里达的"必然报答你"中——同样提
出了对"报答"的期待的不可能性问题。由此孔子和基督教被连接
起来的线索之一，便是人对绝对不可见者的无条件回应和对责任的无
条件承担。

---

① Legge, *The Religions of China*, p. 141.

② Ibid, *p.* 143.

第三章 自我与本善之性：性善、现实之恶与未完成性

事实上，上一章已经涉及了人与上帝或者人与天之间的关系，只是并不作为重点来论述。而且，上一章对人与上帝或者人与天之间的关系的描述侧重于上帝或者天对人的监察，以及由此形成的人对上帝或天的责任；但是仅在监察方面显然无法给出人之责任的绝对基础，因为在监察方面它们仍然显得是外在的，尽管它们可以被理解为临在的。这种基础应该在人的来源和本性中进行确立。当然，这样说并不是主张信仰乃是以人为起点和基础的，而是说如此一来"叫人无可推诿"（保罗）。恰恰在这一点上，儒家思想和基督教思想都采取了同样的进路，即：它们对人的本性的看法都回溯到最高的存在本体——天，或者上帝——来进行确认和认识。如果分别选用儒家经典和基督教经典中的一句话或一个词来确定人的本性的话，那么对于前者，可以选用《中庸》的首句"天命之谓性"，对于后者，最合适的则是"上帝的形象"。

不过由此出发，儒家思想和基督新教思想走向了几乎迥异的道路，因为前者基本秉持了性善论，而后者则坚持亚当夏娃堕落后的原罪。与严格宣扬原罪论的基督新教教义不尽相同的是，理雅各深刻意识到儒家思想和基督教思想在人性方面的勾连和相通之处，他在两种思想之间进行了饶有意味的会通和辨正，由此所达成的，不仅仅是对

《论语》的某些崭新理解，也是对基督教某些层面的自我反思，[1] 而其根本目的，并不在于宣扬人相对于其他造物的优越性，反而是为了彰显被赋予了本善之性的人对天或上帝——因而也对所禀受的本善之性——的无限和无条件的责任。

第一节　性善论与现实之恶的提出

理雅各注意到，儒家思想的一大准则即人是天或上帝的造物（Man is the creature of God）。[2] 不过，如果仅仅泛泛而论人为上帝的造物，只是将人与其他造物放在同一层次上进行考察（所谓《尚书·泰誓中》"惟天地万物父母"[3]），并不能呈现人相对于其他造物的特殊性，也不能由此确定人的责任。因此，理雅各依据《尚书》进一步强调了人乃"万物之灵"（《泰誓上》），[4] 远比其他造物具有智性（intelligent）；更重要的是，人被特别赋予了道德本性（moral nature）[5]，如"惟皇上帝降衷于下民"[6]（《尚书·汤诰》），"天生烝民，有物有则。民之秉彝，好是懿德"（《诗经·大雅·烝民》）。[7]

---

① 理雅各的神学思想需要详细考察，但是至少在此可以指出的是，理雅各尽管信仰的是基督新教，但是他从不宣称自己属于何种学派或教派，也不相信任何教条。吉拉德指出，理雅各的性格一直表现出一种宗教上、智识上和道德上的自豪的独立性。这种对所有传统学派和教派的原则性质疑，乃是贯穿于理雅各漫长人生的各种关口和转变的主线。Legge, *Notes of My Life*, p. 105. See Girardot, *The Victorian Translation of China*, p. 33。

② Legge, *The Religions of China*, p. 96.

③ 很有意思是，理雅各将"天地"理解为单一的"天"或"帝"。Legge, The Religions of China, p. 30。

④ Legge, *The Religions of China*, p. 96.

⑤ Legge, *Christianity and Confucianism Compared in their Teaching on the Whole Duty of Man*, p. 7.

⑥ 理雅各将"衷"径直理解为"道德本性"（the moral nature）。James Legge, *Chinese Classics*, vol. Ⅲ, part 1: *Shoo King, or the Book of Historical Documents*, Taipei: SCM Publishing Inc., 1991, p. 185。

⑦ 理雅各将"彝"译为"本常之性"（"the normal nature"）。James Legge, *Chinese Classics*, vol. Ⅳ: *The She King, or the Book of Ancient Poetry*, Taipei: SCM Publishing Inc., 1991, p. 337。

正如理雅各所正确地看到的那样，在孔子之前已经形成了人秉承于天而形成道德本性——亦即内在的良善——的观念。这内在的良善意味着什么呢？

《圣经·创世记》教导说，人是按照上帝的形象而被造的。加尔文坚持认为"上帝的形象"正确地说是在人心里，而不是人的外表，他指出"上帝的形象"就是人灵魂内在的良善。[1] 考虑到理雅各的基督新教背景，也由于下文很快就会论及的理雅各对性善论的赞赏，已经可以看到，理雅各有意识地将《诗经》《尚书》中的人性观与圣经关联起来。那么，在理雅各看来，自谓"述而不作"的孔子是如何认识人和人性的呢？

一　"吾道一以贯之"与理雅各对孔子性善论的肯认

前文中已经提到了孔子的"吾道一以贯之"。理雅各将之译为："My doctrine is that of an all - pervading unity."[2]此译至少有两点需要注意。首先，"一以贯之"的"之"被限定为"吾道"，即孔子之道。虽然对于此句的疏解汉宋壁垒相对[3]，但在"之"的理解上汉宋并无大异。皇侃疏之为"天下万理"，[4] 邢昺正义曰"天下万事之理"，[5] 朱熹以"理一分殊"申之："一以贯之，犹言以一心应万事。……盖能于分殊中事事物物，头头项项，理会得其当然，然后方知理本一贯，不知万殊各有一理而徒言理一，不知理一在何处。"[6] 焦循更指"之"为"神明之德""万物之情"。[7] 总结起来，注家大

---

① ［法］加尔文：《基督教要义》，钱曜诚等译，生活·读书·新知三联书店 2010 年版，第 167—168 页。

② Legge, *The Chinese Classics*, vol. I, p. 169.

③ 参见程树德《论语集释》，中华书局 1990 年版，第 258—263 页。

④ 何晏集解、皇侃义疏：《论语集解义疏》，第 49 页。

⑤ 何晏注、邢昺疏：《论语注疏》，第 51 页。

⑥ 朱熹：《朱子语类》卷二十七，第 669、677—678 页。

⑦ （清）焦循：《雕菰楼集》，转引自（清）刘宝楠《论语正义》，中华书局 1990 年版，第 151 页。细究之下，焦氏与前解稍异，他突出了万物之"性情"，乃合其反理学而张性情之一贯主张。

抵主张将"之"理解为具有客观外在性的万事万物所本有之理，而孔子之道正是由万物之理概括、凝练出来。而在理雅各的翻译里，所谓"an all - pervading unity"，即意为"普遍性的整一"。理雅各不但肯认了"吾道"的普遍性意义，更强调了"吾道"乃是一种整一体，这就意味着由"一"所统贯的"之"毫无疑问意指"吾道",① 而非那大而化之的"万事之理"。这一区别又意味着什么呢？这就要进一步考察这种"普遍性的整一"是什么，即"一"指什么。理雅各对"一"的理解便是需要注意的第二点。

也许不需要再引述诸多注家的各异注解了，清人刘宝楠的一语总结就道出了问题的复杂性："'一贯'之义，至汉以来不得其解。"② 而理雅各很明确地将"一"理解为"心"（heart）,③ 他的根据应该在于随后曾子的申明："夫子之道，忠恕而已矣。""中心"为"忠","如心"为"恕","忠是出于虑及自我本身或出于自我本心的履责行为（忠 is duty - doing, on a consideration, or from the impulse, of one's own self），恕是遵循互惠原则的履责行为（恕 is duty - doing, on the principle of reciprocity)"④。"心"构成忠恕行为的内在根基。这里的理雅各一方面不赞同朱熹以客观化的"理"来解夫子之道，另一方面也不赞同清儒们单纯强调"行事"（如焦循、王念孙、刘宝楠等)⑤，因为单纯强调"行事"，反而将人的内在根基"心"忽视了，使得孔子之道仅仅成为一般性的道德教导，而缺失了稳定的内在根基。

---

　　① 对于此句，理雅各在注解中还给出了更为明了的翻译："my doctrine have one thing which goes through them."由此可以更为清晰地看出理雅各所理解的"之"乃是指陈"吾道"。见 Legge, *The Chinese Classics*, vol. I, p. 169。有意思的是，理雅各随即指出，这一解释没有得到任何一个中国注疏家的赞同。

　　② 刘宝楠：《论语正义》，第 152 页。

　　③ Legge, *The Chinese Classics*, vol. I, p. 169.

　　④ Ibid. , p. 170.

　　⑤ 焦循、王念孙之解，参见程树德《论语集释》，第 258—259 页；刘宝楠之解，见刘宝楠，《论语正义》，第 151—153 页。正如钱穆指出的那样，清儒之解，皆因不满宋儒受禅宗秘传心法之影响而将曾子之"唯"的应答视为曾子直得孔子心传，故力避一"心"字，而着力于"行"字，反为画牢。见钱穆《论语新解》，第 99 页。

"心"又被理雅各进一步理解为"人之本性"（man's nature），[1]那么"忠"便理所当然地被译为"be true to the principle of our nature"[2]（遵循本性）。此时理雅各已经将"一以贯之"的孔子之道归结到人心、人性了。由此更可以明了，理雅各不愿意将孔子之道泛泛地理解为"万物之理"，正是在于他试图将之收归到单纯的人性方面的思考。随后就会看到，人性问题乃是理雅各非常重视的问题之一，也是他非常重视儒家经典的一个重要原因。不言而喻的是，这种人性显然是善的，否则它根本不可能成为"所有人伦关系和生活职责（duties of life）的源头"[3]。因此，在理雅各看来，孔子之道系于人性本善，而如果完全按照这一本善之性行事，则无不是"忠"或"恕"；而践行忠恕仅仅是听从内心之道德律令的召唤，从根本上说本无须勉力而为。[4] 这或许也是理雅各在解释"忠恕"时从未提及程子所谓"忠者天道，恕者人道"[5] 或者朱熹所谓"圣人是不犯手脚底忠恕，学者是著工夫底忠恕"[6] 的根本原因。

不过，还有一个问题没有解决，即从"心"到"性"的转换问题，理雅各并未在此加以论证。不过，这并不是他的疏忽，欲图理解其中运思，便不能不考察理雅各怎样理解《孟子》。《孟子·尽心上》明确说："尽其心者，知其性也；知其性，则知天矣。"理雅各认为，"尽其心"，即透彻了解其全部心意（mind），捕捉其所有意识，确认己之所是，由此必然会了解其本性（"知其性"）；而且由于他乃是天之造物，则其本性之所有属性皆与天相符配（"知天"）。[7] 即是说，只有尽力把握"道德本心"的状态、属性且将之充分实现出来，才能够尽知其性。这也意味着，"心"构成了"性"的根据，甚至可以

---

① Legge, *The Chinese Classics*, vol. I, p. 169.

② Ibid. , p. 170.

③ Ibid. , p. 169.

④ 当然，在具体践行之时，必然会受到欲望、环境等的不利影响，因此需要着力的乃是如何克除己私。

⑤ 朱熹，《四书章句集注》，第72—73页。

⑥ 朱熹，《朱子语类》（第二册），第672页。

⑦ Legge, *The Chinese Classic*, vol. II , p. 448.

说"心"与"性"是同一的。那么此"心"到底是"善"的还是"恶"的呢？孟子专从"四端之心"来论说"心善"："无恻隐之心，非人也；无羞恶之心，非人也；无辞让之心，非人也；无是非之心，非人也。恻隐之心，仁之端也。羞恶之心，义之端也。辞让之心，礼之端也。是非之心，智之端也。人之有四端也，犹其有四体也。"（《孟子·公孙丑上》）他又在《告子上》说："仁义礼智，非由外铄我也，我固有之也，弗思耳已。"由此已经清楚了，仁义礼智，乃此心之本有、固有，当心摆脱了生理欲望的裹胁或外在环境的影响时（例如孟子所举之例："今人乍见孺子将入于井也。"），便会自然呈露出四端之心的活动。因此，"心"是善的，因而性也理所当然是善的。正如徐复观所说的那样："孟子在生活体验中发现了心独立而自主的活动，乃是人的道德主体之所在，这才能作为建立性善说的根据。……孟子由心善以言性善，这才是经过了自己生活中深刻地体认而提供了人性论以确实的根据。"①

因此，正是由于孟子的"即心言性"，才使得理雅各径直将孔子的"一贯之道"归结到"心"，进而归结到"性"，从而将孔子的性善论肯认下来。②

事实上，理雅各之所以对儒家思想赞赏有加，其中一个非常重要的原因就是儒家思想中的性善论。③ 这也首先出于他对人性论的重

---

① 徐复观：《中国人性论史·先秦篇》，生活·读书·新知三联书店（上海）2001 年版，第 151 页。

② 一般认为，性善论乃是孟子明确提出来的，"即心言性"也是始于孟子。不过正如理雅各发现的那样，曾子以"忠恕"申说孔子之道，正是从"心"来言性的。此外，孔子也明确宣称过"吾欲仁，斯仁至矣"，此一"欲"字亦点示出了作为根基的人之本心；又曾以"于女安乎"来主张三年之丧，自是从"心"言之。牟宗三认为，孔子未认"仁"即吾人之道德本心，亦未言"仁"即吾人之"性"，孔子所言之"性"仍呈露其以前"性者生也"的传统残余，至孟子始将"仁""性"打并为一，且将仁之全部意蕴收于道德本心之中。见牟宗三：《心体与性体》（上），上海古籍出版社 1999 年版，第 20—23 页。细究孔孟用语，此论自是不谬。但孔子之所以未以"性"贞定"仁"，恰在于那时的"性"沾染着"以生言性"的杂质。因此，正是通过避用那时之"性"字，才表达出所谓的"性"意。因此，理雅各以孟子所谓"心""性"来确定孔子性善论，当是独具慧眼的。

③ Legge, *Confucianism in Relation to Christianity*, p. 7; Legge, *The Religions of China*, p. 99.

视。理雅各毫不犹豫地将人性的问题视为人类的普遍性问题。① 而具
有普遍性的人性可以构成诸多尘世法则的基础之一。理雅各说："人
性的构成及其在何种程度上为人提供行为准则（a rule of conduct）和
责任律令（a law of duty），这些问题比其他任何问题都还重要。"②
理雅各把人性与人在现世中的思想和行为紧密联系起来考虑，似乎已
经预设了一个前提，即人具有相当程度的自主性与可靠性。虽然他不
会（当然也不可能会）走到"人为自然立法""为世界立法"的程
度，但他也不会轻易接受对人的过度贬低。正是由于人性本善，所以
人才能够和必须将此性善实现出来。对于儒家思想来说，这既是对于
"天命之谓性"中天命的神圣责任，也是对于禀受天命而内化为性的
自我的责任；而对于基督教来说，既是对于作为造物主、护理者、主
宰者和救赎者上帝的神圣责任，也是具有"上帝的形象"的人对于
自我的责任。

在论及孟子性善论时，理雅各注意到了孟子的一段论述："乃
若其情，则可以为善矣，乃所谓善也；若夫为不善，非才之罪也。"
（理雅各的翻译是：From the feeling proper to it, we see that it is con-
stituted for the practice of what is good. This is what I mean in saying that
the nature is good. If men do what is not good, the blame cannot be im-

---

① Legge, *The Chinese Classic*, vol. II, p. 56. 理雅各在这里提出，孔子并没有提出任何普遍
性的问题，但是孟子做到了。而他所指的普遍性问题，当然指的就是人性论。不过，单就人性问
题来讲，孔子并非没有讨论，前文的分析已经充分显明了这一点。而就在这同一篇《孟子》导
言中，理雅各也承认："孔子对人性的论述极少且极为简明，最著名的是：'人之生也直，罔之
生也幸而免。'这与孟子的观点若合符节。而且孟子直接诉诸于孔子来支撑自己的观点（《告子
上》六章八节，九章四节），尽管我们无法在其他地方找到孟子引用的这些话语，但是我们可以
相信，孔子一定会赞成他的这位继承者所持的这些观点，而会对那些征引他的某些言论却试图得
出其他结论的人（理雅各指的是写下《修身篇》的杨子——引注）紧皱眉头。就我自己来说，
我十分赞同孔子这一观点。他对'金律'多有阐述，尽管仅仅采用否定的形式，但这足以说明
孔子的人性论述。"见 Legge, *The Chinese Classic*, vol. II, p.57. 此外，理雅各曾经在其他地方谈
到，孔子设想了人性本善，只是并没有详细阐明，孟子却充分探讨了人性本善的问题。Legge,
"Christianity and Confucianism Compared in their Teaching on the Whole Duty of Man"（Pamphlet），
p.7. 因此，整体来说，在理雅各看来，事实上孔孟都坚持了性善论，他们的区别仅仅在于讨论
详细程度的不同。

② Legge, *The Chinese Classic*, vol. II, p. 56.

puted to their natural powers.) 理雅各就此论述道："如果一个人犯了错，那么应该归罪于谁呢？归罪于罪本身？他可能乐于归罪于他的造物主。或者归罪于他的本性——这其实也是间接归罪于造物主。但事实上这是他自己应承担的罪责。"① 很明显，理雅各是基于现实考量来分析性善论的必要性。性善论从理论上切断了作恶者推卸自我责任的后路，因为若按其性之本然而行，自然不会作恶；如果作了恶，那么也是自己偏离了本性。朱熹清晰地看出了告子之言论的可能贻害："言如此，则天下之人皆以仁义为害性而不肯为。"② 梁启超曾经就性善论与性恶论进行高下之判，认为性善论将使得自暴自弃之徒无以逃遁，而性恶论却会成为推脱责任的很好借口。③ 理雅各正是意识到了性恶论的这种危险，因此才极力推崇性善论。

由理雅各对性善论的推崇已经可以看到理雅各对基督教原罪论的反省。不过必须承认的是，对于原罪论所可能造成的这种理论后果，奥古斯丁、路德、加尔文或者其他新教神学家显然都意识到了，但是他们认为上帝的恩惠为沾染原罪的人留下的"良知""自然律"或者"宗教的种子"等足以让人无可推诿的理论，从而化解了这个问题。但是理雅各显然并不满意，他试图通过弱化原罪论、彰显人性之善而为人无条件承担自我的责任确立下无可推卸的根基。这一点会在下一节中进一步讨论。

二　"性相近也"与"其不善者而改之"：现实之恶的提出

在儒家思想那里，性善论并不影响现实之恶的提出，例如孔子所点示的"逐利"（"放于利而行""小人喻于利"）、"无信"（"人而无信，不知其可也"）、"多欲"（"枨也欲，焉得刚？"）、"好色"（"吾未见好德如好色者也"）等，皆是现实之恶，这些恶往往也呈现

---

① Legge, *The Chinese Classic*, vol. Ⅱ, p. 59.

② 朱熹：《四书章句集注》，第 325 页。

③ 梁启超：《梁启超论孟子遗稿》，《学术研究》1983 年第 5 期。

为过度的个人欲望。从某种意义上来说，正如基督教中没有了人的原罪，便不需要上帝的救恩一样，纯粹的本善之性也会取消自我对自我本善之性的任何责任，因为此时纯粹的本善之性已经是毫无阻滞和污染地全体呈露出来；而现实之恶的提出，反而使得本善之性更为可贵，也使得被赐予本善之性的人需要肩负起更为重大的责任，克服现实之恶，回应这本善之性。这一点，在理雅各的相关译解中被清晰地开显出来。

　　例如《论语·阳货》第二章："性相近也，习相远也。"此章本就歧解丛生。近人程树德《论语集释》罗列了众多不同观点，焦点在于此中之"性"如何理解。① 而参考了诸多《论语》注疏本的理雅各，② 对其中的激烈争议，不可谓不知。不过，对于一个虔诚的基督徒，尤其对于宣扬原罪论的新教之教徒来说，似乎这个问题在理雅各那里很容易得到解决，因为它恰好可以放在原罪论的背景下获得合理解释：人性因全然败坏而相似。但是，既由于理雅各"以意逆志"的学术诉求，也由于理雅各已经明确确认了孔子的性善论，那么他显然不愿意以原罪论来随意曲解原文。不过理雅各仍然可能顺着孔子的性善论而将"性相近也"合乎逻辑地理解为：由于人性之本善，则人性自然并无不同。此解在古注中并不鲜见，如王阳明说："夫子说性相近，即孟子说性善，不可专在气质上说。若说气质，则刚与柔对，如何相近得？"刘宗周亦径直解曰："此是先生道性善处。"③《日知录》亦云："性之一字，始见于《商书》，曰：'惟皇上帝，降衷于下民，若有恒性'。恒即相近之义。相近，近于善也。"又如李光地《论语札记》曰："案夫子之言，惟孟子能畅其说。其曰'性善'，即相近之说也。"④

---

① 程树德：《论语集释》，第 1178—1188 页。

② 理雅各在 Chinese Classics 第 1 卷的导言中，详细列举了自己的参考文献，其中中文著作计有三十多种。见 James Legge, *The Chinese Classics*, vol. I, 128–136。

③ （明）王阳明：《传习录》卷下黄以方录；（明）刘宗周：《刘子全书遗编》卷十三。皆见 ［美］陈荣捷《王阳明〈传习录〉详注集评》，学生书局 1983 年版，第 379 页。

④ 转引自程树德《论语集释》，第 1178—1179 页。

　　但是理雅各绝不主张将此处的"性"理解为"性善"之"性"，即"道德本心"（the moral constitution of man），而将之视为包含物质性、动物性和智识性成分的复杂而现实化了的"性"（his complex, actual nature, with its elements of the material, the animal, and the intellectual）。① 理雅各的解释较为晦涩：首先，物质性、动物性成分如何与智识性成分融合为一？其次，现实化了的"性"又如何与"习"（practice）相区分？他的"actual"意指什么？理雅各可能也觉得晦涩，因而指引读者参考邢昺注疏。邢昺《论语注疏》曰："性，谓人所禀受，以生而静者也，未为外物所获，则人皆相似，是近也。既为外物所惑，则习以性成。若习于善，则为君子，若习于恶则为小人，是相远也。"② 邢昺以"人所禀受"释性，应是"以生言性"的路子。③ 以"未为外物所惑"与"为外物所惑"来分疏"性"与"习"，事实上将"性"到底如何（如是善还是恶）的问题悬置起来，甚至"性"本身仅仅成为一种理论上的假设，因为人所能面对自己或他人的，永远只能是已为外物所惑的"习"了。如此一来，"性""习"对举的理论模型已经失去了解释效力。而且，"未为外物所惑"的"性"显然也不能对等于理雅各所谓的"actual nature"，反而更类似于邢昺所解释的"习"了。理雅各显然了解这一点，他在引用过邢昺注疏之后接着说："这毫无疑问是正确的，即，人与人之间诸多的不同——甚至绝大多数的不同——乃是归因于习性（habit）。"④ 可见，理雅各之所以引述邢昺注疏，可能仅仅在于邢昺强调了"习"的重要性，而理雅各显然非常重视"习相远"的普遍性意义；而他对"性"的定义，仅仅是受邢昺"静"与"动"、"未发"与"发"的理解模式的启

————————

　　① Legge, *The Chinese Classics*, vol. I, p. 318.

　　② 何晏注、邢昺疏：《论语注疏》，第233页。

　　③ 关于"以生言性"，唐君毅倾向于以"生长变化之可能性"释之，虽篇幅不多，却颇为精当。见唐君毅《中国哲学原论·原性篇》，中国社会科学出版社2005年版，第6—8页。

　　④ Legge, *The Chinese Classics*, vol. I, p. 318.

发罢了（证据如他使用词语"actual"）。而其实际性内容，很可能指向的是朱熹的注疏。

朱熹主张"性相近"之"性"乃气质之性，而非天地之性、义理之性或本然之性。[①] 而朱熹所谓的气质之性并非指"气质"的本性或本质，而是落于气质之中的天地之性，与气禀相混的天地之性。按照牟宗三的解说："天地之性是性之本然，是就性之自身说。气质之性则是就有生以后，性之落于气质中说。故气质之性即是气质里边的性。……清浊厚薄只是气质，而'气质之性'则是说的这清浊厚薄之气质里的性。……朱子却并未就这气质本身而建立一种性。他只正视对于'义理之性'之限制。天地之性或义理之性是同而一，但因气质之限制而有了差别。"[②] 如此一来，理雅各的真正所指便清楚了：所谓"actual nature"，便是落在气质之中的天地之性、义理之性，亦即"气质之性"。无可否认的是，气质的厚薄、刚柔、清浊因人而异，但是人不但禀受了"形气之正"[③]，而且气质本身也会受到义理之性的限制、转变，从而人与人之间的"actual nature"便并无大异，即所谓"性相近也"。而理雅各之所以又认为"actual nature"包含了物质性、动物性和智识性的复杂成分，既在于气质本身有厚薄、刚柔或清浊之别，"其间有合道德性的，亦有不合道德性的"[④]，也在于即使在人尚未进行道德实践时（"生而静"，"未为外物所惑"），义理之性本身也会对气质有所限制。

而理雅各并没有直接指引出朱熹的注疏，原因可能在于，依照朱熹的解释，人之性与物之性同一，分疏人与人、人与物的不同的，也

① 朱熹：《四书章句集注》，第 175 页。
② 牟宗三：《中国哲学的特质》，第 61—62 页。
③ 朱熹：《四书章句集注》，第 293 页。
④ 牟宗三：《中国哲学的特质》，第 62 页。

只能依赖气禀了。① 也就是说孔孟之性善论事实上并不能构成人与物的区分标准，使得性善论被架空。但是理雅各通过隐晦地借用朱熹注疏，已经将孔子对现实之恶的论述清晰呈露出来。②

由此，现实中具体而真实的人，就其本然之性来说，当然是善的，且通过具体的践履工夫本善之性可以完全澄明出来。由是而论，韦伯说儒家思想中根本没有所谓的根本之恶③，是对的。但当其处身于世间思想和行为之时，人便难免会沾染恶。因此，现实中的人并无全善。正是基于此，理雅各重新理解了《论语·述而》第二十一章："三人行，则必有我师焉。择其善者而从之，其不善者而改之。"理雅各的译文是："When I walk along with two others, they may serve me as my teachers. I will select their good qualities and follow them, their bad qualities and avoid them."④ 与邢昺或朱熹不同，"其善者"并不被理解为与我同行的他人中的某个或几个善者，从而"其不善者"也不被理解为其中的不善之人。⑤ 理雅各的翻译表明，尽管人性本善，但

---

① 朱熹曾说："人物性本同，只气禀异。"（朱熹：《朱子语类》卷四，第58页）似乎气禀之异乃区分人物的本质所在。不过朱熹还指出："人物之生，莫不有是性，亦莫不有是气。然以气言之，则知觉运动，人与物若不异也；而以理言之，则仁义礼智之禀，岂物之所得而全哉？"（朱熹：《四书章句集注》，第326页）这就意味着，人与物之间不但性同，而且就气而言的知觉运动也并无相异。最后人物之别便落在了形气之全与不全及由此而导致的禀受的性之正与不正，由此而言人物之别实在几希之间，即所谓"其不同者，独人于其间得形气之正，而能有以全其性，为少异耳。虽曰少异，然人物之所以分，实在于此"（朱熹：《四书章句集注》，第293—294页）。不过，值得注意的是，孟子所论人与禽兽的几希之异在于仁义礼智之四端，即是说，即使恻隐之心、羞恶之心、恭敬之心和是非之心在人那里原本仅仅是萌芽，却也构成了人与物的本质性区别，因为物并没有分享此四端之心。

② 理雅各的这一译解，恰恰也从反面折射了理雅各对孔子性善论的确认，因为他始终相信，就道德本心所构成的人性来说，人性是绝对善的，因而人与人之间的人性是完全相同的，并无"相近"可言。既然孔子言"性相近也"，那么此性便非彼性。

③ 韦伯：《中国的宗教；宗教与世界》，第221页。

④ Legge, *The Chinese Classics*, vol. I, p. 203.

⑤ 邢昺疏云："言我三人行，本无贤愚相悬，但敌体耳，然彼二人言行，必有一人善，一人不善。我则择其善者而从之，不善者而改之。"（何晏注、邢昺疏：《论语注疏》，第93页。）朱熹注曰："三人同行，其一我也。彼二人者，一善一恶，则我从其善而改其恶焉，是二人者皆我师也。"（朱熹：《四书章句集注》，第98页。）

是在私欲和外在环境的影响之下，每个人所实现出来的自我并不可能全善无恶；同时，又由于人性本善，则每个人所实现出来的自我也不可能全恶无善。

而且，既然理雅各使用了"good qualities"和"bad qualities"来指称"善"与"不善"，那么这就意味着此时的"善"与"不善"当然不是在天地之性的意义上被区分出来的（因为天地之性当然是同一的），也不是在"性相近"中气质之性的意义上被区分的，而只能是"习"的意义上的不同了。

这一点恰恰符合了基督教对人的一般看法，即原罪之中的人毫无可能是无罪而全善的。在基督教看来，谈论某人的全善不但是错误的，而且本身就犯下了骄傲之罪。可以说，理雅各的基督教背景也使他几乎自然而然地将"其善者"和"其不善者"理解为每一个人所秉持的"善"的品质和"不善"的品质。

三 "克己复礼"中的"己"："人性中的道德异常状态"

在理雅各从"性相近"中读解出的孔子对现实之恶或者过度的个体欲望的表诠之外，他也在"克己复礼"中更为清楚地揭示了这些现实之恶的具体层面，而且与基督教的某些观念对应起来，形成了互读互释。

首先，他如此翻译了"克己复礼为仁"："To subdue one's self and return to propriety, is perfect virtue."① "subdue"既有抑制、克制之义，亦有战胜、征服之义，可谓综合了马融之"约"② 和朱熹之"胜"③ 的疏解；"return to"则暗示了"禀受—失去—恢复"的人性历程，从而暗合了基督教中人与上帝关系的信仰历程——这一点会在稍后谈到。

其次，对于"己"，虽然理雅各笼统地翻译为"one's self"，但是

---

① Legge, *The Chinese Classics*, vol. I, p. 250.

② 何晏集解、皇侃义疏：《论语集解义疏》，第 161 页。

③ 朱熹：《四书章句集注》，第 131 页。

他显然并不认为这一翻译能够准确传达"己"的本意，因此特意在注释中予以详细说明。他介绍了朱熹"身之私欲"的解释后，首先大段引用了翁复的《四书遵注合讲》："己非即是私，但私即附身而存，故谓私为己。克己非克去其己，乃克去己中之私欲也。"按照翁复的理解，"己中之私欲"包括三个层面，一为气禀，二为耳目口鼻之欲，三为尔我。而理雅各则将这三个层面分别理解为人之体魄（animal man）、感官的支配性影响（the dominating influences of the senses）及对卓越的渴求（the lust of superiority）。① 之后他又介绍了《四书翼注》的观点，此书将"己"理解为与"道心"相对的"人心"，而这危而难安、难以驾驭的"人心"却又是与生俱来的。② 据上，理雅各总结出一个共识，即"己"意谓"人性中的道德异常状态"（the morally abnormal condition of human nature）。他还将"人性中的道德异常状态"视为基督教原罪论的基础。针对翁复有关"己中之私欲"之三层面的观点，他特别指出第二个层面，即耳目口鼻之欲，才是孔子所着意指称的。③

原罪论，下文很快就会谈到。不过，按照基督新教的一般观点，原罪显然不是简简单单的"人性中的道德异常状态"，而是人性的全然败坏（total depravity）。即使理雅各想说的是原罪论的基础，那么从源头上论基础，应是亚当夏娃的堕落；从实质上论基础，则是人对上帝的悖逆。这些显然也并不等同于带有强烈世俗意义的"人性中的道德异常状态"。熟稔基督教圣经和神学的理雅各显然是通过重新阐释原罪论而努力在两种经典之间搭建桥梁。这一点稍后就会谈到。现在还需要注意的是，他认为孔子之"己"所特

---

① Legge, *The Chinese Classics*, vol. I, p. 250.

② Legge, *The Chinese Classics*, vol. I, p. 251. 所谓"人心""道心"之说，当取自《尚书·大禹谟》："人心惟危，道心惟微。惟精惟一，允执厥中。"孔安国疏曰："危则难安，微则难明，故戒以精一，信执其中。"孔颖达进一步正义曰："人心惟万虑之主，道心为众道之本。立君所以安人，人心危则难安。安民必须明道，道心惟则难明。将欲明道，必须精心。将欲安民，必须一意。又当信执其中，然后可得以安民耳。"见（唐）孔颖达《尚书正义》，北京大学出版社 1999 年版，第 93—94 页。

③ Legge, *The Chinese Classics*, vol. I, p. 251.

别意指的"耳目口鼻之欲"是否可以看作"人性中的道德异常状态"？如果参考前文对"性相近"的讨论，应该可以确定"耳目口鼻之欲"应该是他所谓的"复杂的现实化的人性"中的重要部分，而在译解"性相近"时，理雅各也曾明确指出，这种复杂的现实化的"性"往往会将本善之性引入歧途，[①] 那么这"耳目口鼻之欲"就显然偏离了本善之性，偏离了道德本心，因而是"人性中的道德异常状态"。

由此，理雅各又通过对"克己复礼"中的"己"的译解，进一步确认了现实之恶的重要来源。有意思的是，这"耳目口鼻之欲"也被孟子看作不合乎本善之性的欲望："口之于味也，目之于色也，耳之于声也，鼻之于臭也，四肢之于安佚也，性也，有命焉，君子不谓性也。"（《孟子·尽心下》）

正是由于这种易于将本善之性引入歧途的"性"寓居于每一个体身上，所以每一个体在面对着赐予自我本善之性的"天"的责任、对于禀受天命之性的自我的责任，便显得更为重大，也更为艰难，"任重而道远"。

第二节　自我对本善之性的责任与未完成性

正是由于人性本善，同时又由于本善之性会受到私欲以及外部环境的影响，所以真实而具体的人对自我的责任，首要的便是"透过实践以完成人格所显现之'道德的自我'"[②]，或者按照朱熹的说法，克服或转化自我之气质之不善不正者，以恢复自我之本性，此即复性工夫。理雅各将这种"复性"的理路贯穿到对《论语》中的诸多语句的译解中，而且或明或暗地将之置于相关基督教思想的映照下，从而既激活了《论语》的某些崭新意义（理雅各可能会视之为原文本意），又与基督教思想形成了对话。

---

① Legge, *The Chinese Classics*, vol. I, p. 318.

② 牟宗三：《中国哲学的特质》，第 63 页。

一 "克己复礼"与"民德归厚"："禀受—失去—恢复"的历时结构

前文已经论及了"克己复礼"中的"己私"问题，现在需要关注的是理雅各对"复礼"的译解。他将之译为"return to propriety"。首先，理雅各是如何理解"礼"的呢？这需要回到他对《论语·泰伯》第二章的译解，此章重点阐述了"礼"对于人自身的品格以及为政的重要性。① 理雅各特别提醒读者谨记，这几章中的仪式（ceremonies）或礼仪（rules of propriety）并不仅仅是惯例、习俗（conventionalities），而是人之道德和智识本性在本有范围内的律令（the ordinations of man's moral and intelligent nature in the line of what is proper）。② 如此一来，"礼"乃是本善之性在现实生活规范层面的外化和呈现，因此并不是出于某种政治目的或其他外在目的而人为设置的条例、法规、习俗等，反而是聆听本善之性的内在律令并顺应、遵行它的结果。而"礼"的呈现和确立，恰恰给予了本然之性应有的外在形式。因此钱穆说："礼者，仁道之节文，无仁则礼不兴，无礼则仁道亦不见。"③

如此一来，当"复礼"被理雅各理解为"恢复、回归礼仪"（"return to propriety"）之时，这无疑表明了，人们通过践行礼仪，克除己私，从而恢复本善之性；它同时也暗示了，本善之性当被人禀受于天之时，已经受到了污染、改变、限制等，那么"克己复礼"的工夫正是要将之从"人性道德异常状态"中拯救出来、透显出来。于是，在理雅各的译解中，一种"禀受—失去（或者污染）—恢复"的历时性结构便呈现出来。这种结构他也在"民德归厚矣"中发现了。

《论语·学而》第九章载曾子言："慎终追远，民德归厚矣。"理

---

① 子曰：恭而无礼则劳，慎而无礼则葸，勇而无礼则乱，直而无礼则绞。君子笃于亲则民兴于仁，故旧不遗，则民不偷。

② Legge, *The Chinese Classics*, vol. I, p. 208.

③ 钱穆：《论语新解》，第303页。

雅各的翻译颇为详尽："Let there be a careful attention to perform the fu-neral rites to parents, and let them be followed when long gone with the ceremonies of sacrifice; —then the virtue of the people will resume its proper excellence." 理雅各在注释中还特别指出，"归"表明了此德乃是自然地本属于人的（The force of 归 is to show that this virtue is naturally proper to the people）。① 那么，"resume"就意味着曾经失去或者受损，现在重新获得；而"proper excellence"也意味着"厚"不仅仅是伦理上的民风淳朴之义，而是"本有的善好"。这一理解大大不同于前人注疏。

孔安国注："慎终者，丧尽其哀也；追远者，祭尽其敬也。人君能行此二者，民化其德皆归于厚也。"② 在孔注中，慎终追远，并非普通民众所为，而是人君之责，当人君能丧尽其哀、祭尽其敬之时，民众即能受此感化而其德归厚。皇侃尽申此意："上之化下，如风靡草，君上能行慎终追远之事，则民下之德日归于厚也。"③ 朱熹之注解也并无实质性不同："盖终者，人之所易忽也，而能谨之；远者，人之所易忘也，而能追之：厚之道也。故以此自为，则己之德厚，下民化之，则其德亦归于厚也。"④ 可见，古注往往并不重视"厚"，这可能因为他们将"厚"理所当然地理解为了"民风淳朴"；此外，古人多君民对称，"民"字即暗示着君的在场，因而他们往往将"慎终追远"的主体限制在君上那里，从而"归"亦是"望风而归"中的"归"——归向，趋向。

理雅各并未受此禁锢，径直将"民"指向一般意义上的人（the people），"慎终追远"与"其德归厚"的主体皆被看作一般意义上的人。更重要的是，"归厚"被理雅各明确理解为恢复本有之善好（"proper excellence"）。如此一来，"民德归厚矣"已经与"克己复礼"一同分享了"禀受—失去（或者污染）—恢复"的历时性结构。

---

①　Legge, *The Chinese Classics*, vol. I, pp. 141, 142.

②　何晏集解、皇侃义疏：《论语集解义疏》，第 8 页。

③　同上。

④　朱熹：《四书章句集注》，第 50 页。

理雅各对这一结构的发掘，一方面坚持了他在孔子那里发现的性善论，另一方面也指向了基督教中有关人之生存的历时性结构：从被造为"上帝的形象"，即"上帝的形象"的获得，至堕落、原罪，即"上帝的形象"的败坏，最终是"上帝的形象"的恢复。

在基督教神学中，尽管人被造为"上帝的形象"，但是人由于骄傲和悖逆而堕落，人身上的"上帝的形象"也丧失殆尽，人得救的开端就是在基督里重新获得上帝的形象，所以保罗说"这新人……渐渐更新，正如造他主的形象"（西3：10），又说"穿上新人，这新人是照着神的形象造的"（弗4：24）。

但是需要注意的是，基督教认为人重新获得"上帝的形象"，乃是出于上帝丰盛的恩典，而儒家思想中人对本然之性的恢复，乃是个体的修养工夫，并不祈求外在超越者的恩典或者帮助。理雅各当然不会不明白这一点。不过，即使在基督教那里，个人的道德实践也是必需和必然的，尽管它并不换取上帝的恩典，却仍然足以成为上帝恩典的果子和标志。下文很快就会谈到，理雅各对个人的道德实践极为重视，这可能也是他在通过发掘出《论语》中"禀受—失去（或者污染）—恢复"的历时性结构并使之对应于基督教神学中人之生存的历时性结构的一个重要原因。还可以进一步思考的是，基督教中"上帝的形象"的恢复必然是一个渐进的过程，而且尽管在一般的基督教观念中其恢复虽然可以最终完成，但是这种完成也被置于人永远无法预知的终末，因而对于每一个个体来说，更新和恢复永远是未完结的过程。那么通过理雅各建立起来的对应结构来看，显然儒家思想中人的复性也必然是一个永不完结的过程。

二 "人之生也直"：永远的复性过程

后文将会论到，理雅各承认"人之生也直"反映了孔子的性善论。[①] 但是理雅各并不愿意将之简单地视为孔子对性善的肯认，而是更倾向于从人的趋向性、可能性——因而也是人的责任——来理解。

---

① 见第四章第一节第一小节。

他并没有将"人之生也直"译为"Man is born of uprightness"，而是译为"Man is born for uprightness"。"of"表明的是"直"乃人生而有之，为人所本有、固有，乃是绝对内在于人的道德属性。根据理雅各对孔子性善论的确认，这一理解应该是没有问题的。程颢也称此章所言与《中庸》"天命之谓性"同义。① 但是它需要面对的问题就是随后的一句话："罔之生也幸而免"。如果"生也直"，那么为何会存在"罔之生"？朱熹将前后两个"生"字分疏为"始生"和"生存"②，试图以此来化解这一疑难。理雅各的翻译应该是借用了朱熹的分疏："Man is born for uprightness. If a man lose his uprightness, and yet live, his escape from death is the effect of mere good fortune."③ "Be born"和"live"分别对应着"始生"和"生存"。不过，朱熹已经将人视作"性"与"气质"的结合，这种结合才能导致人的始生，"始生"与"生存"之人都禀受着"气质之性"，在此意义上很难说"始生之直"④；而且，由此"生而直"的"直"便只能处于消极的静态之中，似乎不能直接形成推动现实中每一个体进步的积极动力。可能正因此，理雅各并没有单纯将"生也直"理解为"始生而直"，而是进一步理解为"为直而生"（be born for uprightness）。

为了更为清晰地呈现这一翻译背后的用意，还可参照理雅各对孟子《孟子·告子上》第二章的译解。对于"人性之善也，犹水之就下也"，理雅各如此翻译："the tendency of man's nature to good is like the tendency of water to flow downwards."在注解中，理

① （宋）程颢、（宋）程颐：《二程遗书》，上海古籍出版社 2000 年版，第 181 页。

② 朱熹：《朱子语类》（第三册），第 811 页。

③ Legge, *The Chinese Classic*, vol. Ⅱ, p. 59.

④ 朱熹却将"始生"之"生"理解为单纯的"义理之性"。《朱子语类》载：问："或问云：'上"生"字为始生之生，下"生"字为生存之生。虽若不同，而义理相足。'何也？"曰："后日生活之生，亦是保前日之生。所以人死时，此生便绝。"问："明道云：'民受天地之中以生'，'天命之谓性'也。'人之生也直'亦是此意。莫微有差别否？"曰："如何有差别！便是这道理本直。孔子却是为欲说'罔之生也'，所以说个'直'字，与'民受天地之中'，义理一般。"（朱熹：《朱子语类》（第三册），第 813 页。）这种解释似乎又否定了"始生"与"生存"的分疏，因为就"性"而言者，则人莫不直，"始生"与"生存"莫不直。

雅各特别指出："'人性之善'直译就是'the goodness of man's nature'，不过我们必须将'善'理解为'向善'（tendency of good）。"① 理雅各有意从一种理想性、趋势性的角度去理解性善论，并且坚持认为这种理解是符合孟子原意的。的确，孟子在论证"性善"时特别强调现实中的反面力量以及人的私欲（"小体"）的破坏和影响。孟子说："苟得其养，无物不长；苟失其养，无物不消。孔子曰：'操则存，舍则亡，出入无时，莫知其乡。'惟心之谓与！"（《孟子·告子上》第八章）人性之本善，仁义之本有，原本并不足以保证人在现实条件下的"善"，尽管它带给人实现现实中的"善"的根本倾向性与可能性。现实中的"斧斤之伐""牛羊之牧"随时威胁这本善之性；甚至如果被它们过度侵害，亦有"失其本心"之可能性。因此，"心之神明不测，得失之易，而保守之难，不可顷刻失其养。"② 而对于人本身来说，有"大体"（即朱熹的"心也"），有"小体"（即朱熹的"耳目之类也"）③，耳目往往会蔽于物，从而将"本心"引入歧途（"耳目之官不思，而蔽于物，物交物，则引之而已矣"）。孟子当然并没有走向荀子式的"化性起伪"，而是在明确设定了人人皆性善的基础之后，也承认了现实力量和身体欲望的强大及其对性善的影响甚至是破坏。因此孟子极端强调了存养、扩充："凡有四端于我者，知皆扩而充之矣，若火之始达。苟能充之，足以保四海。苟不充之，不足以事父母。"（《孟子·公孙丑上》）

因此，理雅各的"for"和"the tendency of good"在承认了性本善的基础上，又设定了人的使命，并且这一使命永远保持为未完成状态（请再想想"for"和"tendency"的深意）。因此复性是永无完结的。牟宗三也说："复性即尽性，复要在尽中复。尽性即是尽心，尽性要在尽心中尽。性海无尽，故尽性是一无限过程，也可以说永远尽

① Legge, *The Chinese Classic*, vol. Ⅱ, pp. 396 – 397.

② 朱熹：《四书章句集注》，第 331 页。

③ 同上书，第 335 页。

不了。"① 可见，理雅各虽然重视孔孟的性善论，可是他并不满足于仅仅将孔孟的性善论开显出来，而是同时强调了每一个体对自我本善之性无限的责任，对这一责任的承担和实现，也是永不完结的复性过程。

第三节　性善论与原罪论的会通

刚才已经看到，理雅各借助于《孟子》的相关论述将孔子的性善论肯认下来，并隐约将之指向了基督教对人性的理解。事实上，理雅各对孔孟性善论的极大兴趣，既在于他在其中发现了其与基督教人性论的某种相似性，更在于他欲图借助孔孟性善论的资源，来重新反思基督教中的原罪论。另外，他也试图对孔孟的"圣人论"做出辨正。这些努力最为集中地体现在理雅各为《孟子》英译本（*The Works of Mencius*）撰写的导言中。事实上，前文的诸多讨论最终都要归结到《孟子》导言上。笔者将会考察理雅各如何努力对性善论与原罪论进行会通。这应该不会偏离此章的中心，因为这种会通一方面让我们更为直观地看到理雅各如何在耶儒之间进行对话（此时的对话已经是借鉴儒家思想中的有益因素来寻求基督教中某些观念的重建了），因而更能呈现理雅各"经文辩读"的特征；另一方面也凸显了理雅各对人的绝对责任的强调，因为理雅各对性善论的肯认，究极目的乃是为人之必需和能够积极回应和践行人的应有责任寻求不可推诿的人性论根基，这也正是此章所试图讨论的中心问题：自我对自我的责任。此节的讨论，既是对前两节所引而未发之问题的集中回应，也是将前两节论述进一步引向深入的尝试。

---

① 牟宗三：《中国哲学的特质》，第 69 页。

一　理想状态与现实状态

理雅各在甫一提及孟子性善论时就说："对于很多作者来说，它（即性善论——引注）代表了与基督教全然的不相容（entirely antagonistic）。"① 不久之后他又说："对于很多基督教读者来说，它是一块绊脚石和一个冒犯。"② 个中原因很清楚，基督徒们普遍接受了"原罪论"。既然人人都带有与生俱来的原罪，那么人性如何可能是"善"的呢？而理雅各要做的，就是试图在性善与原罪之间找到会通的通道，实现基督教与儒家在人性方面的对话。

前文已经论及了孟子的性善论。此处需要继续考察理雅各对孟子性善论的具体译解。《孟子·告子上》中，告子曰："性犹湍水也，决诸东方则东流，决诸西方则西流。人性之无分于善不善也，犹水之无分于东西也。"孟子曰："水信无分于东西，无分于上下乎？人性之善也，犹水之就下也。人无有不善，水无有不下。今夫水，搏而跃之，可使过颡；激而行之，可使在山。是岂水之性哉？其势则然也。人之可使为不善，其性亦犹是也。"正如理雅各正确地指出的那样，"人无有不善"乃此章中孟子思想的要点。③ "人无有不善"犹如"水性之就下"，这些都是本然之状态或应然之状态；但如果人在现实中表现出不善甚至恶行来，那么就如同水为强力所迫而向上运动，这些都是违背本然之性的。因而，此章明确道出了人的本然之性善，也较为隐晦地暗示了现实中不善状态的由来和性质。

进一步呈现本然状态或应然状态与实然状态之对应的，乃是理雅各对其中孟子之"人性之善"的翻译。上文已经谈到了，理雅各选择了"the tendency of good"来进行翻译。这符合了孟子对于护持、存养、扩充本善之心的要求。也正基于此，有论者坚持认为孟

---

① Legge, *The Chinese Classic*, vol. Ⅱ, p. 58.

② Ibid., p. 59.

③ Ibid., p. 395.

子仅仅宣扬了"向善论"。① 而在理雅各那里，"the tendency of good"并没有否定本善之性的本体性。事实上，理雅各将孟子性善论理解为既是一种向善论、又是一种本体论的理论。之所以是本体论，是因为它的确是人性中所固有的。理雅各赞扬孟子为性善论提供的证据之一："人皆有不忍人之心"，人所固有的"仁义礼智"之四端。② 而且更重要的是，理雅各将"四端之心"的"端"译为"principle"，这就暗示了"恻隐之心""羞恶之心""辞让之心"和"是非之心"，分别是仁、义、礼、智的根源，甚至也意味着是"首要原则"，而非仅仅是仁、义、礼、智的发端（如赵岐、焦循等的观点）。由此，四端之心的重要性得到更大重视，善的本体性也就更加凸显。由是而论，史华兹（Benjamin I. Schwartz）的看法与理雅各完全一致："在任何道德行为中，人们都不只是学习既定的'游戏规则'。这种游戏规则产生于人类根源深厚的天赋禀性，不仅包括对人的感情，还包括对特殊情境的意义的感觉。所有的规矩都可以在某种自然的秉性中找到其终极根源。"③

因此，理雅各认为孟子一方面肯定了人性之本善，另一方面也强调了本善之性在现实中的脆弱性。正是在此意义上理雅各指出："孟子说的是人本性的理想状态，而非现实状态。"④ 在这种理解下，孟子的性善论就可以与基督教的原罪论联通起来了。

"原罪"有其历史性，这一点是必须要清楚的。依据圣经记载，具有"上帝的形象"的人，被造时本有圣洁、公义和正直。奥古斯丁也承认："上帝是自然的创造者，他创造了正直的人，不让他有罪

---

① 如傅佩荣《儒家哲学新论》，业强出版社 1993 年版，第 79—81 页。［美］安乐哲（Roger T. Ames）《孟子的人性概念：它意味着人的本性吗?》，［美］江文思（James Behuniak Jr.）、［美］安乐哲编《孟子心性之学》，社会科学文献出版社 2005 年版。

② Legge, *The Chinese Classic*, vol. II, pp. 59 – 60.

③ ［美］本杰明·史华兹：《古代中国的思想世界》，程刚译，江苏人民出版社 2004 年版，第 280 页。

④ Legge, *The Chinese Classic*, vol. II, p. 59.

过。"① 加尔文也认为，"在神一切的造物中，人是彰显神公义、智慧和慈爱的最高贵的杰作"②，因为"'上帝的形象'指的是上帝原本赐给亚当的正直，因他当时有完整的悟性且他的情感也在理智的支配之下，他一切的知觉都有正确的顺序，并且他当时将他一切卓越恩赐的荣耀都归给神。虽然神的形象的载体主要位于人的心智、灵魂和灵魂的机能，但是人的每一部分包括其身体也都多少彰显神的形象"③。

原罪乃是在夏娃和亚当偷吃了禁果之后才进入人类的。保罗在论说人类的死亡原因时论及了因亚当而临到众人的罪："这就如罪是从一人入了世界，死又是从罪来的，于是死就临到众人，因为众人都犯了罪。"（罗 5：12）奥古斯丁明确地将这"从一人入了世界，又传给众人的罪"称为原罪。但是一般认为奥古斯丁对原罪的观点在不同时期针对不同问题有着或多或少的改变，加尔文则在《基督教要义》中给出了定义："人类本性中遗传的堕落和败坏，其扩散到灵魂的各部分，不仅使我们落在神的震怒之下，又使我们行出圣经所说的'情欲的恶事'。"④

从"原罪"的历史性可以得出，人性原初并不是邪恶和败坏的。"'原罪'虽然是人的品性中一种不可逆转的缺陷，它却不是人原本的本性。"⑤ 人性具有一种原初性的"善好"——人是上帝的形象，上帝创世时赋予了人原初的"善性"，有人称之为"人的第一天性。"⑥ 不过，不管如何理解"人是上帝的形象"或者人原初的善性，它们都不能决定性地保障人不被任何罪恶引诱或败坏。按照奥古斯丁

---

① ［古罗马］奥古斯丁：《上帝之城：驳异教徒》（中），吴飞译，生活·读书·新知三联书店（上海）2008 年版，第 163 页。

② 加尔文：《基督教要义》，第 160 页。

③ 同上书，第 165 页。

④ 同上书，第 228 页。

⑤ ［加］许志伟：《基督教神学思想导论》，中国社会科学出版社 2001 年版，第 163 页。

⑥ 刘宗坤：《原罪与正义》，华东师范大学出版社 2006 年版，第 54 页。

的那个著名解释，被造时的人"有不犯罪的能力，也有犯罪的能力"①，那么这意味着此时具有真正自由意志的人仍保持着犯罪的可能性，这种可能性在蛇的引诱之下便被实现出来。在此情形下，整个人类便陷入原罪以及由此带来的更多的罪中，从而他们"不能不犯罪"。原罪事实上宣告了一个决定性的拐点，划分了两种虽然仍有关联但绝对不可等而论之的状态。② 原罪虽然败坏了原初的"善性"，却并没有完全消灭它，也不可能完全消灭它，因为人仍然是"上帝的形象"③，只是使得原初的"善性"保持为一种潜能。因此许志伟指出："我们必须重申一切受造的根本美善，不然上帝创造的美善也会被否定；但自从罪进入世界后，这份美善只用来满足我们自我中心的骄傲，以致人类生活在各方面皆充满罪恶。"④ 而从历史上说，原

---

① 奥古斯丁：《上帝之城：驳异教徒》（下），吴飞译，生活·读书·新知三联书店（上海）2009 年版，第 344 页。

② 不过需要指出的是，并非所有基督教神学家都认同这种转变，例如尼布尔就拒绝将原罪视为遗传下来的第二天性，反而将原罪视为人的本然状态，因为当亚当开始做出第一个有意义的行动时，他已经犯罪了，因而并不存在真正意义上的无罪状态。不过，尼布尔倾向于将原罪视为具有上帝之形象及自由和自我超越追求的人固有的自爱和自我中心的倾向，而这种倾向又不属于自然必然性的范畴，却是在他的自由并因为他的自由而犯罪的。见尼布尔《人的本性与命运》（上），第 232—233、249 页。

③ 这一点即使是奥古斯丁和加尔文，也毫不迟疑地承认。值得注意的是，在卡尔·巴特与布鲁纳（Emil Brunner）的著名论争中，布鲁纳坚持认为，虽然始祖亚当的堕落让人原本拥有的内容意义上（material）的"上帝的形象"（the original image of God）消失殆尽，而且失去"原义"（justitia originalis），以致于丧失了实践"上帝眼中视为好"的能力与动机，却仍然拥有形式意义上（form）的"上帝的形象"，正是它让人类和上帝之间有了共通性——两者都是有责任感和具备语言思想之沟通能力的主体，而正因为这两样东西，人类才有被拯救的可能性和必要性。卡尔·巴特却坚称堕落之后人所拥有的"上帝的形象"就荡然无存了，而"人的理性与道德良知"并不等于"上帝的形象"，也绝不是人类赖以"获得启示"的能力，更不是得救的必要条件。有且只有基督是唯一的启示，而且是人类得救的充分条件。见 Emil Brunner & Karl Barth, *Natural Theology: Comprising "Nature and Grace" by Emil Brunner and the Reply "No!" by Karl Barth*, trans. Peter Fraenkel, London: The Centenary Press, 1946。而在后来的《教会教义学》中，巴特甚至宣称人原本就不具有"上帝的形象"，上帝创世时，人不是被造而成为（be created to be）"上帝的形象"，仅仅是上帝按照（God created man in his own image）"上帝的形象"来创造罢了。见 Karl Barth, *Church Dogmatics*, vol. Ⅲ.1, eds. G.. W. Bromiley & T. F. Torrance, London, New York: T & T Clark, 2009, p. 200。

④ 许志伟：《基督教神学思想导论》，第 155 页。

初的善性，伊甸园中的美好状态，也就成为了相对于被原罪败坏之后的现实人性的一种理想状态。

正因此，理雅各对于孟子的"性善论"所区分出的"理想状态"和"现实状态"，在某种程度上关联于"原罪"所标志出的"理想状态"和"现实状态"。这应该也是理雅各所特别主张的：既然在基督教神学中人性原初是善好的，那么孟子（还有孔子）所谓的"人之本然为善"又怎么会是基督教的绊脚石呢？而且，既然孟子（还有孔子）也强调人性本然之善在现实中往往不可能完全释放或生长出来，必然会遭到现实的诱惑和侵害，那么它又怎么会与同样认为人的原初善性也在亚当之后受到污损的基督教神学相抵触呢？可以说，正是由于孟子的性善论，才有可能将之与基督教提出的人之原初善好状态相关联；而且，尽管孟子讲到了人性善，但由于人性善被保持为一种理想状态，因而并不影响人的现实之恶的提出。进一步说，对于孔子、孟子和基督教神学来说，人性受侵染的现实状态都是对人性之本然的背离。孔子说："人之生也直，罔之生也幸而免。""罔"便是对"生之直"的背离。孟子说："今夫水，搏而跃之，可使过颡；激而行之，可使在山。是岂水之性哉？其势则然也。人之可使为不善，其性亦犹是也。"可见，水之向上，乃是对水性之违背，人性亦如此。与此相似，加尔文说："罪不是人受造时的天性，而是堕落后的天性。"① 亚历山大的希利尔（Cyril of Alexandria）也将人类的沦落看作既属乎天性，又违反天性。刘宗坤又进一步以第一天性和第二天性区分之，认为第二天性乃是对第一天性的违背。② 那么，理雅各所谓的"现实状态"当然也是对"理想状态"的背离。

不过，性善论与原罪论虽然在"理想状态"与"现实状态"这样的二元对立结构上可以勾连起来，甚至可以说是相似的，然而两者至少在两个重要方面有重大区别。首先，基督教原罪论所包含的

---

① 加尔文：《基督教要义》，第 230 页。
② 刘宗坤：《原罪与正义》，第 57 页。

"理想状态"和"现实状态"主要是从时间上——更确切地说，是从整个人类历史发展上——区分的，因而具有强烈的时间性。前文已经讲到原罪的历史性，有其起源也终会有其终结，尽管它们都是在非常遥远的过去或者将来；而孟子性善论是不需要考虑人类历史发展上的时间性的，它强调的是每一个当下之人都已然具有本然之善。只是在个体的成长过程中，它需要不断被养护和扩充。如果非要说孟子的性善论也具有时间性的话，那么其时间性至多只是个人性的，而不具有人类历史进程的总体性。第二个重大区别是，"理想状态"在诸如尧舜或孔子这些圣人那里是可以达到的——按照孟子的看法，事实上他们已经达到了。在他们那里，理想状态和现实状态的区隔已经被弥合起来了。更重要的是，孟子还宣称："人人皆可为尧舜。"也就是说人人都葆有达至这种理想状态的可能性。但是按照基督教的看法，由于人人都有原罪，人是不可能自我拯救的，必须依靠上帝的恩典。这一点理雅各当然看到了。① 不过除此之外，理雅各仍然乐于宣称："孟子的教导没有一处与圣经相违背。"②

二　原罪之外的性善

平心而论，理雅各试图通过理想状态与现实状态的二元结构来勾连孟子性善论和基督教原罪论，还只能说是表面上的（即结构上的）连通，理雅各自己似乎也不特别着意于此，或者说他不愿意止步于此。

与所有的基督教神学家一致，理雅各完全承认人被造时的纯洁无瑕，因而人在伊甸园里的犯罪便必须由自己来负责。③ 但是，可能理雅各会认为，当众人都由于一人而必然具有原罪的时候，此时的人仍然可以将自己的罪责归结到他人（尤其是始祖），甚至是上帝。因此必须

---

① Legge, *The Chinese Classic*, Vol. II, pp. 67–68, 69. 随后也会继续讨论这个问题。
② Ibid., p. 67.
③ 当然笔者并不能否认这样一种可能，即理雅各仍然会对上帝造人时并没有将人造的"不能够犯罪"表示疑惑，不过理雅各并未明确谈到这个疑惑。此外，他肯定也知道，加尔文虽然也设想到了这个问题，但是加尔文明确禁止我们如此假设，因为这是上帝隐秘的旨意。见加尔文《基督教要义》，第173页。

为人的自我负责找寻更为坚实的基础。在将性善论与原罪论进行对话之时，理雅各真正想做的，乃是通过孔子和孟子的性善论来激发出基督教神学中对人性高度肯定的一面，甚至是对原罪论进行弱化。可作佐证的是，理雅各在他的译解及论著中很少提及基督教的"原罪论"。在整个《中国经典》卷1、卷2中，大概只有在注解"克己复礼为仁"时才提到了"原罪"，并且也仅仅是一带而过。① 即使在这篇重点论及人性的导言中他也不愿过多谈及"原罪"。可以认为，他对"原罪论"抱有警惕。作为补救，理雅各试图凸显出人之本性的优越之处。

在这篇导言中，理雅各选取了18世纪英国一位非常著名的主教约瑟夫·巴特勒（Joseph Butler, 1692 – 1752）的布道词，来与孟子的相关论述进行比较。理雅各断言，孟子的论述与巴特勒主教的观点非常接近。② 总体来看，理雅各指出了两者在两个基本方面的相近。首先，他们对人性最为初始而首要的看法是一致的。孟子指出："人有仁义礼智之四端，非由外铄我也，我固有之也。"在另一处又提出："人有不忍之心……无恻隐之心，非人也；无羞恶之心非人也；无恭敬之心，非人也；无是非之心，非人也。"由是观之，仁义礼智与作为其四端的恻隐之心、羞恶之心、恭敬之心和是非之心，都是内在于人的，都是原发性的，并不是从外部进入的。与此对应，巴特勒有关人性的三个著名布道词（*Sermons upon Human Nature*）的第一个布道词中提出，人性中具有自然的仁慈，还具有不同于仁慈和自爱的几种热情（passions）和情感（affections），它们有助于并引领我们走向与个体之善同样真切的公共之善。人性也具有反思的能力，通过反思，人们区分出对自身行为的赞同或反对。③ 很明显，两者几乎是一一对应的，因此理雅各并不认为在此巴特勒有任何观点超出了孟子。④ 即使在讨论现实中人并没有完全跟从本性而是经常违背天性之

---

① Legge, *The Chinese Classics*, vol. I, p. 251. 前文也已经指出了，理雅各甚至试图从一种世俗道德的角度来理解原罪。

② Legge, *The Chinese Classic*, vol. II, p. 56.

③ Ibid. , p. 60.

④ Ibid. , p. 61.

处，巴特勒也与孟子并无二致，因为孟子也谈道："人有四端而自谓不能也，自贼也；谓其君不能也，贼其君也。"（《孟子·公孙丑上》第六章）

其次，两者都认为在这些最为基本的人性构成之外，还有着将之发展、弘扬以至于至善的内在要求，因为这才是人的本性被造为良善而非邪恶的目的。巴特勒说，反思或意识原则不仅仅被认为是一种也会对其他人产生一些影响的内心原则，而且在属性和本质上也是一种能力，超乎所有其他原则之上。它与人性中的其他成分的区别，并非力量上或等级上的区别，而是本质上和属性上的区别。它被尊为我们的主宰，指导和管理所有低层次的行为原则、行为激情和行为动机：这就是它的权利和职责，因而其权威是神圣性的。由此，人性乃是重复建立，人的内在构造是一个系统或组织；其中各个部分被连成一体，并非通过个异性的物质原则，而是反思和意识原则。① 巴特勒非常重视人性中的反思能力，将之作为人性的至关重要的能力和内在组织原则。②

孟子也多次强调了"思"的巨大作用。仍然是《孟子·告子上》第六章中说："仁义礼智，非有外铄我也，我固有之也，弗思而矣。故曰：'求则得之，舍则失之。'或相倍？而无算者，不能尽其才者也。"按照朱熹的理解，此处"言四者之心人所固有，但人自不思而求之耳，所以善恶相去之远，由不思不求而不能扩充以尽其才也"③。"思"虽然不产生仁义礼智，但能够促进甚至决定这四者的扩而充之，因为仁、义、礼、智虽然属于本性，但人又同时具有耳、鼻、口、舌、四肢之欲，至于到底是从仁、义、礼、智之本性，还是跟从身体欲望，则需要人自身的抉择和反思。程颐甚至

---

① Legge, *The Chinese Classic*, vol. Ⅱ, p. 62. 另见［英］约瑟夫·巴特勒（Joseph Bulter）:《论道德的本质》,《自然宗教与启示宗教之类比》, 闻骏译, 武汉大学出版社 2008年版, 第 272—281 页。

② 此处仍然可以窥见理雅各与加尔文（以及奥古斯丁）的分歧。加尔文虽然并不否认沾染原罪而全然败坏的人仍然存留一丝"上帝的形象"，但是他并不认为此时人的理智能够保持不受污染和歪曲。见加尔文《基督教要义》, 第 248 页。

③ 朱熹:《四书章句集注》, 第 328 页。

说："人之为不善，欲诱之也。诱之而弗知，则至于天理灭而不知反。故目则欲色，耳则欲声，以至鼻则欲香，口则欲味，体则欲安，此皆有以使之也。然则何以窒其欲？曰思而已矣。学莫贵于思，唯思为能窒欲。曾子之三省，窒欲之道也。"① 因此理雅各恰当地引用了《孟子·告子上》第十四章："人之于身也，兼所爱，则兼所养也。无尺寸之肤不爱焉，则无尺寸之肤不养也。所以考其善不善者，岂有他哉？于己取之而已矣。"尤其对于最后一句，理雅各特意以大写字母译出：

FOR EXAMING WHETHER HIS WAY OF NOURISHING BE GOOD OR NOT, WHAT OTHER RULE IS THERE BUT THIS, THAT HE DETERMINE BY REFLECTING ON HIMSELF WHERE IS SHOULD BE APPLIED?②

在这里，"于己取之"被理解为返于自身来反思到底应该在何处下功夫。可见，理雅各特别强调了其中的"思"。经过反思，所做出的取舍便决定了此人的品质高下："体有贵贱，有小大。无以小害大，无以贱害贵。养其小者为小人，养其大者为大人。"（《孟子·告子上》第十四章）"从其大体为大人，从其小体为小人。"（《孟子·告子上》第十五章）事实上，这里的"思"所展示的，其实就是更高层级的良善和智慧与较低层级的欲望和激情的争斗。人被造为善的，就是为了反抗并转化我们的处境，奋力追求德性。真正值得被称为人性的，并不是欲望和激情的那些部分，而是可以提升人达到更高层级的良善和智慧的那些部分。③

理雅各梳理出这两个基本相似之处，可以认为他是在实践麦克斯·缪勒所倡导的比较宗教学原则。不过，理雅各的真正目的并不

---

① 程颐、程颢：《二程遗书》卷二十五，第376页。
② Legge, *The Chinese Classic*, vol. II, p. 62.
③ Ibid., p. 63.

在于仅仅指出两者的同或异。正像前文指出的那样，理雅各试图重新激发出基督教神学中对人性高度肯定的一面。他之所以选择宣扬人性优点的巴特勒主教，他之所以坚持认为孟子的性善论与基督教并不矛盾，可能正是因为他坚持认为，基督教也必须持守人性善的观点，尽管人是有原罪的。

在基督教神学史上，尤其自奥古斯丁之后，原罪论及由此而来的对人的罪性的强调，不时得到强化。虽然奥古斯丁仍然承认，原罪产生之后，由于至高上帝的恩宠，人的本性在其构造、生命、感觉和智力等上的一切良好品质仍然存在，但也同时宣称这些品质都由于原罪而归于暗淡和衰败，而且由于自由意志已经丧失，人所行所思的只能是罪恶，而非良善。而在试图真正回到奥古斯丁的新教那里，对人的罪恶意志的强调往往更加严厉，对人性的看法也更为苛刻。加尔文说，在人败坏和堕落的本性中仍存有一丝光芒，这光芒证明人是有理性的受造物，但是这光芒在散发时却被极浓厚的愚昧掩盖了，以致无法明亮地照耀。人的意志虽然也没有完全消失，却已被恶欲捆绑，不能追求真义。[1]

受加尔文思想深刻影响的《比利时信条》也在激烈指责人的自我堕落："我们相信，上帝用尘土造人，乃是按照他自己的形象造的，是善良，公义，圣洁的，在凡事上能定意与上帝的旨意相符。但他处尊荣而不自明，居高贵而不自知，反倒听从魔鬼自甘犯罪，结果自愿死亡沉沦。因为他干犯了所接受的生命之命令；他既败坏了整个天性，犯罪自绝于真生命之神便置自己于身灵的死亡。他在凡事上既如此变为邪恶，悖逆，败坏，那就将那从上帝所领受的优美恩赐，除仅保留一点足以使人无可推诿的残余以外，都丧失了；因为我们里面的一切光明都变成了黑暗，正如圣经告诉我们说：'光照在黑暗里，黑暗却不接受光（约1：5）；在这里约翰称人为

---

[1]　加尔文：《基督教要义》，第248—249页。

黑暗。'"① 路德宗的《奥斯堡信条》将人的沦落和意志之恶作为其核心内容："我们教会教导人：虽然上帝创造及保存宇宙万有，但罪是由邪恶者的意志而来，就是魔鬼和不敬虔者的意志。如果没有上帝的扶持，恶人的意志便转离上帝，正如基督所说，'他（魔鬼）说谎是出于自己'（约 8：44）。"② 这里人的邪恶意志被明确作为罪的根源，并且这种邪恶意志是非常强大的，而人性之中的良善即使不是不存在，也只是极其微弱和无力的，而且被这强大的邪恶意志所挟制和捆绑。在这里，人几乎被描述为全然黑暗的，充满了邪恶、悖逆和败坏，似乎人与"上帝的形象"之间已经毫无干系了。

尽管如此，对于受原罪污染的人性是否已经彻底堕落，一直存有争论。根据《协同式》的总结，信奉《奥斯堡信条》的几位神学家，仍然为原罪的严格意义是什么的问题而争论不休。一派主张，因为亚当犯罪完全败坏了人类本性所以自亚当犯罪以后，堕落者的本性、实质与本质，至少其本质最重要的部分（即其理性的最高峰及最主要力量），就是原罪本身，被称为"本性罪"或"位格罪"，因为这不是一种思想、言说或行为，乃正是人性本身，因此这是一切其他罪恶的根源。也正因此，自在始祖堕落犯罪以后，人的本性或本质就是原罪本身。另一派的见解并不相同，他们认为，在严格意义上原罪并不是人的本性、实质或本质（即人的身体和灵魂）。即使在人犯罪以后，上帝也仍在人里面做工，这是圣灵的临在工作。而原罪并非没有，却只是存在于人的本性、身体、灵魂及其一切能力之中的某种东西，是一种令人憎恶的、深深潜藏的败坏，它夺取了人被造时被赋予的原义，即在属灵（善事）上死了，并偏向一切邪恶。人的本性因此种败坏和与生俱来的罪恶，所有各种本罪都自他心里流露出来。因此，他们认为应把堕落人的本性与本质（即他的身体与灵魂，甚至

---

① 《比利时信条》第十四条，载《历代基督教信条》，基督教文艺出版社 1989 年版，第 136—137 页。

② 《奥斯堡信条》第十九条，载《协同书》，李天德译，香港路德会文字部 2001 年版，第 32 页。

堕落后在我们里面，仍是上帝的工作与创造），与原罪（即认为魔鬼造成的，使人性败坏）区分。①

这种争论的实质是，原罪是不是人的全部本性和本质？抑或仅仅只是深藏于人性内部的一种病灶？那么延伸开来，就是沾染原罪之后人性中还有没有善的存有和可能性，具有原罪的人是否自身仍然可以寻求真理，立志行善？可以看到，即使在路德宗内部，仍然有认同原罪之后善性仍然存有的观点。

实际上，从教父时期始，就有着对人性的诸多正面看法。正如赖品超在论及基督宗教之超越者的内在性和内在者的超越性时指出的那样，奥古斯丁之前的教父们不但没有明显地倡导原罪论，反而提出了与此相悖的人观。爱任纽肯定人的自由意志，而且相信正是借此人类才逐渐走向至美；而基督宗教的苦修主义也认为人性可以提供资源，以维持一种透过对上帝的顺服而形成的对善的委身，亚当的过犯并不构成对人性本身的破坏，人性仍然保有自由与良善；基督宗教的柏拉图派相信人性中有神圣形象，每一个心灵都分享灵智之光，因而与属天之灵共有一个本性和实体，因而具有一种内在的朝向神圣的驱动力。即使在奥古斯丁的人观发挥巨大影响之时，这些观念仍然与之相互制衡。② 受新柏拉图主义影响的尼撒的格列高利（Gregory of Nyssa）更是从身体和灵魂两个方面高度评价人的理性，人自始至终都具有智性、自由意志和爱，人本性上都有向善的倾向，并由于智性和自由意志而可以变得更为美善。③ 此后的梅兰希顿（Philipp Melanchthon）、茨温里（Ulrich Zwingli）、卫斯理（John Wesley）、潘能伯格（Wolfhart Pannenberg）、拉纳（Karl Rah-

---

① 参见《协同式》，载《协同书》，第464页。

② 赖品超在《超越者的内在性与内在者的超越性——评牟宗三对耶、儒之分判》一文中梳理了基督宗教思想史中对人的正面认识甚至对人的超越性肯定的思想脉络，本文此处的讨论主要依据于此文。详见赖品超《超越者的内在性与内在者的超越性——评牟宗三对耶、儒之分判》，刘述先、林月惠主编《当代儒学与西方文化：宗教篇》，"中央研究院"中国文哲研究所2005年版，第43—89页。

③ ［古罗马］尼撒的格列高利：《论人的造成》，载代著《论灵魂和复活》，石敏敏译，社会科学文献出版社2004年版。

ner）等都肯定了人的超越性倾向。赖品超梳理的这条线索已经足以证明，基督宗教思想史中一直存在着对人性的积极肯定，甚至有导向人性善的观点。如果说这条线索不够全面的话，则完全可以加入巴特勒和理雅各的观点。

可以看到，正是借助于孟子的性善论，理雅各激发出了基督宗教中的更为积极正面的人性观，这种积极的人观一方面可以用来与其他的文化（例如儒家文化）进行对话，另一方面可以激发人的积极向善和向上。不过，不要认为理雅各所激发出的积极正面的人性观，乃是为了树立所谓人的中心地位和权威。事实可能恰好相反：正是由于人性本有并仍然持有的善，人才必须去完善、提升它，并担负起自己应该担负也能够担负的责任，因为这才是我们的本性被造为良善而非邪恶的目的。[1]

三　上帝的恩典与道德实践

需要指出的是，可能会有论者批评理雅各的这一会通会在某种程度上忽视或者弱化了恩典的观念，因为原本原罪论的提出和确立主要是为了彰显上帝的赦免和救恩。原罪正是"离开上帝，离开了作为最高的善的上帝，……离开了作为上帝用以通过我们而爱他自己的爱。由于这是罪的本性，它应当与'各种罪'（sins）保持区别，'各种罪'涉及道德行为。罪首要地和基本地是离开了上帝的动力。由于这个理由，不可能有道德的挽救"。[2]

不过，笔者认为理雅各从来没有否定上帝的救恩，更不会相信"因行为称义"。恩典之所以是恩典，正是由于恩典是白白赐予的，并无任何条件，更不是经济学的交换，仅仅是由于上帝的爱，由于上帝就是爱，所以《约翰福音》3 章 16 节说："神爱世人，甚至将他的独生子赐给他们，叫一切信他的，不至灭亡，反得永生。"而人的原

---

① Legge, *The Chinese Classic*, vol. Ⅱ, p. 61.

② ［美］保罗·蒂利希：《基督教思想史》，尹大贻译，东方出版社 2008 年版，第120 页。

罪表明人毫无自救的可能性，只能通过信靠基督而称义："因为世人都犯了罪，亏缺了神的荣耀，如今却蒙神的恩典，因基督耶稣的救赎，就白白地称义。神设立耶稣作挽回祭，是凭着耶稣的血，藉着人的信，要显明神的义。"（罗 3：23－25）人自身的意愿、善行、能力、品质等因素被彻底排除在外，也就是说排除了一切自我信靠，因为它们与称义、救恩无关，也不可能有关，因为称义、救恩只能来自于上帝，"罪人的义并非是一种'主动的义'，而是一种'被动的义'，只能去'遭受'、领受"①。在此情形下，人的道德行为（善行）当然也与恩典、称义和救赎毫无干系，作为虔诚新教徒的理雅各，对这一点当然是信从的。

但是这可能也使得新教对于善行与恩典之间的界限分明保持高度敏感。② 他们甚至也倾向于将缺失信仰上帝的善行视为罪恶③。尽管路德、加尔文等都通过将善行视为真信之果子和标志

---

① ［德］保罗·阿尔托依兹：《马丁·路德的神学》，段琦、孙善玲译，译林出版社 1998 年版，第 230 页。

② 路德甚至将因善行来获取称义的观念怒斥为"妖物"。见 ［德］马丁·路德《论善工》，《马丁·路德文集》，马丁·路德翻译小组译，中国社会科学出版社 2003 年版，第 21 页。阿利斯特·麦格拉思（Alister McGrach）认为："路德本身致力于向许多人 ［例如人文主义者帕斯拉丁（Georg Spalatin）］传达的印象是，罪人一旦被称义，他或她是没有丝毫义务去履行道德行动的。事实上，路德的基本观念是，好行为是一项面对上帝的称义之恩慈行动的完全适当回应，然而它们可以不是（而且必然不是）被视为称义的一个原因。然而，他的跟随者有相当一部分在 16 世纪 20 年代认为，路德暗示，基督徒是免除道德责任的。"（ ［英］阿利斯特·麦格拉思：《宗教改革运动思潮》，蔡锦图、陈佐人译，中国社会科学出版社 2009 年版，第 118 页。）尼布尔也承认，尽管新教认为人的精神超越一切境遇与规范从而只需对上帝负责，这一点极具宗教深度，但新教不能为社会道德与政治正义提供种种相对标准与建构，频频造成现代生活的混乱。（尼布尔：《人的本性与命运》（上），第 54 页。）

③ 奥古斯丁曾说，一切与独一真神信仰疏远的人，不管他们在道德上有多被人称赞，他们不但不应得奖赏，反而应得惩罚，因他们以心里的不洁污秽神的善行。他们虽然在公义、自制、友情、节制、勇气和智慧上作为神保守社会的器皿，但他们却败坏地行出这些恶行。只要善行的动机和目的并非事奉神，那么所有这些善行都已经丧失了善，而成为罪。他说："我们的信仰并不是以行为之律，乃是以信心之律区别义人和不义的人，因为若没有信心，人所以为的善行便成为恶行。"加尔文赞同说："若人没有借信心与神和好，则他一切所想的、所计划的或所行的，都是被咒诅的，不但无法被称为义，反而会被毁灭。"（加尔文：《基督教要义》，第 770 页。）

而确认了善行的重要性和必要性，但其中的问题是，善行如果是出于天所赐予的道德本心或上帝所赐给的自然律，那么为何善行会受到如此严重的猜疑呢？它们在本质上也可以视作上帝的恩典。① 但是保罗和加尔文倾向于从消极意义来理解自然律，② 正如尼布尔指出的那样，比起天主教思想来，新教将"自然律"置于一个更不重要的地位。它因为对个体的偶然性以及面临着这种偶然性的个体的独特性有着太强烈的意识，所以并不信任所谓的一般规则。③ 理雅各却相信"顺着本性"、按照自己对"自己的律法"（罗 2：14）而行的道德实践既是符合神意的，也是人所应当担负的责任。

此外，上帝的救恩虽然是人所能够期待的，却也是人所不能确知的，包括恩典何时到来、如何到来以及为何到来，这是上帝的奥秘。在此情况下，人只是无所事事地坐等吗？作为终生信仰后千禧年主义神学（postmillennialism）④ 的传教士和学者，理雅各极力倡导只有立

---

① 由于创造本身乃是上帝出于爱和恩典的作为，那么所谓的本性（自然），便已经是恩典的结果，已经是蒙恩的本性（自然）；因此以此蒙恩的本性（自然）而行，仍可以是符合上帝旨意的。

② 保罗说："凡没有律法犯了罪的，也必不按律法灭亡；凡在律法以下犯了罪的，也必按律法受审判。……没有律法的外邦人若顺着本性行律法上的事，他们虽然没有律法，自己就是自己的律法。"（罗 2：12，14）按照加尔文的解释，作为"良心"（"本性"）的自然律，其目的是叫人无可推诿，良心所形成的对是非的判断充分到人无法以无知为借口，在神面前由他们自己的见证定他们的罪。（加尔文，《基督教要义》，第 259 页。）理雅各也经常提及保罗的这段经文，不过他乃是从积极意义上来理解的，即，即使非基督徒也能够和应该进行道德实践，这些道德实践由于乃是"顺着本性"而来的，因此是值得肯定的善行。

③ 尼布尔：《人的本性与命运》（上），第 54 页。

④ 后千禧年神学可以定义为：一个关乎末后事情的观点，认为透过福音的传讲，及圣灵在个人心中的拯救工作，神的国度在现今世界中不断扩展，现今世代会在道德及灵性上不断改善，世界最后会基督化。基督再来时，正值一个长时期公义和平时代的结束，这时期就是一般所称的千禧年。因此基督的重临乃是在千禧年后才发生的。后千禧年神学是一种乐观思想，在 19 世纪十分普遍，而且也是 19 世纪末 20 世纪初的主要神学观点，因为那个世代正值西方基督教国家的科学、文化、经济、政治等十分繁荣。见［美］殷保罗（Paul P. Enns）《慕迪神学手册》，姚锦燊译，福音证主协会 2003 年版，第 370—372 页。

足于人的改革努力的普世的千禧年文明出现之后，基督才会重临。[1]
这显然是试图让每一个人都参与到推动这个世界进入千禧年文明中
去，而不是无所作为地等待基督重临，因为每一个人都有行动的能力
和责任。不妨再次引用一段巴特勒的论断："正是由于存在者具有一
种道德本性，以及有关感知和行为的道德能力，才使得他们能够接受
道德管制。"[2] 还有理雅各的一段论述："尽管他（人类）可能是堕
落了，……但在接受正当的审判后，其本性仍然在抗拒所有不义
（bear testimony against all unrighteousness）。"[3]

　　理雅各对道德实践的反思也针对着基督徒、基督教国家本身的现
实问题。理雅各在《中国的宗教》的结尾处明确提出，当前的传教
失败与个别基督徒和"所谓的基督教国家"的道德缺失有关："我们
必须自我批评——基督教会的分裂，那些公开表明信仰之人的易变和
不义，所谓的基督教国家的野心勃勃而自私的政策。"[4] 最后，他还
意味深长地回忆了自己与中国驻英公使郭嵩焘的一次会谈。郭嵩焘似
乎对基督教，尤其对善行的问题，是有所了解的，很可能这一点触动
了他，他不停地询问一个问题：从"仁义礼智"的道德立场来看，
英国和中国这两个国家哪一个更优秀？当理雅各坚持认为答案是英国
时，义愤填膺的郭嵩焘质问道："那为何英国仍然坚持向我们输入鸦
片?!"[5]

小　结

　　理雅各对整部《论语》的译解贯穿着对孔子性善论的肯认，并
与《尚书》《诗经》《孟子》形成了互参、互证；又在性善论的基础
上处理了现实之恶的存在问题，彰显了性善之人克服现实之恶的永久

---

[1]　Girardot, *The Victorian Translation of China*, p. 3.

[2]　巴特勒：《自然宗教与启示宗教之类比》，第 272 页。

[3]　Legge, *The Chinese Classic*, vol. Ⅱ, p. 67.

[4]　Legge, *The Religions of China*, p. 310.

[5]　Ibid.

责任。理雅各的译解为理解《论语》带来了某些崭新的视角，不过他对性善论的赞赏却是直接针对着自身所处的基督新教传统，尤其是原罪论。理雅各试图以儒家的性善论来弱化和补救基督教中的原罪论，凸显堕落之后人性所保有、实有的未被罪所捆绑的理智、良知等。一方面，这种尝试可以回应"儒耶对话"中被热烈讨论的"内在"和"超越"的问题①；另一方面，这一尝试即使没有否认上帝的恩典，没有否认"因信称义"，也无意否定原罪论，却也足以将人的关注焦点从上帝拉回到自身的道德实践上来，近似于倡导一种康德式的"道德宗教"："为了有道德地行事，就应该象神并不存在或不再操心救助我们那样去做事。"② 善行是被期望和要求的，而人也因仍保有某种程度的人性良善而具有践履善行的能力。

---

① 牟宗三曾经以"内在的超越"和"外在的超越"来分判儒耶。受其启发，后世诸多参与到"耶儒对话"的基督教学者试图激发基督教神学思想内部蕴含的上帝之"超越而内在""内在而超越"的思想。例如：郭鸿标：《基督教的"内在与超越"神观》，赖品超、李景雄主编：《耶儒对话新里程》，宗教与中国社会研究中心 2001 年版，第 302—320 页；许志伟：《基督教之三位一体教义：内在与超越》，许志伟、赵敦华主编：《冲突与互补：基督教哲学在中国》，社会科学文献出版社 2000 年版，第 50—86 页；罗秉祥：《上帝的超越与内在》，何光沪、许志伟编：《对话二：儒释道与基督教》，社会科学文献出版社 2001 年版，第 243—277 页；赖品超：《超越者的内在性与内在者的超越性——评牟宗三对耶、儒之分判》，载刘述先、林月惠主编：《当代儒学与西方文化：宗教篇》，"中央研究院"中国文哲研究所 2005 年版，第 43—89 页。

② ［法］德里达：《信仰与知识——纯然理性限度内的宗教的两个来源》，［法］德里达、［意］瓦蒂莫（Gianni Vattimo）主编：《宗教》，杜小真译，商务印书馆 2006 年版，第 16 页。

第四章 道德：虚己与成己

道德实践可以在天或者上帝、人性那里确立起超越性和内在性的根基和必要性。不过，道德实践本身乃是在现实中自我与他人的具体关系中展开的，因此此章需要继续处理自我与他人的道德关系问题，亦即自我对他人的道德责任问题。前文已经论及，理雅各极为重视具体的道德实践，而《论语》和《圣经》恰恰都包容了丰富而深刻的道德训导，所以他在《论语》译解中对两者进行了诸多方面的辩读，例如"银律"与"金律"、"以直报怨"与"以德报怨"、"子为父隐，父为子隐"与"正义"、诚实问题等，不过笔者并不打算将它们全都纳入讨论范围，笔者更关注的是在理雅各的译解中呈现出来的"虚己"与"成己"的问题，这个问题可能才是儒家思想和基督教思想能够形成最富有成效的对话的领域，而且还可能是能够脱离各自文化语境或宗教语境而最具有普遍性意义的问题。

第一节 "己欲立而立人，己欲达而达人"：
自我与他人的共在

既然自我时刻处于上帝和鬼神的"察看"之下，既然自我之本性乃是禀受于天，尤其既然自我处于未完成之中，那么并不存在一个稳固、定型的自我；这个自我需要时刻听从天命和内在道德律令的召唤，由此这个自我也并非中心。因而在译解"有若无，实若虚"（《论语·泰伯》五章）时，理雅各直截了当地说，其含义是"远离自我中心"。① 进一步来讲，孔子教导的"毋意，毋必，毋固，毋我"（《论语·子罕》九章），也在时刻警醒一个固定的单一主体的出现。

在理雅各对孔子道德教导的众多讨论中，他非常重视所谓的"道德金律"。不过，推己及人的金律在现代往往具有单一主体的可疑。② 但是如果细究理雅各的译解，这个问题似乎可以得到一种重新的思考，尤其是他对"己欲立而立人，己欲达而达人"的译解。

首先需要关注其中的"而"。为何一定要关注一个连词"而"呢？因为它恰恰处于"己"与"人"之间，它能够标记出"己"与"人"的关系性质：孰先孰后？孰重孰轻？或者根本无所谓先后和轻重？只有这种关系性质被确定下来之后，才能够探讨自我与他人的关系，这应该是自我与他者之关系的基准点。伍晓明曾经专门讨论了"己欲立而立人，己欲达而达人"这一表述中的"而"字，他给出了几种可能的解释：己欲立，"就"去立人；己欲立，"却"去立人；己欲立，"因而"立人；己欲立，"所以"立人。③ 后两种可能解释不妨认为是相似的，都明显地表达出了一种因果关系；第二种可能解释虽然在语法上可以成立（"而"可以表示转折），却显然将"立己"给否定了，因而必然背离了孔子原意；在第一种可能解释中，当然存在着一种时间上的先后关系，尽管"就"字可以将这种时间上的间隔缩短到最小，但这种先后关系仍然存在。同时，似乎"己欲立"在某种程度上也构成了"立人"的前提和条件，甚至还可能隐含着一种因果关系。这几种可能解释中，"立己"似乎可以脱离"立人"而单独实现，那么从理论上说"己"也应该能够以原子的形态生存于世。

不过，强调人伦、强调关系的孔子肯定会否定这种结论，所以"而"可能更为复杂。伍晓明进一步分析认为，一方面立人的意愿似乎紧随立己的欲望"而"来，似乎是"立己"这个欲望的某种

---

① Legge, *The Chinese Classics*, Vol. I, p. 210.

② 参见例如赵汀阳《我们与你们》，《哲学研究》2000 年第 2 期；赵汀阳《论道德金规则的最佳方案》，《中国社会科学》2005 年第 3 期。

③ 伍晓明：《吾道一以贯之：重读孔子》，第 39—40 页。

结果：因为己欲图"立己"，所以己也（要）立人。但是另一方面，"而"在这里似乎又暗示着，立人也是立己的某种前提或者条件：如果己欲图"立己"，己就需要去立人。① 面对如此复杂的"而"，理雅各同样没有将之理解为时间上的先后，或逻辑上的因果，而是翻译为"同时"（also）："Now the man of perfect virtue, wishing to be established himself, seeks also to establish others；Wishing to be enlarged himself, he seeks also to enlarge others."② "同时"取消了时间上的先后关系，也使得逻辑上的因果关系变得含混起来，或者甚至可以说表达出了互为因果的关系。于是"己欲立"便不再享有天然的在先性，它与"立人"必须是一同被实现出来的。

还须注意的是，中文中的"己欲立"原本会显得具有强烈的主体性色彩，即"我想要如何"，"我"显得是一个自足的、主动的个体和主体。但是理雅各却通过英语中的被动语态（"be established"）将之转换为一个有待实现的"客体"，从而已经将"己"所可能带有的单一主体之嫌疑削弱了。这一点是众多译者都未能注意到的。③ 此外，"己欲立"中的"欲"字也不能忽视，考虑到理雅各将"而"理解为"同时"，那么"欲"就表明当我意图（"willing"）去"立己"时，同时也就开始了"立人"；甚至可以说，事实性的"立人"与意愿性的"立己"才是同时的，从而带来的，要么是事实性的"立己"被悬隔起来，要么事实性的"立己"也只能在"立人"中才能实现。

这两种可能性事实上又可以综合起来。"立己"之被悬隔，乃是由于我在进行着"立人"，从而似乎并没有"专门"进行"立己"。但是此章明显是子贡请教何为"仁"的问题，亦即自我如何才能是

---

① 伍晓明：《吾道一以贯之：重读孔子》，第 40 页。

② Legge, *The Chinese Classics*, Vol. I, p. 194.

③ 韦利的译文是："You yourself desire rank and standing; then help others to get rank and standing." 这里使用的是主动语态，而且以"then"来翻译"而"，如此一来便带来了时间上的先后关系。Waley trans., *The Analects of Confucius*, p. 122. 刘殿爵的译文是："a benevolent man helps others to take their stand in that he himself wishes to take his stand." 这里的译文已经将"仁"转换为了阴险的为我论了。See Lau trans., *The Analects*, p. 55。

"仁者"的问题，孔子恰恰教导的就是自我切己的成仁工夫，因此此章显然讨论的就是"立己""达己"的问题。如此一来，唯一的可能性只能是，在孔子看来，"立己"正是在"立人"那里进行的，"达己"也必须是在"达人"那里实践的。那么自我与他人之间或立或达，都已经是相互对对方的承担和回应，都已经是向对方的自我交出，都必须是相互的共在。①

第二节 　 "虑以下人"与基督教中的"谦卑"

在自我与他人共在、自我向他人交出自我之时，自我在他人面前只能是谦卑的。这样的谦卑既能够指向基督教中信徒原本的谦卑、基督对信徒谦卑的呼唤，又能够指向基督自身的谦卑。在信徒的谦卑中，他们向上帝交出自我，因为他们本就是上帝的造物，他们所有的价值只系于上帝，他们的自以为义只能被算为罪。只有在全心顺服上帝之时，他们才能够真正重获自我，亦即获得救赎。正是在这样的基础之上，信徒们的"爱邻人"以至于"爱你的仇敌"也成为上帝的诫命；而在基督的谦卑中，他向圣父交出自我，向人交出自我，而其目的只是拯救世人。在此节中，可以发现理雅各有意将《论语》中的"虑以下人"与基督教中的"谦卑"关联起来，而可以据此将基督谦卑的问题推进一步。

一 　 "虑以下人"与"达"："否定的辩证法"

《论语·颜渊篇》第二十五章中，孔子在解答何谓"达"的问题时提到了"虑以下人"：

子张问："士何如斯可谓之达矣？"子曰："何哉，尔所谓达

---

① 程颐的一处论说可作参照："有忠矣，而行之以恕，则以无我为体，以恕为用。所谓'强恕而行'者，知以己之所好恶处人而已，未至于无我也。故'己欲立而立人，己欲达而达人'，所以'为仁之方'也。"程颢、程颐：《二程遗书》（第二册），第331页。

者?"子张对曰："在邦必闻，在家必闻。"子曰："是闻也，非达也。夫达也者，质直而好义，察言而观色，虑以下人。在邦必达，在家必达。夫闻也者，色取仁而行违，居之不疑。在邦必闻，在家必闻。"

所谓"闻"者，"在邦必闻，在家必闻"，所措意者，只在于己之声名，必假以虚伪之仁以图得之。由是推之，即使此人乃真真切切行仁义之事，以谦卑示人，但若抱持求声闻于邦家之志，则仍不可谓之"达"，而沦为孔子所贬斥的"为人之学"。因此，从"行"上无以区分"闻"与"达"。事实上，对于"达"，孔子以"质直而好义""虑以下人"等加以界定。"质直"之中的"质"，邢昺解为"性"。① 不过需要考虑的是，能否把这里的"质"或"性"理解为《中庸》所论的"天命之谓性"或者孟子所谓的"四端之心"？显然不能。因为"天命之性"或"四端之心"即是人所禀受于天而构成人性之本善的根基。在此意义上，人性由于皆本善而必然相同。因此，此"质"便不能构成人与人之区分的标准。因此，无论是韦利（Arthur Waley）所译的"by nature straightforward"②，还是刘殿爵（D. C. Lau）所译的"straight by nature"③ 都很容易引起误解。事实上，可以认为邢昺将"性"理解为"生之谓性"，因为他在注疏"性相近也，习相远也"中的"性"时说："性，谓人所禀受，以生而静者也，未为外物所惑，则人皆相似，是近也。"④ 既然朱熹将"性"理解为天理流行而所赋之于人，⑤ 那么朱熹自然不会使用"性"来解"质"，但是"质"到底应作何解，朱熹并未明言，而只是笼统地说："内主忠信，而所行合宜，审于接物而卑以自牧，皆自修于内，不求

---

① 何晏注、邢昺疏：《论语注疏》，第 167 页。
② Waley trans. , *The Analects of* Confucius, p. 168.
③ Lau trans. , *The Analects*, p. 117.
④ 何晏注、邢昺疏：《论语注疏》，第 167 页。
⑤ 朱熹：《四书章句集注》，第 17 页。

人知之事。"① 理雅各在翻译 "质直" 时，既不愿将 "质" 理解为 "生之谓性"②，也不愿陷入解为 "天命之性" 时所可能遭遇的麻烦，他直接将之译作了形容词 "solid and straightforward"。③

更需注意的是 "好" 和 "虑"。此二词都指向人的本真心志，人必须从内心底里 "好义"，从内心底里卑以自牧，才能自然而然践行义事，诚心诚意在人前谦卑柔顺。可见，"闻" 与 "达" 之分野，在 "质" 或 "志" 上。所以朱熹提醒说："闻与达相似而不同，乃诚伪之所以分，学者不可不审也。"④ 由是而论，"下" 与 "达" 便具有了反向的内在关联，不可离分。"虑以下人" 既是 "达" 的必由之途，更是 "达" 的重要特质。所以程颐说："只好义与下人，已是达了。"⑤ 由此呈现出了一种否定的辩证法：出于本真心志而自我谦卑（"下"），则才真正上升至 "达"。"下降" 即是 "上升"，"上升" 必是 "下降"。诸多注家虽然多能辨识 "闻" 与 "达" 之分别，却也因此往往仅仅关注这一点，并未特别注意 "下" 与 "达" 的内在关联及其呈现出来的这种否定的辩证法。⑥

---

① 朱熹：《四书章句集注》，第 138 页。

② 前文已经论述了，理雅各倾向于从孟子之 "性善论" 来反观孔子之论性。

③ Legge, *The Chinese Classics*, vol. I, p. 259.

④ 朱熹：《四书章句集注》，第 138 页。

⑤ 程颢、程颐：《二程遗书》，第 270 页。

⑥ 不过，杨树达先生的确注意到了。为了疏证 "虑以下人"，他在《论语疏证》中为提供了三则相关材料：其一，《说苑·尊贤篇》载：孔子闲居，喟然叹曰："铜鞮伯华而无死，天下其有定矣。"子路曰："愿闻其为人也若何。"孔子曰："其幼也，敏而好学；其壮也，有勇而不屈；其老也，有道而能以下人。"子路曰："其幼也敏而好学，则可；其壮也有勇而不屈，则可；夫有道，又谁下哉？"孔子曰："由不知也，吾闻之，以众攻寡，而无不消也；以贵下贱，无不得也。昔在周公旦制天下之政，而下士七十人；岂无道哉？欲得士之故也。夫有道而能下于天下之士，君子乎哉。"其二，《大戴礼记·曾子制言上篇》载：弟子问于曾子曰："夫士何如则可以为达矣？"曾子曰："不能则学；凝则问；欲行则比贤。虽有险道，循行达矣。今夫弟子，病下人，不知事贤；耻不知而又不问；欲作则其知不足。是以惑？终其世而已矣。是谓穷民也。"其三，《庄子·徐无鬼篇》载：管仲曰："以贤临人，未有得人者也；以贤下人，未有不得人者也。"杨树达：《论语疏证》，第 296 页。

二　理雅各的译词"humble"与正统基督教中的"humble"

理雅各首先注意到了"闻"与"达"在"志"上的区分，所以他在翻译"虑以下人"时，特别采用了表示内心之强烈渴求的"anxious"：He is anxious to humble himself to others。①而没有选用带有理性考量色彩的"thoughtful"② 或者情感色彩较弱的"mindful"③。更重要的是，理雅各明显对"下"与"达"之否定的辩证法有了清醒的意识，而且由此开出了与基督教尤其是基督论相关联的重要进路。这体现在他所采用的译词"humble"④ 上。

在基督宗教中，"humble"的意义非常特殊。在新约中，基督（以及保罗）多次强烈地呼唤信徒们谦卑。基督说："我心里柔和谦卑，你们当负我的轭，学我的样式，这样，你们心里就必得享安息。因为我的轭是容易的，我的担子是轻省的。"（太 11：29）基督来到人世，带着谦卑，也呼唤信徒们承担谦卑，在生命中活出基督的样式来。这既是基督徒的责任（《以弗所书》4 章 1 - 3 节："我为主被囚的劝你们：既然蒙召，行事为人就当与蒙召的恩相称。凡事谦虚，温柔，忍耐，用爱心互相宽容，用和平彼此联络，竭力的保守圣灵所赐合而为一的心。"《歌罗西书》3 章 12 节："所以，你们既是神的选民、圣洁蒙爱的人，就要存（注：原文作"穿"。下同）怜悯、恩慈、谦虚、温柔、忍耐的心"），也是基督徒得赐的荣耀，因为他们所行的，正是基督所行的、所喜爱的。"当我们看到谦卑乃是某种远比痛悔深刻得多的东西，并且作为对耶稣生命的参与而接受下来，那

---

① Legge, *The Chinese Classics*, vol. I, p. 259.

② Ames & Rosemont trans. , *The Analects of Confucius*, p. 159.

③ Lau trans. , *The Analects*, p. 117.

④ 韦利将之译为"deferring to"（"bear in mind the necessity of deferring to others"），Waley trans. , *The Analects of Confucius* , p. 168. 安乐哲和罗思文同样译为"deferring to"（"are thoughtful in deferring to others"），Ames Rosemont trans. , *The Analects of Confucius*, p.159. 但是"defer to"仅仅表示"尊重或听从"，并没有清楚表达出自我在身份或地位上的主动降卑，或者在利益上的主动放弃。显然，此译表明译者们并未意识到"虑以下人"可以与基督教中的谦卑相比较。

么我们应该开始认识到，这才是我们真正的高贵，在作为所有人的仆人之中，才是我们作为上帝形象的最高实现。"①

人的谦卑，就是放弃了人的自以为义，放弃人的骄傲，无论是对于他人，还是对于神。在巴特看来，"凡是人视为义和有价值的，都属于血肉范畴，在上帝面前都是不义和无价值的"。②尼布尔虽然并没有像巴特那样如此凸显人相对于上帝的卑微，因为他仍然强调具有上帝的形象的人的超越性，但是同时指出了人的软弱性、依赖性和有限性，人的罪恶就在于不愿意承认、接受这种软弱性、依赖性和有限性。③谦卑是对自身被造性和罪性的完整意识。人当然是需要提升的，但是如果向着自身提升，便是骄傲，便是堕落和罪恶；人的提升乃是向着上帝的提升，这种提升在奥古斯丁那里就被视为对上帝的服从，④这只有谦卑才能做得到。"谦卑——彻底依赖上帝——从所有事物的真正本质来说，乃是每一造物的首要职责和最高美德，并且是其他美德的根源。"⑤正是在这种放弃和依赖中，人才能找寻到真正的价值，真正完全成为"上帝的形象"，正如耶稣基督在训导中多次讲到的那样："凡自高的必降为卑，自卑的必升为高。"（路14：11：For all those who exalt themselves will be humbled, and those who humble themselves will be exalted. 另见路18：14，太18：4，23：12，彼前5：5－6等）因而，在信徒那里，自我降卑与被升高构成了一种否定的辩证关系。

而信徒们不断增进谦卑的内在动力就是基于一个简单的愿望：像基督一样。的确，实际上"humble"更重要地是指向耶稣基督的谦卑。耶稣基督多次明确表示自己相对于父的谦卑："子凭着自己不能作什么，惟有看见父所作的，子才能作；父所做的事，子也照

---

① Andrew Murray, *Humility: The Beauty of Holiness*, London and Edinburgh: Oliphants Ltd., 1896, p. 7.

② 巴特：《罗马书释义》，第86页。

③ 尼布尔：《人的本性与命运》（上），第14—15、137页。

④ 奥古斯丁：《上帝之城》，第208页。

⑤ Murray, *Humility: The Beauty of Holiness*, p. 12.

样做。"（约5：19）"我凭着自己不能做什么，我怎么听见，就怎么审判。我的审判也是公平的，因为我不求自己的意思，只求那差我来者的意思。"（约5：30）"因为我从天上降下来，不是要按自己的意思行，乃是要按那差我来者的意思行。"（约6：38）"我的教训不是我自己的，乃是那差我来者的。"（约7：16）"我来并不是由于自己，但那差我来的是真的。"（约7：28）

　　作为三位一体中之一个位格的耶稣基督，当然也是上帝的耶稣基督，并不是以无限的权能来到人间，而是甘愿受圣父的差派，道成肉身，并以谦卑的方式宣告圣父的权能和天国的来临，乃至最后被钉十字架受死。以至于改革宗神学总结出了耶稣基督的五个谦卑阶段：道成肉身、受难、死亡、埋葬、降入阴间。[1] 卡尔·巴特说："耶稣的一生是对信实上帝之意志的彻底服从。他以罪人身份置身于罪人中间。他毫无保留地置身于审判世界的法庭接受审判。他置身于上帝只能作为对上帝的追问而存在的地方。他以奴仆的形象存在。他以奴仆的形象出现。他迈向十字架，迈向死亡。"[2] 在巴特乃至于虔诚的信徒看来，如果不是出于谦卑，他不会以肉身的形式来到人世；如果不是出于谦卑，他不会在人世之中从不自我夸耀；如果不是出于谦卑，他不会被钉十字架以至于死——而也正是由于谦卑，他才是耶稣基督。

　　不过，此时所展现出来的基督似乎仅仅是谦卑、下降。对于理雅各来说，这显然并不是基督的全部，也不是他使用"humble"之意图的全部。在正统的基督教信仰中，耶稣基督被钉十字架而死，三天后复活，"并升天，坐在父的右边；将来必有荣耀再降临，审判活人死人；他的国度永无穷尽"（《尼西亚信经》，另见《使徒信经》、《亚他那修信经》）。当然，这种信仰是基于圣经的，因为福音书对此有明确记载。（《马太福音》28章18节："耶稣进前来，对他们说：'天上地上所有的权柄都赐给我了。'"《马可福音》16章19节："主

---

① Berkhof, *Systematic Theology*, p. 332.
② 巴特：《罗马书释义》，第93页。

耶稣和他们说完了话，后来被接到天上，坐在神的右边。"《路边福音》24 章 51 节："他就离开他们，被带到天上去了。"《约翰福音》20 章 17 节："我要升上去见我的父，也是你们的父。"）此外，保罗也写下了更为清晰的宣告："所以神将他升为至高，又赐给他那超乎万名之上的名，叫一切在天上的，地上的和地底下的，因耶稣的名无不屈膝，无不口称耶稣基督为主，使荣耀归与父神。"（腓 2：9 – 11）由此，基督的降卑与他的升高，更为鲜明地构成了一种否定性的辩证关系。

可以想见，理雅各在使用"humble"来翻译"虑以下人"的"下"时，就是有意识地将之与基督徒的自我降卑及被升高联系起来，更与基督的自我降卑以及之后的升高联系起来。

三　永远"虑以下人"的"达"与永恒"谦卑"的基督

但是必须要思考的是，被升高之后的基督是否不再是谦卑的了？也就说，谦卑对于基督来说，是暂时性的还是永恒性的？这个问题的重要性不但关系到如何认识基督，如何认识基督的救赎，甚至也关联着如何通过基督认识上帝。前文提到改革宗神学将基督的谦卑分为五个阶段，这就意味着在经历了这五个阶段之后，基督就从谦卑的状态中走了出来，因而不再是谦卑的了。受其影响，神学家贝克霍夫（L. Berkhof）也非常清楚地将基督的状态分为"谦卑的状态"（the state of humiliation）和"升高的状态"（the state of exaltation），并严格依照改革宗所主张的五个阶段来论说基督的谦卑状态。① 而事实上，贝克霍夫并非个例，诸多平信徒和神学家也会理所当然地会如此理解基督，只需纵览一下众多的系统神学论著便可清楚了解。

但是如此理解也可能隐藏着重大问题：不但圣子为何能够甘愿道成肉身以至受难而死是难以理解的，而且基督的谦卑，乃至道成肉身，便可能会被理解为某种伪装，某种权宜之计（孔子所谓的"色取仁"）。此时，也许可以继续跟随理雅各的指引来进一步反思基督

---

①   Berkhof, *Systematic Theology*, p. 332.

的谦卑。

理雅各已经通过译词"humble"将"虑以下人"和基督的谦卑关联起来了。而正如前文已经指出的那样，"虑以下人"还必须是"达"的一种重要而必然的特质和标志，一种内在属性，而不仅仅是通向"达"的一种途径；也就是说，"达"必然同时仍然是"虑以下人"的，所以对于"达"来讲，它必然永远是"虑以下人"的。如果认为由于已经取得了"达"，便可以抛弃"虑以下人"，那么也便立即失去了"达"，而滑向了"闻"。可以说，"达"和"闻"都可以享有外在的声誉（皇侃引班固曰："闻者达之名，达者闻之实。有实者必有名，有名者不必有实。实深乎本，闻浮于末也。"[①]），但是对于"在邦必达，在家必达"之士来说，他所操心的，永远是修德于内、恭行于外，声誉永远都是外在于他的。

由此回到基督的谦卑。毫无疑问，道成肉身来到人世的基督是谦卑的，这肯定也是使用"be anxious to humble himself to others"来翻译"虑以下人"的理雅各所认同的。那么升到天上、坐在父的右手边的圣子还是不是谦卑的呢？甚至，道成肉身之前的圣子是不是谦卑的呢？如果遵照"下"与"达"的关系来看，那么基督永远都是谦卑的，谦卑构成了圣子的特质。谦卑不但是道成肉身之基督的特质，还是已经升到天上、坐在父的右手边的基督的特质，甚至作为三位一体中之一个位格的圣子都是谦卑的。如果道成肉身之前的圣子不是谦卑的话，那么他的道成肉身便是很难想象的了；如果重新升到天上的基督不是谦卑的话，那么基督的重临便也是不可想象的了。

与巴特、巴尔塔萨（Hans von Balthasar）和莫尔特曼（Jürgen Moltamnn）相似，麦奎利（John Macquarrie）也倡导透过耶稣基督来思考上帝，透过耶稣基督的受难和死亡来思考耶稣基督。[②] 就耶稣基督道成肉身来说，这"……并非上帝的伪装，对上帝来说也并非不自然，而是出于其本质（essence）。这反过来意味着他不可能作为一

---

① 何晏集解、皇侃义疏：《论语集解义疏》，第 172 页。

② John Macquarrie, *The Humility of God*, London：SCM Press Ltd, 1978, p. 61.

位王子或者教授来到我们面前，而仅仅是以某种全然的低微和惨淡的形式来到。克尔凯郭尔非常清晰地把握了这个本质要点。他说，如果上帝在爱中与人类同一，他必须在最卑微的层次、采取仆人的形式来实现。'但是这个仆人的形式并不是外在的装饰……这是他真实的形式和形象。因为这是深不可测的爱的本质，所以它要求与被爱者平等，并非玩笑似的，而是真诚的和真实的'"①。道成肉身既然必然是真诚的和真实的，那么道成肉身之前的圣子对于圣父的谦卑和顺服，对于尘世的爱和投身便也是必然的，那么升高之后的圣子也将继续保持他的谦卑、顺服和爱。正如巴尔塔萨所说的那样，如果道成肉身的子顺服于永恒的父，以至于被钉十字架而死，那么他在地上所行的与其在天上所行的并无区别，他在时间中所行的与他在永恒中所行的也无区别。② 因此，基督的谦卑对于基督来讲，是永恒性的而非权宜性的、暂时性的，可以说谦卑乃是基督之重要特质和标志，正如"虑以下人"乃是"达"的重要特质和标志一样。因此安德鲁·莫雷（Andrew Murray）说："……我们应该正确认识基督是谁，是什么使他成为基督，尤其是什么构成了他主要的特质，作为我们的救赎者，他所有特质的根源和实质是什么。有且只有一个答案：他的谦卑。"③

第三节　《论语》中的"无己"与基督的"虚己"

事实上，自我向他人交出自我而"立己""达己"，自我向着他人的谦卑，已经暗含了"无我"而"成我"、"无己"而"成己"的思想。理雅各在对《论语》（包括《道德经》）的相关译解中，对这一思想极为重视，而且往往以"无己"来理解和诠释相关章节，从而对我们进一步理解中国经典具有重要的启发意义。此外，根据理雅

---

① Macquarrie, *The Humility of God*, p. 65.

② See Jürgen Moltmann, "God's Kenosis in the Creation and Consummation of the World," in *The Work of Love: Kenosis as Creation*, ed. John Polkinghorne, Michigan: William B. Eerdmans Publicshing Company, 2001, p. 140.

③ Murray, *Humility: The Beauty of Holiness*, p. 20.

各对"无我"而"成我"、"无己"而"成己"的重视，便足以展开中国经典与基督教经典的深度对话。本节便试图在理雅各译解的指引之下，将之与基督的"虚己"联系起来，以求相互理解和激发。

一　对《论语》、《道德经》中"无己"思想的译解

首先来看《论语·公冶长》二十五章：

> 颜渊、季路侍。子曰：盍各言尔志？子路曰：愿车马衣轻裘，与朋友共，敝之而无憾。颜渊曰：愿无伐善，无施劳。子路曰：愿闻子之志。子曰：老者安之，朋友信之，少者怀之。

对于最后三句，注疏家们理解有别。皇侃将"之"理解为"己"，而且从道德互惠的角度逆推出"己"的道德品质："若老人安己，己必是孝敬故也；朋友信己，己必是无欺故也；少者怀己，己必有慈惠故也。"[1] 单从文意来看，此解不可谓不通。但是《论语》多言尽己工夫，少言在外之效验。[2] 而若依从皇解，则孔子之志当首要在于他人之善待于我；虽然他人之善待于我，必赖我之先善待于人，但是我之善待于人便落入有意而为的目的论和必求为我之效验的自我中心论之中，由此孔子甚至还没有达到颜子之"无伐善，无施劳"之境。

与皇侃不同，朱熹解为"老者养之以安，朋友与之以信，少者怀之以恩"，继之引程子曰："子路勇于义者，观其志，岂可势利以拘之哉？亚于浴沂者也。颜子不自私己，故无伐善；知同于人，故无施劳。其志可谓大矣，然未免出于有意也。至于夫子，则知天地之化工，付与万物而己不劳焉，此圣人之所为也。"[3] 程子之解要在点出颜子"不自私己"。虽然程子并未称子路和孔子为"不自私己"，但

---

① 何晏集解、皇侃义疏：《论语集解义疏》，第67页。
② 钱穆：《论语新解》，第140页。
③ 朱熹：《四书章句集注》，第82—83页。

是子路重伦轻利，显然可谓之"不自私己"；孔子付己与万物，且毫无程子所谓颜子之"未免出于有意"，当更是彻底之"不自私己"。

此层意涵，理雅各在其对此章的翻译和注释中开显出来。理雅各遵朱熹之解，将最后三句译为：*They are*, in regard to the aged, to give them rest; in regard to friends, to show them sincerity; in regard to the young, to treat them tenderly。理雅各指出，夫子和两弟子都做到了克除己私（being devoid of selfishness），而在夫子那里，甚至根本没有对自我的任何意识（an unconsciousness of self）。① 由此可以说，孔子完全抛弃了对自我的考量，自我并非不存在，但是这个自我乃是为他者之存在的存在。而也正因此，孔子才完成了真正而全然的自我实现，即所谓"成己"。

"成己"这一术语，孔子并没有提出来，而是在《中庸》那里得以提出和阐发。《中庸》二十五章曰："诚者自成也，而道自道也。诚者物之终始，不诚无物。是故君子诚之为贵。诚者非自成己而已也，所以成物也。成己，仁也；成物，知也。性之德也，合外内之道也，故时措之宜也。"可以说，《中庸》中的"成己"即是恢复与彰显天命之性。当然，此种恢复和彰显，并不表明人仅仅对所赋命之"天"负责，更不表明人需要脱离人世而追求天人合一。事实上，对"天"之责任的落实就是在人世之中，或者更明确地说，就是在与他者的关系之中，所以杜维明说："人性受命于天表示了一种使人性与天的实在性得以合一的本体论基础。既然这种合一或同一本质上讲就是一种为人之道人道，则它的实现就得依赖人的努力。但是，实现这种根本性的同一并不是超离人性，而是通过人性来运作。最大限度体现了诚的人也是最真实的人。正是在这个意义上我们说他完全实现了自己的本性。而充分实现了自己本性的人就成了真正人性的范式。"②

虽然孔子没有提出"成己"或者"诚"，但是孔子所强调的"仁"在本质上与它们是一致的；更准确地说，《中庸》之"成己"

① Legge, *The Chinese Classics*, vol. I, p. 183.

② ［美］杜维明：《〈中庸〉洞见》，段德智译，人民出版社 2008 年版，第 99 页。

或"诚"的观念，乃是对孔子之论"仁"的合理发展。孔子事实上认定了"仁"乃是内在于每一个人的生命之中的（"吾欲仁，斯仁至矣"或者"为仁由己"）。徐复观认为，对于孔子来说，善的究极便是仁，则亦必实际上认定仁是对于人之所以为人的最根本的规定，亦即认为仁是作为生命根源的人性。① 那么将内在于生命中的"仁"实现出来，便是"成己"。尽管孔子并没有明确提出人性与天之实在性的贯通，但是孔子所谓的"下学而上达"其实已经在表达此层意涵了。孔子常常向弟子们指示的实现"仁"的工夫、方法，则就是孔子所谓的"下学而上达"中的"下学"，也即孔子所的"仁之方"。"仁之方"事实上既是践仁的方式、方法，也是仁之落实和展开的方式、方法。可以看到，孔子论述"仁"时特别强调每一个人在"人际"关系中的意义和责任，所以他明确指出："夫仁者，己欲立而立人，己欲达而达人。""仁"就蕴含在处理"己"与"人"之间的关系中；而且，正如前文已经指出的那样，"立己"与"立人"并没有一个时间上的先后（即先"立己"，之后才"立人"），而是本身即相互依存："立己"必然是在"立人"这一过程之中得以实现的。也正因此，"成己"便内在地要求着和促成着"成物"，两者本不可分。

可资佐证的是，钱穆在论说"克己复礼"时，将之理解为宽泛的"己身"，并且特别指出："盖人道相处必以仁，古训：'仁者相人偶。'若立心行事，专以己身为主，不顾及相偶之对方，此乃一切不仁之根源，故仁道必以能约束己身为先。"② 据此，"克己"同样应该走向对自我的克制甚至放弃。"苟己之视、听、言、动能一一复于礼，则克己正所以成己，复礼亦正所以复己。于约束抑制中得见己心之自由广大，于恭敬辞让中得见己心之恻怛高明，循此以往，将见己心充塞于天地，流行于万类。天下之大，凡所接触，全与己心痛痒相关，血脉相通，而天下归仁之境界，即于此而达。"③ 因此，全心全

---

① 徐复观：《中国人性论史·先秦篇》，第 87 页。

② 钱穆：《论语新解》，第 323 页。

③ 同上书，第 324 页。

意为他者之存在而交出自己的时候，便是处在"成己"之中。不过，其中包含了一种重要的悖论：即一方面这一"成己"是没有终点的，因为人需要永远不断地为他者而付出；另一方面，当他已经在不断如此践行时，他已经"成己"。所以，"成己"可谓是既济与未济。因而朱熹论说孔子之"仁"时说："一事之仁也是仁，全体之仁也是仁，仁及一家也是仁，仁及一国也是仁，仁及天下也是仁。"① 牟宗三也认为，道德即通无限。道德行为有限，而道德行为所依据之实体以成其道德行为之"纯亦不已"，则其个人生命虽有限，其道德行为亦有限，然而有限即无限，此即宗教境界。体现实体以成德（所谓尽心或尽性），此成德之过程是无穷无尽的。②

从而，在孔子的思想中，关于自我的否定的辩证法便初步浮现出来：自我并非自我，因为自我已经被全部交出，交给他者；然而正是由于自我并非自我，自我才是真正的自我，才能实现"成己"。

为了更为清晰地说明这个否定的辩证法，说明理雅各的理解，不妨来到理雅各对《道德经》的相关译解③——也许孔、老之间并不是判若霄壤的。首先是《道德经》第五章"虚用"中的一段："天地之间，其犹橐籥乎？虚而不屈，动而愈出。"王弼侧重于从天地自然的层面来理解："橐籥之中空洞无情无为，故虚而不得穷屈，动而不可竭尽也。天地之中荡然任自然，故不可得而穷，犹若橐籥也。"④ 理雅各的译文是：May not the space between heaven and earth be compared to a bellow? It is emptied, yet it loses not its power; it is moved again, and sends forth air the more. ⑤ 有意思的是，理雅各在注解中除了提到虚而不竭乃是"道"的运作之外，还特别强调了这也是圣人行事的原则

---

① 朱熹：《朱子语类》（第三册），第 847 页。
② 牟宗三：《心体与性体》（上），第 4—5 页。
③ 杨慧林已经发现并论述了，理雅各在《道德经》之"韬光"、"虚静"、"虚用"、"虚心"和《圣经》之"虚己"、"虚空"、"自我倾空"、"灵性贫乏"之间建立了一种参照关系，勾连其间的是一种"否定性思维"。杨慧林：《中西"经文辩读"的可能性及其价值——以理雅各的中国经典翻译为中心》，《中国社会科学》2011 年第 1 期。
④ （魏）王弼注：《老子道德经》，上海书店出版社 1992 年版，第 3 页。
⑤ Legge, *The Sacred Books of China*, *the Texts of Taoism*, p. 50.

（Quiet and unceasing is the operation of the Tao, and the effective is the rule of the sage in accordance with it）。① 因此，在老子看来，无论天地还是人，只有保持为一种"空"的状态时，才能够真正地具有不可竭尽的能量。那么单就人来讲，只有"虚己"才能"成己"，不管老子与孔子对于虚掉的对象和成己的状态之理解如何的迥异，在这个否定的辩证法上他们是相通的。

更为清楚地关联到圣人之"虚己"的，是《道德经》第七章："天地所以能长且久者，以其不自生，故能长生。是以圣人后其身而身先；外其身而身存。非以其无私邪？故能成其私。"理雅各的译文如下：

> Heaven is long‑enduring and earth continues long. The reason why heaven and earth are able to endure and continue thus long is because they do not live of, or for, themselves. Thisis how they are able to continue and endure. Therefore the sage puts his own person last, and yet it is found in the foremost place; he treats his person as if it were foreign to him, and yet that person is preserved. Is it not because he has no personal and private ends, that therefore such ends are realized? ②

很明显，后其身而身先，外其身而身存，无私故能成其私。只有将自己降卑，将己身抛弃，才能真正获得其"身"，才能成为"自己"。这已经可以毫无障碍地与《圣经》关联起来了："你们中间，谁愿为大，就必做你们的用人；在你们中间，谁愿为首，就必作众人的仆人。"（可10：43－45）"因为凡要救自己生命的（注："生命"或作"灵魂"。下同），必丧掉生命；凡为我丧掉生命的，必得着生命。"（太16：25）显然，耶稣在这里宣扬的是灵性的生命。而

---

① Legge, *The Sacred Books of China, the Texts of Taoism*, p. 50.

② Ibid. , p. 52.

理雅各显然也并不认为《道德经》谈论的是世俗追求，他将这里所谓的"私"或"身"理解为"至善"（one's best good），因此他认为此章"教导人们只有在不刻意考量、不刻意追求的情况下，才能获得自己的至善"。①

由此而论，孔子和老子都形成了"无己而成己""无私而成其私"的否定的辩证法，除去他们之间具体所指的不同之外，可能他们之间最大的不同，只是孔子并没有将这种否定的辩证法推源自天地自然。

那么理雅各凸显出来的孔子和老子的"无己而成己""无私而成其私"的思想，能否进一步与基督教的某些思想相互触发呢？事实上《腓立比书》2章6-8节中明确论说了"虚己"，而且后世的基督教思想中多有谈论基督的"虚己"；也由于上节已经论到，理雅各通过"humble"的译词，有意将孔子所论的"虑以下人"与基督的"谦卑"关联起来，所以能够尝试进一步根据理雅各的译解，探讨《论语》和《道德经》中的"无己"而"成己"、"无私故能成其私"如何触动甚至深化对基督之"虚己"（kenosis）及由此形成的"虚己论"（kenoticism）问题的认识。

二　传统的"虚己基督论"及其问题

大致来说，"虚己基督论"是为了理解和深化《查尔西顿信经》中的基督之"神人二性"而提出的。尽管奥利金（Origen）、亚他那修（Athanasius）、尼撒的格里高利、亚历山大的西里尔（Cyril Alexandria）、奥古斯丁等人已经通过"虚己"的概念将《腓立比书》2章7节与逻各斯进入肉身、取了人形联系起来②，但是直到17—18世纪的路德宗神学才第一次将基督的"虚己"视为解

---

① Legge, *The Sacred Books of China*, *the Texts of Taoism*, p. 52.
② 潘能伯格敏锐地发现，教父神学最关注基督的真实神性，以此来理解救赎，所以逻各斯在道成肉身中对其神圣属性的任何放弃，在他们的思想中都是陌生的。Wolfhart Pannenberg, *Jesus—God and Man*, trans. Lewis L. Wilkings and Duane A. Priebe, Philadelphia: The Westminster Press, 1964, p. 308。

决基督论难题的关键。在他们看来，基督的"虚己"，意为在成为人的过程中，基督放弃了神性权威的属性，因而并非全能、全在、全知，而是成为一个有限的存在，以人的方式与其他人相遇。但是仅仅在人性方面他才放弃了这些神圣属性，或者将之隐藏了（17世纪图宾根神学家们的解释）。他们都没有打算探讨永恒逻各斯之神性的自我倾空。按照莫尔特曼的看法，他们只是希望为现世中的基督生命里真实、真正的人性留出空间。[1] 潘能伯格也认为，与教父神学相似，他们也没有想过道成肉身中对自身神性的主动放弃。[2]因此，尽管他们的确承认并维护基督的真实人性，但是对于他们来说，除了需要与人的救赎发生关联之外，基督的真实人性事实上是一个绊脚石，因而在他们的理论中被挤压到一个很小的空间之中。而且一个很严重的倾向是，他们将基督的实际作为拆分为对神性能力的发挥，和对人性能力的运用，因而往往忽略了至关重要的一点：基督乃是一个位格。[3]

　　19世纪路德宗中的"虚己论"者已经开始承认神性的自我限制。他们在神性的范围内讨论了道成肉身的圣子放弃了关联性属性（relative attributes），例如全知、全能、全在，而保留了构成上帝根本本质的内在属性（immanent attributes）：绝对的权能（absolute power，而非 omnipotence）、真、圣洁和爱。其中一位代表性人物托马斯乌斯（Gottfried Thomasius）认为，关联性属性可以抛弃掉而不影响道成肉身之基督的神性，因为这些属性对于神之为神来说并非本质性的（essential）。上帝在道成肉身中倾空了这些关联性属性，仅仅表现出"真和爱的道德实体……其权能的全部表现被吸收进他在世的救赎行为"。托马斯乌斯强调这是自

---

①　Moltmann, "God's Kenosis in the Creation and Consummation of the World," p. 139.

②　Pannenberg, *Jesus—God and Man*, p. 308.

③　在我看来，这种拆分的倾向非常普遍，不论是在17—18世纪乃至19世纪的"虚己论"那里，还是在"虚己论"的反对者那里。

我限制的意愿和行为，而非放弃神性的行为。[①] 可以看到，与17—18 世纪的虚己论者相似的是，他们仍然试图对神圣属性进行拆分。但是，由此产生的危险是，要么他们否认了基督完全的神性（因为在他们看来，那些关联性属性被舍弃了），要么他们所谓的关联性属性便不是神性之必要成分，反而是可有可无的，从而更为严重的问题是，神性成了人可以轻易界定和划分的东西。而且，他们还坚持认为，当救赎工作完成后，那些被自我放弃的神圣属性会重新恢复，[②] 从而上帝的自我限制仅仅是暂时的，甚至是权宜的，而这种认识会在某种程度上忽略上帝对人和世界的不间断的、俯就的爱。这一点下文将会谈到。

不过，由于他们已经承认了神性的自我限制，所以在他们这里一个极为重要的进步是，他们已经从亚里士多德式的上帝观中部分地走了出来。托马斯乌斯甚至说，任何有关神之不动情（divine immutability）的严格观念事实上都包含了神之不完美（divine imperfection）的观念，因为它严重限制了上帝自身的意愿。[③] 之前发源于亚里士多德形而上学的所谓的上帝与世界相关联的那些属性（全在、全能、全知、永恒、不动情、不改变），"与圣经所见证的上帝之历史中的上帝属性毫不相干，因此它们也不可能是那位'因基督'而被人所信仰，并被称为'耶稣基督之父'的上帝的属性，因为根据保罗的说法（林后 5：19），上帝'在基督里'，根据《约翰福音》，'居住在'基督里（约 14：11），且在子中'受敬拜'"。[④] 这一点必须成为

---

①　Welch, *Protestant Thought in the Nineteenth Century*, vol. Ⅰ, *1799 – 1870*, p. 238; See also T. D. Herbert, *Kenosis and Priesthood*, Eugene, Oregon: Wipf and Stock publishers, 2009, p. 23; C. Stephen Evans ed., *Exploring Kenotic Christology*: *The Self - Emptying of God*, Oxford: Oxford University Press, 2006, pp. 82 – 84. 克劳德·韦尔奇指出，正是在托马斯乌斯那里，这种新的"虚己论"才成为当时论争的中心，而且取得了最引人瞩目的成果。Claude Welch, *Protestant Thought in the Nineteenth Century*, vol. Ⅰ, *1799 –1870*, New Haven and London: Yale University Press, 1972, p. 235。

②　Evans ed., *Exploring Kenotic Christology*, p. 84.

③　Ibid.

④　Moltmann, "God's Kenosis in the Creation and Consummation of the World," p. 139. Pannenberg, *Jesus—God and Man*, pp. 139 – 140.

重新思考"虚己论"的一个重要前提。

有些更为激进的学者进一步提出了"彻底倾空"的基督论。他们根据《腓立比书》2章6–8节认为，基督甘愿降卑，放弃一切神圣属性。在道成肉身的过程中，三位一体的圣子完全将自己降为一个人。①的确，从"kenosis"的词义来说，它表示的是"自我的倾空"（self–emptying）②。既然是"倾空"，那么必然是彻底的、完全的，而不是部分的。约瑟夫·拉辛格（Joseph Ratzinger）也确认了"ke-

---

①　19世纪中后期的路德宗神学家格斯（Wolfgang Friedrich Gess）就已经提出，道成肉身不只是意味着逻各斯将某些神性搁置一边或者放弃，而是意味着永恒的子实际上将自己变为了一个人。See Welch, *Protestant Thought in the Nineteenth Century*, vol. Ⅰ, *1799–1870*, p. 234。

②　《读书》2012年第3期有一篇文章《误译耶稣》讨论到了"虚己"（"heauton ekenosen"）的问题。作者倾向于将"heauton ekenosen"理解为"出空"，认为由和合本所译的"虚己"与《道德经》中"虚而不屈，动而愈出"的"道"联系起来，是受到了和合本的误导，据此批评了2010年第7期《读书》上一篇讨论"韬光"问题的文章。不过，一方面后文显然并非简单依据和合本的翻译就贸然将两者联系起来，而是坚持义理上的会通；另一方面，前文也暂未解释"出空"何谓，即避开了对这个语词的义理分析，却径直将《腓立比书》2章6–7节视为耶稣时代的洗礼颂。笔者以为即使确实如此，但此段的理解也要回到对基督的理解，因为它经过了保罗的转换。保罗所谓的"倒空"或"出空"，不管是指舍弃部分或全部神性而引入人性，还是指单纯引入人性，或者其他理解，都指向了基督全然的降卑和顺服，向着圣父、圣灵以及众人。由此来讲，这与《道德经》中的"无私"、"虚心"并不矛盾。前文作者之所以认为《道德经》中的"虚用"等与《腓立比书》中"heauton ekenosen"的类比不合适，可能还在于将"虚用"、"韬光"、"无私"等理解得有些狭隘了（他在文中的解释是"以退为进，用虚取实"；"不想不求，反而实现自己的目标"）。还应该注意的是，据《腓立比书》2章6–7节来解释言成肉身可能也并非始于19世纪，至少17世纪的路德宗就已经将之作为理解基督的核心了，更不用说之前的奥利金、亚他那修、尼撒的格里高利、亚历山大的西里尔、奥古斯丁等人就已经通过"虚己"的概念将《腓立比书》2章7节与逻各斯进入肉身、取了人形联系起来了。另外有关"虚心"（"ptochoi to pneumatic"）的人有福了"，前文作者也给出了"虚心"的原义（"灵中贫苦者"或"苦灵"），不过作者还是倾向于将之理解为经济的贫乏，从而将基督的宣讲转为社会福音的许诺，因此不但认为和合本的译文"虚心"仍是误译，而且反对将之类比于《道德经》中的"韬光"。不过，基督的宣讲显然不能局限为"褒扬贫苦，贬抑富贵"，而是重在灵性的更新，这一点不管是在保罗那里，还是在后世主流的基督教思想那里都得到了强调。此外，"灵中贫苦"者可能恰恰是信仰丰盛者（例如在路德、加尔文那里），如果是这样的话，这应该恰恰体现了"否定性思维"，因此仍然可以与《道德经》建立起有趣的联系。见冯象《误译耶稣》，《读书》2012年第3期；杨慧林《关于"韬光"的误读及其可能的译解》，《读书》2010年第7期。

nosis"的彻底性，为了表达的明晰，他甚至在"self‐emptying"加上了"complete"。[①] 同样，阿部正雄（Masao Abe）也坚持认为，基督的倒空和自我弃绝不能理解为部分的，而必须被理解为完全的彻底的。阿部正雄通过词源学的考辨，认为"人的样式"中的"样式"希腊语原文是"morphei"，而此词表明的不仅仅是形状或外表，而且是实质（substance）或本体（reality），所以可以说，在保罗的理解中，圣子放弃了自己的神性而采取了人性，甚至达到了成为一个仆人被钉十字架的顶峰。因而，基督的自我倾空不仅仅是外表上的转变而且是实质上的转变，隐含了圣子根本的、全然的自我否定。[②] 因此，讨论"虚己"必须坚持倾空的彻底性。但是"彻底倾空"的基督论的问题一方面在于，"彻底倾空"的虚己论仍然有着不彻底之处，因为在他们看来，圣子原本是满溢的、自足的，具备所有他们所以为的那些神性，道成肉身之时才将其全部舍弃、倾空。由此，"虚己"事实上仅仅是道成肉身的圣子的一种暂时状态，而之前或者之后他将重获完满。另一方面的问题在于，它仍然将神性与人性截然对立起来，倾空的是神性，而神性被倾空之后，当然便不再是神。

由此，在坚持"彻底倾空"的基础上，解决问题的一个可能途径是通过理雅各对孔子或老子的这些译解，通过上文中已经初步说明的《论语》《道德经》中的"无己"而"成己"，来重新思考基督的"虚己"，从而尽力达成儒家文化与基督教在某些层面的相互触动和激发。

三　基督的"虚己"而"成己"

前文已经强调了，"虚己"必然是全然的倾空。但是，"全然的倾空"就是对神性的彻底抛弃，从而丧失神性，而只形成人性吗？

---

① Joseph Ratzinger, *Introduction to Christianity*, trans. J. R. Foster, New York: Herder and herder, 1970, p. 164.

② Masao Abe, "Kenotic God and Dynamic Sunyata," in John B. Cobb, Jr. and Christopher Ives eds., *The Emptying God: A Buddhist‐Jewish‐Christian Conversation*, Maryknoll, New York: Orbis Books, 1990, p. 10.

如果考虑到前文谈到的"无己"而"成己"的否定的辩证法，那么可以说，正是由于圣子将自己彻底的倾空，他才是真正的圣子；而只有上帝能够自我改变，不仅能够作为上帝而且也能够是这个人时，他才是真正的上帝。由此，也许对"神人二性"的思考不能局限在所谓的神圣属性和所谓的人类属性之上，而应该直接思考"神"和"人"，尤其是何为耶稣基督的上帝。如果通过认定耶稣基督所体现出的某些所谓的神圣属性来证明耶稣基督是完全的神，而又通过认定耶稣基督所具有的某些所谓的人类属性来证明耶稣基督是完全的人，那么这事实上是在亵渎上帝，因为上帝被限定起来了，这完全基于自身的设想去衡量上帝，去认定上帝的属性，认为上帝必然而只能如此，而且，这种思路还预设了神与人的相互排斥：成为人，便不再是神。但是通过虚己，上帝向我们表明，"他（即上帝——引注）能够既在一种绝对的方式中，又在一种相对的方式中，既在无限之中，亦在有限之中，既在高贵之中，也在内在之中，既在积极之中，也在消极之中，既在超越中，也在内在之中，最后，既在神性之中，也在人性之中，成为上帝，并像上帝那样行动"。[①]莫尔特曼的表述可能更为明确："上帝没有比这种自甘受屈辱更伟大的行为；上帝没有比这种自愿献身更辉煌的成就；上帝没有比在这种无能软弱中更强有力的时候；上帝的神性没有比在这种人性中更显得多的时候。"[②]

由此可以说，作为完全的人的基督恰恰就是完全的神。由此不需要僭越我们作为人的局限，去猜度上帝的神性是什么，或者甚至去对那些所谓的神性进行拆分；当然更能避免仅仅在教义上承认基督是完全的人但在实际的神学思考中对之的忽视或抛弃。而且，全然倒空，全然是人，才能让人真正相信耶稣基督是整个地在十字架上受难，是成为人的上帝在痛苦地受难以至于死亡。与此相对，不管是认为部分虚己的理论，还是如亚塔那修所说的人性进入了神性，都会留下一种

---

① 巴特：《教会教义学》（精选本），第107页。

② ［德］莫尔特曼：《被钉十字架的上帝》，阮炜等译，生活·读书·新知三联书店（上海）1997年版，第265页。

可能性：十字架上的耶稣只是其人性在受难，而神性不受影响。此种思想的极端形式便是幻影说。而从实质上说，它们都是可以相通的，都在否认作为一个位格的耶稣基督的死亡，更在否认三位一体的上帝的受苦。

不过，如此理解耶稣基督的神人二性，需要解决的一大问题是，作为与尘世之人完全相同的耶稣，如何能够施行福音书中所记载的那些神迹、做出诸多预言呢？实际上，只要想一想客西马尼园中耶稣向圣父的祷告（《马太福音》26 章 39 节："我父啊，倘若可行，求你叫这杯离开我。"），或者十字架上耶稣痛苦的呼告（《马太福音》27 章 46 节，《马可福音》15 章 34 节："以利！以利！拉马撒巴各大尼？"），就完全可以了解，尽管圣子成为了完全的人，但是他与父的关系仍然是至为亲密的，他会在有需要时向圣父求告而获得圣父的帮助。所以，那些神迹和预言完全可以理解为圣父闻听耶稣基督之求告之后按照自己的意愿通过耶稣基督所展示出来的作为。

进一步需要思考的是，是否基督原初是圣子，接着倾空自己而成为人？也就是说，三一之中的圣子之"虚己"到底是暂时性的，还是本质性的？在前文讨论的孔子之"无我"、老子之"无私"中，并不是有一个先存的、满溢的"我"，之后将之克掉、抛弃，从而迎来另一个"真正的我"。所谓"己欲立而立人，己欲达而达人"，这个"我"就是在向着他者、为着他者之中不断被活出来的，因此，"无我"才是"我"。那么能否将作为圣子的基督理解为本质上就是自我倾空的呢？阿部正雄就坚持认为："我们应该将此理解为作为圣子的基督在本质上和根本上是自我倒空的或自我否定的，而由于此本质，圣子才是基督，即弥赛亚。圣子并不是透过他的自我倾空的进程而变成一个人，而是从根本上讲在他动态的工作和自我倒空的活动中同时是一个真正的人和一个真正的神。……圣子必须成为肉身，只是因为圣子原初就是自我倾空的。"① 三位一体中的圣子，在其未道成肉身

---

① Masao Abe, "Kenotic God and Dynamic Sunyata", pp. 10 – 11.

之前，他便是向着圣父顺服的圣子，将自己完全交给圣父的圣子，是与圣父一起对人付出爱的圣子，因此他原本就是虚己的；而他的道成肉身以至于被钉十字架直至死亡，只是圣子由于对圣父的顺服和对人的绝对的爱，进而放弃做绝对的、超越的神，而成为了普通的人，甚至受死，因此这只是圣子之"虚己"的一个部分而已，只不过这个部分无疑是高峰部分；而由于圣父的大能他从死亡中复活而重回圣父的身边之时，他仍然保持着对圣父的完全顺服和对人的绝对的爱，也就是说仍然是"虚己"的。正因此，莫尔特曼在一篇回应阿部正雄的论文中指出，没有一种可想象的状况中圣子不是以自我倾空的顺从而存在的。① 由此，基督的重临（可能仍然以肉身的形式或者其他卑微的形式重临）便是可能的，甚至是必然的。

如果圣子本质上是自我倾空的话，那么我们便不能过度地从权能方面来认识圣子（当然也是上帝）。因此，尽管巴特通过一种否定的辩证法明确了——正是因为上帝是上帝，因而上帝可以成为人。但是巴特的问题也由此而生。巴特的问题不在于否认了基督的人性，他从来没有否定，反而无限地强调这一点；他的最大问题在于，他在基督道成肉身的背后，在基督被钉十字架以至于死的背后，看到的更多的是上帝的自由与权能，而非顺服、谦卑和苦弱。

如果说上帝完全有大能去直接改变这个世界的话，那么显然他没有如此选择。甚至按照麦奎利的看法，就连上帝的创世也是自我限制和自我降卑，因为上帝创世的行为并不是其统治权能的任意作为，而是一种操心的行为（caring act），他将自我也投入其中，将自己的存有与他的造物一同分享，并与造物一同担负责任。② 而如果认识到上帝是出于爱而创造、之后便是他对造物永不止息的照看和关心，认识到这些都是一种分享和自我限制的行为，而非大能的行为，那么进一步地认识到，基督是上帝之自我限制体现在人性之中的，永恒的爱自我降卑，变得温顺和柔弱，来赢得人们，服务人

---

① Moltmann, "God Is Unselfish Love," p. 119.

② Macquarrie, *The Humility of God*, p. 4.

们，拯救人们。由于上帝的爱和屈尊使得他成为所有一切的赐福者、帮助者和仆人，所以耶稣就是道成肉身的谦卑。① 道成肉身本身便是上帝之自我限制和谦卑的延伸，那么在十字架上的受难和死亡便是其高峰和最高体现。十字架是上帝以最为明白无误的方式告诉世人自身的存在方式以及自身与世人在一起的方式："上帝允许自己被推出世界，被推上十字架。上帝在这个世上是软弱而无力的，而且这正他能够与我们同在并帮助我们的方式，唯一的方式。《马太福音》8 章 17 节清楚明白地告诉我们，基督帮助我们，不是靠他的全能，而是靠他的软弱和受难。"② 这种方式才是耶稣基督的上帝的方式，而非以色列人的上帝的方式。因此，基督精神之独特的最终原因乃在于：不是以从存在论上取消生存本身的方式来解决不幸，而是上帝亲身成为不幸、上帝之爱成为不幸，从而使人在不幸中得到上帝的挚爱的依托和神恩的赐福。③

小　结

儒家思想和基督教思想中都存在有关"自我与他人"关系的丰富而深刻的教导。这些教导从本质、终极上来说都是极为彻底的，因为它们一致要求自我向他人的全然交出、自我的"无我""虚己"；因为当神都已经自我倒空，还有什么不是彻底的呢？然而这种彻底的交出绝不是漠视自我、弃绝自我，因为他们进一步认为只有"无我"才能"成我"，"虚己"才能"成己"；而且，"成己"是具有未完成性的、永不完结的，即是说，"无我""虚己"也是无穷无尽的过程。而且，通过《论语》和《道德经》中"无己而成己""无私而成其

---

① Murray, *Humility : The Beauty of Holiness*, p. 21.

② ［德］朋霍费尔：《狱中书简》，高师宁译，四川人民出版社 1997 年版，第177—178 页。其中提到的《马太福音》8 章 17 节的经文是："他代替我们的软弱，担当我们的疾病。"

③ ［法］薇依：《重负与神恩》，顾嘉琛、杜小真译，中国人民大学出版社 2003 年版，第 174 页。

私"的思想，我们能够更为清楚地看到，正是自我全然倒空的基督才是真正的基督，才是谦卑、苦弱的基督，基督正是由此来服务世人、赢得世人和拯救世人的。

结　语

　　通过对儒家经典的细致考察，参照着基督教经典中的上帝论，理雅各确认了作为信仰"帝"、"上帝"或者"天"的一神教的儒教；并透过阐明鬼神的无神格和从属性，厘清了一神崇拜与鬼神祭祀的层级关系。在此基础上，孔子的"祭如在，祭神如神在"或者"敬鬼神而远之"便不是孔子对鬼神存在的怀疑或否定，反而是孔子对于鬼神之不在场的强调，对于人对鬼神的虔敬和毫无功利性的纯然奉献的强调。因此理雅各在儒家经典和基督教经典之间的辩读首先为《论语》引入了新的思考，甚至激发出了新的可能意义。而理雅各在对儒家人性论的肯定中，他也试图借助儒家的性善论来对基督教的原罪论作出某些调整，而其根本目的在于为人践履"人所当尽的本分"提供无可推诿的前提和可能性，在"惟独恩典"的神学背景下凸显人的道德实践。此时便已经是理雅各借助于儒家的思想资源对基督教的自我反思和重建了。此外，理雅各在不断挖掘《论语》中"克己"、"无我"、自我向他者全然交出的思想资源之时，也在或明或暗地指向基督教中的谦卑、虚己，"虚己"而"成己"的基督论从而也可以被合理推出，甚至可能这种基督论真正逼向了基督教的核心。笔者以为，"无我"而"成我"、"虚己"而"成己"的问题可能才是儒家思想和基督教思想能够形成最富有成效的对话的领域，而且还可能是能够脱离各自文化语境或宗教语境而最具有普遍性意义的问题。在这个时候，理雅各的辩读已经成为两种经典、两种文化之间的同时激发和丰富了。

而贯穿上述这些层面的，主要是自我与他者的关系，尤其是自我对他者的责任：自我对超越者上帝或者天、鬼神的无条件责任；自我对自我天赋之性或者对自我作为"上帝的形象"的责任；自我与他人的共在，向他人全然交出自我。这里已经可以看到自我与他者之间密不可分甚至亲密的关系。

不过，这应该只是理雅各在儒家经典和基督教经典中进行"经文辩读"的第一个层面，此外还存在着其他颇有意义的层面。第二个层面，便是理雅各面对儒家经典这个他者时的宽容、同情，乃至于谦卑，随时准备让自己接受他者的质疑，也在随时质疑他者。在这种亲密关系中，自我与他者都在不断地更新和发展。此外可能还有第三个层面，即我们如何面对理雅各的译解这个他者？事实上，早在1861 年版的译本中，理雅各就希望中国人自己能够并愿意毫无偏见地阅读他对中国圣人之教导的论述。[①] 而面对理雅各的召唤，我们不能因其基督教背景而拒斥他对中国经典的译解，也不能仅仅限于描述和整理。作为后来者，我们也承担着推进、丰富甚至修正他的遗产的某种伦理责任。

勒维纳斯或者德里达都试图通过确立他者相对于自我的全然他异性来确保他者不受自我的归化和同一，却又有可能削弱自我与他者所应有的亲密关系。而上述三个层面展现出的即是这种亲密关系的可能性。由此我们也能够更清楚地认识到，因为我们都不是单一而确定无疑的主体，我们需要他人的共在，当我们背靠着各自的文化经典或者宗教经典而相互交往时，必然已经在进行着"经文辩读"，因为"经文辩读"要做的，就是将自身去中心化，以获得更真实的、"在路上"的自我[②]。而对于各自依靠的经典来说，面向他者的打开，也使

---

① Legge, *The Chinese Classics*, vol. Ⅰ, 1861, p. ix.

② Kurt Anders Richardson, "Editor's Preface," *The Journal of Scriptural Reasoning* 2, no. 1 (2002). See http：//etext. lib. virginia. edu/journals/ssr/issues/volume2/number1/ssr02 – 01 – f01. html.

得自身成为去偶像化的标志物,① 因为无论是《圣经》,还是《论语》,都不可能独占真理,甚至都仅仅只是对真理的探寻而已。

　　当我们将自身去中心化、将各自经典也去中心化之后,才能迎来他者的到来,从而共同推进这个世界的和平、和谐和进步。而这,应该也是我们对上帝或者天所负有的不可推卸的伦理责任。

---

① Kurt Anders Richardson, "Editor's Preface," *The Journal of Scriptural Reasoning* 2, no. 1 (2002). See http://etext. lib. virginia. edu/journals/ssr/issues/volume2/number1/ssr 02 – 01 – f01. html.

附录一：理雅各生平年表^①

1815—1822 年，从出生到 7 岁

  1815 年 12 月 20 日，理雅各出生于英国苏格兰
阿伯丁郡的哈德利镇。1815 年至 1822 年间理雅
各家与在马六甲传教的英国传教士米怜经常通
信，这些信使理雅各初步接触了传教事业。
1822 年，美魏茶（米怜之子）与理雅各在同一
所学校读书，此时理雅各更多地接受了传教士
家庭的影响。

1829 年，14 岁

  理雅各完成了在哈德利教区学校的小学业，进
入阿伯丁语言学校开始接受中等教育。

1831 年，16 岁

  年底理雅各经考试获阿伯丁皇家学院一等奖学金。
此前他因遇到公众集会骚乱而遇险，但是死里逃
生。

  1832 年至 1835 年理雅各就学于阿伯丁皇家
学院，接受大学教育。1835 年毕业时获得阿伯丁
皇家学院授予的最高奖学金哈顿尼恩奖学金。

1836 年，21 岁

① 据岳峰专著《架设东西方的桥梁——英国汉学家理雅各研究》制出本生平年表，
在此谨致谢意。

理雅各因坚持非国教信仰、不改信国教而放弃在
阿伯丁皇家学院教拉丁语的机会，随后在英格兰
布莱克本一所公理宗学校教数学与拉丁语，历时
一年半。

1837 年，22 岁

　　理雅各在伦敦海伯里神学院攻读神学。

1838 年，23 岁

　　理雅各加入伦敦传道会，决心到海外传教。是年
理雅各与伦敦传道会理事会的成员约翰·摩里逊
的女儿玛丽·伊莎贝拉·摩里逊订婚。

1839 年，24 岁

　　理雅各师从伦敦大学中文教授修德学习汉语。是
年理雅各不顾医生对其健康状况的警告，与米怜
的孩子美魏茶乘同一批船到马六甲传教。

1840 年，25 岁

　　1 月 10 日理雅各到达马六甲，此后理雅各夫妻水
土不服，健康欠佳。理雅各做伦敦圣教书会的记
者与顾问，并担任马六甲英华书院约翰·埃文兹
的助理，并管理书院的印刷事宜。是年，马六甲
发生霍乱。11 月约翰·埃文兹与约塞亚·修兹染
霍乱而死，理雅各获得一个高级的职位。这时英
国与清廷谈判开放港口，理雅各向伦敦传道会建
议将英华书院迁至香港。

1841 年，26 岁

　　理雅各写了《英、汉及马来语词典》，后用作马
六甲英华书院的教材。此时理雅各已经开始了汉
学研究，并进行基督教汉语文献方面的整理、翻
译与编撰工作。写了《致马六甲华人有关霍乱
书》在当地颁发，从医学角度劝人们放弃迷信，
归信基督教。此时华人何时进善成了理雅各的传

教助手。1841 年 7 月 13 日理雅各获美国纽约大学所授予的神学名誉博士学位，缘由是"为基督教世界与文学领域的显赫贡献以及虔诚的信仰"。11 月理雅各正式担任英华书院院长。

1842 年，27 岁

《南京条约》签订后，伦敦传道会理事会决定筹募庞大的基金，展开对华的传教活动。理雅各继续为学校迁址而努力，他与马礼逊的儿子马儒翰通信，马儒翰时任东印度公司的秘书、马礼逊教育协会及香港总督府秘书与翻译。

1843 年，28 岁

7 月，马六甲英华书院及其中文印刷所迁入香港。此后，理雅各面临着艰苦的生活、混乱的社会治安与恶劣的生活条件等问题。但他的住宅已成了上圣经课的地方，何进善继续配合理雅各布道传教。是年理雅各向香港政府申请拨地扩建英华书院遭拒绝，因为香港政府需要翻译人才的时候，英华书院未做反应。8 月 22 日至 9 月 4 日，英美来华新教传教士在香港讨论《圣经》译本的修订问题，希望能推出统一的委办本，理雅各具有语言学方面的知识，对汉语也具有相当的把握，因此受邀加入了这个会议。（但修订工作并没有一帆风顺地进行。于是 1846 年 9 月麦都思与理雅各又商议此事。1847 年 7 月 2 日修订开始，到 5 日就出现严重分歧，形成了后来旷日持久的译名之争。理雅各卷入这个问题。1845 年他与麦都思博士谈了他所持的观点，认为"神"是翻译 Elohim 与 Theos 的合适字眼。但是，自 1848 年起，理雅各选择了另一个词"上帝"来翻译。1850 年理雅各再次强调他的结论对传教的重要性。）

1844 年，29 岁

英华书院更名为英华神学院。1844 年的第二个安息日理雅各在香港开设了伦敦传道会的第一座华人礼拜堂下市场堂，由何进善和黄胜做理雅各的助手，并印刷汉语的宗教宣传册子。

1845 年，30 岁

年初，理雅各对香港政府提出应该有一所资助起来的学校，"免费"为中国人提供教育。理雅各的建议未被采纳，因为计划"过于繁杂，而且代价太高"。是年理雅各筹建的佑宁堂落成。11 月理雅各因几次长时间高烧不退回国并带回三个中国学生：吴文秀、李金麟与宋佛俭。1846 年到达英国，在英国社会引起注意。从到英国至 1848 年周游英国讲道。此间，理雅各向国务大臣格莱斯通谈了香港传教的近况，尤其是教育的发展，试图推行教育世俗化的改革，后来得格莱斯通就此事致信香港总督戴维斯。

1847 年，32 岁

理雅各推崇的补助书馆计划开始在香港实施。12 月 6 日，港府在《香港政府宪报》上宣布以每月 10 元的标准资助三所中文学塾，并成立教育委员会，负责监督。这标志着政府对教育干预的开始。但此时政府并没有与教会争夺教育控制权，而且此时宗教教育的气氛仍颇为浓重。

1848 年，33 岁

4 月，理雅各与家人乘船离开英国返香港，途中离开新加坡的时候，船上发生火灾，理雅各指挥男乘客灭火。7 月 22 日到达香港。1848 年 8 月香港与广州的传教士开会建立传教站，理雅各任秘书。传教站每三个月聚会一次，协调两地传教事宜。8 月 31 至 12 月 1 日理雅各在香港第一次经历了摧毁性的台风。理雅各的第四个女儿安妮死去，理雅各夫妇悲痛不已。是年黄胜任职于英华书院，协助理雅各翻译儒家经典。

1849 年，34 岁

理雅各撰写布道文册《上帝的日子》。

1850 年，35 岁

理雅各的第一任妻子玛丽·依莎贝拉·理雅各写信给伦敦传道会东方委员会要求加大对英华书院附属女子学校的支持。该校是英华书院迁港之初理雅各授意玛丽创建的。伦敦传道会基本同意。该校是中国最早的女校之一。3 月 20 日理雅各向总部提出了到广州建立教堂的想法。8 月 20 日总部致函理雅各，否决了他的提议。

1851 年，36 岁

12 月 28 日理雅各在香港第二次经历了摧毁性的台风。

1852 年，37 岁

广东南部农民起义军被清军击溃后，被清军大肆屠杀。理雅各从清军手下解救一个中国女孩，并帮助急救一个老人。是年理雅各在香港出版了《中国人的上帝观与鬼神观》。这是理雅各关于中国宗教的学术研究的真正开始。11 月 22 日理雅各继续进言伦敦传道会总部要求到广州建立教堂，未果。10 月 17 日理雅各在香港第三次经历了摧毁性的台风。也在 10 月，理雅各第一任夫人玛丽病逝，其后两个女儿先后夭折。

1853 年，38 岁

理雅各应邀进入教育委员会是年提出了官学的半

年奖学金制度：《圣经》或《四书》知识掌握得最好的奖励 1.5 英镑，英语或地理读得最好奖 1 英镑。是年起理雅各主理香港第一份中文报刊《遐迩贯珍》，由黄胜协助。同年，淘金热使大量华人涌入美国加州与澳洲，理雅各以传教为目的撰写关于移民美国事务的册子《往金山要诀》，并安排英华书院的五位学生到美国加州建立教会，安排两个青年到澳洲宣教。也在 1853 年，理雅各最小的女儿在被送往苏格兰的路上死了。理雅各悲痛不已，当时只剩下他一个人在香港。在 1853 年前后，理雅各帮助太平天国确立"拜上帝会"的名称。

1854 年，39 岁

理雅各撰写中文传道册子《劝崇圣书》、《新约全书注释》与《耶稣门徒信经》并初次翻译《周易》。同年韩山文把逃亡中的洪仁玕带来见理雅各，理雅各帮助安排他去教书。

1855 年，40 岁

理雅各发展一个道士归依基督教。1855 年 1 月 12 日理雅各继续坚持要伦敦传道会总部到广州建立教堂，提出将印字局移到中国腹地上海去发展，未果。1855—1858 年，洪仁玕受雇于伦敦传道会，成为牧师，在理雅各手下当助理，解经和布道达四年之久。

1856 年，41 岁

理雅各编译的教材《智环启蒙塾课初步》在香港出版，作为英华神学院的教科书。（1859 年香港官学把该书作为标准教材，1862 年、1864 年分别在广州、香港重版；1867 年传入日本，首先由江户开物社出版训点翻印本，名为《翻刻智环启蒙》，在日本广泛流传，成为许多学校的教科书，出现多种版本。）但1856年在香港维持了13年的英华神学院因人手不足及经费问题而停办。是年理雅各撰写了《圣书要说析义》、《亚伯拉罕纪略》。同年理雅各给车锦光施洗。这一年，理雅各付给中国医生王风与西方传教士同样的工资，引起外国人的议论。关于给华人基督教徒与西方人相同的工资的问题，理雅各与伦敦传道会之间的商议持续至1860年。是年理雅各在英华书院的学生梁柱臣离开香港到澳洲维多利亚省与传教士建起礼拜堂，60年代初在澳洲的巴拉腊特又建了两所教堂，1866年在中国内地建立佛山堂，这是华人自发自资并成功建立起来的第一个教堂。1856年起，理雅各在香港的公理宗用英语、汉语布道，闲暇时间翻译中国经典。

1857年，42岁

当地一家面包店的厨师下毒要毒死所有英国人，理雅各幸免于难。这年理雅各因健康问题及其中国经典译著的出版事宜第二次返英。理雅各走后，洪仁玕得儋马士资助盘缠到南京。

1858年，43岁

理雅各在英格兰的时候，通过其长兄乔治所在的公理宗之安排结识了寡妇汉娜，其亡夫也是牧师，已有一个女儿。后来理雅各与她结了婚。同年理雅各带着第二任夫人及其女儿和原来的两个女儿到香港。回港后，香港最高法院的注册主任拜访理雅各，要黄胜到法院任口译。黄胜出于传教工作的考虑而婉拒。

1859年，44岁

理雅各发表了《秦国——伦敦传道会成立69周年

讲话》。10 月间理雅各在香港第四次经历了摧毁性的台风。50 年代后期，理雅各的两个女儿加入理雅各的事业，分别在理雅各所建立的不同学校教书，并都在香港结了婚并居住下来。

1860 年，45 岁

洪仁玕被洪秀全封为干王，此后与理雅各通信频繁，理雅各希望他能够纠正太平天国在信仰上的偏差，并坚持与外国人和解的路线。洪仁玕后托人给理雅各送钱，但理雅各拒收。是年，理雅各撰写了宗教文册《圣会准绳》与《基督教信仰与行为》，并为车锦光带来的人施洗。同年，香港教育委员会被改组为教育局，成为专管官立学校的政府机构。此时理雅各已成为该机构的权力人物，便大张旗鼓地推行世俗教育。7 月 3 日，理雅各在教育局会议上提出了著名的"教育革新计划"，后来又以书面形式刊登在《香港政府宪报》上。他建议停办所有位于维多利亚城的皇家图书馆（即受资助的学校），把全部学童集中于一所新的中央书院，并强调英语教学。在理雅各的推动下，香港教育事业的重点从 19 世纪 60 年代起始由宗教教育转向世俗教育。

1861 年，46 岁

1861—1872 年间《中国经典》第一版在香港陆续出版［第一卷含《论语》、《大学》与《中庸》，出版于 1861 年；第二卷《孟子》出版于 1861 年；第三卷含《书经》与《竹书纪年》（分两册）出版于 1865 年；第四卷《诗经》（分两册）出版于 1871 年；第五卷含《春秋》与《左传》（分两册），出版于 1872 年］。1861 年，广东被英法攻陷之后，理雅各与他的朋友在广东河南（广州市的地名，现中山大学康乐园的一带）参观一座佛教寺庙时遭到袭击，原因是民众对所有外国人的敌视。同年春天，理雅各与湛约翰乘船到广东的博罗等地去看看车锦光的传教工作，一路上受到当地人的欢迎。他们此行长达四个星期，但后来遭到了袭击。10 月，由理雅各施洗的广东人车锦光被其仇家所害，理雅各曾冒着生命危险去解救车锦光，而且临走前叮嘱英国领事：万一他死了，不要动用军舰，因为他要把清白的名声带回家。

1862 年，47 岁

理雅各在香港太平山与湾仔筹建两所教堂。2 月，在港府的支持下，中央书院正式开学，这标志着香港教育事业把重点转向了世俗教育。中央书院首任校长由史钊活担任。史钊活承袭了理雅各的世俗教育主张，并付诸实践。理雅各就此解除了教育局繁重的文秘和管理职责。是年，理雅各的一封信在英国公开发表，抗议戈登率领的英法联军镇压太平军的行为。同年理雅各在香港第五次经历了摧毁性的台风。这一年王韬流亡香港，襄助理雅各翻译中国经书，历时 20 年。从 1862 年到 1865 年理雅各为香港政府的笔译、口译人员培训服务了三年。

1863 年，48 岁

年底，理雅各为修建佑宁堂筹捐了 2.1 万元。

1864 年，49 岁

6 月 6 日理雅各在香港第六次经历了摧毁性的台风。是年理雅各再次陷入健康危机，于是到广东省的西河去游历养病。

1865 年，50 岁

理雅各与教育委员会其他成员退位，政府办学部取而代之。同年因为理雅各在公益事业上的突出贡献，被邀到香港政府用茶点。是年，理雅各陪第二任妻子汉娜到汕头、厦门、上海，后到日本治病。汉娜终因水土不服回国，也带走了女儿。

1866 年，51 岁

香港发生了罕见的火灾，理雅各成功地进行了募捐活动以赈灾。是年他又探访感染猩红热的学生，还为一个无罪的死囚奔忙。理雅各在香港昂船洲经历一次爆炸的事件。一艘载着 80 吨炸药的商船被引爆。

1867 年，52 岁

2 月理雅各因健康欠佳暂回英国养病，翻译暂时中断。理雅各不久来信邀请王韬去苏格兰。年底王韬赴苏格兰，并游历了法国等国家。

1868 年，53 岁

1868—1869 年理雅各与王韬在苏格兰潜心译书，抽空游历爱丁堡、格拉斯哥、雷斯与阿伯丁。当时理雅各已经不想继续留在伦敦传道会，而是想集中精力完成自己的翻译。

1870 年，55 岁

1 月 5 日理雅各及其女玛丽和王韬一起返华。3 月抵达香港，此后王韬成为独立的报业人士并逐步成为社会改良者，开始了自己的事业。理雅各与伦敦传道会签订合同，在佑宁堂做了三年牧师。伦敦传道会有义务为佑宁堂提供牧师。由于佑宁堂有印刷业务，理雅各印刷其译著《中国经典》更为方便。

1871 年，56 岁

理雅各在英国士兵中开《圣经》课。是年撰写了

《无偿的福音》。2月，理雅各联合其他传教士和
一些商会，组织了一千多人签字，要求取缔赌场。

1872 年，57 岁

7 月，理雅各深夜翻译过劳而休克，手部摔伤。

1873 年，58 岁

理雅各到中国北方观光，对落后的情况非常痛惜。
5 月 17 日理雅各游历孔府，日记提到当地种植鸦片
的情况。是年理雅各告别香港，临别王韬撰文赞美
理雅各。理雅各又游历美国，其后返英定居，理雅
各回到英国公开反对鸦片贸易。从 1873 年到 1876
年理雅各写了长达 330 页的手稿，力图将赞美诗翻
译成诗体拉丁语，并对一些语言点做了一番解释，
类似于他在《中国经典》中所做的工作。

1874 年，59 岁

1874 年至 1875 年，约翰·莱格牧师等人为理雅
各再译《诗经》提供帮助。

1875 年，60 岁

1875 年起缪勒约理雅各为《东方圣书》系列译著
提供译稿。4 月 20 日牛津大学决定让理雅各做首
任中文教授。

1876 年，61 岁

理雅各凭借翻译中国经典的成就获首届儒莲奖。
10 月 27 日，理雅各在谢尔德廉戏院发表就职演
说，开始了执教牛津大学的生涯，直至去世。

1877 年，62 岁

理雅各的著作《儒教与基督教对比》在对华传教
士上海大会由人代读，在传教士中引起了很大的
争议，因被认为对儒教评价过高和术语问题而被
拒绝出版。后该文在友人资助下独立出版。是年
理雅各准备重新翻译《易经》，再次邀王韬前往。

但王韬未应此邀。

1878 年，63 岁

　　理雅各发表论文《中华帝国的儒教》，两小卷的《孔子生平与教义》与《孟子生平与著作》。

1879 年，64 岁

　　理雅各译出《东方圣书》第 3 卷，含《书经》、《诗经的宗教内容》、《孝经》。是年理雅各应邀请到长老宗做牧师。

1880 年，65 岁

　　理雅各以他在牛津大学讲课和研究的心得，在伦敦发表了《中国的宗教：儒教、道教与基督教的对比》。是年，理雅各被提名为中央书院第二任校长。同年理雅各的第二任妻子汉娜去世。

1882 年，67 岁

　　理雅各完全失聪，但仍然坚持授课与翻译。是年，译出《东方圣书》第 16 卷《周易》，为《不列颠百科全书》第九版撰写了《老子》条目。

1883 年，68 岁

　　理雅各的《基督教与儒教关于人生教义的对比》由伦敦圣教书会出版。

1884 年，69 岁

　　理雅各到授予他神学博士学位的爱丁堡大学参加校庆。

1885 年，70 岁

　　理雅各译出《东方圣书》第 27、28 卷《礼记》。

1886 年，71 岁

　　理雅各译出了《法显行传》（或称《佛国记》）。是年理雅各患中风，健康恶化。

1887 年，72 岁

　　理雅各发表《弥勒佛的形象》。

1888 年，73 岁

> 理雅各在华讲授基督教传教史，再一次对鸦片贸
> 易深表痛惜。同年发表《基督教在中国：景教、
> 罗马天主教与新教》。

1891 年，76 岁

> 理雅各译出《东方圣书》第 39、40 卷《道德经》
> 与《庄子文集》，并发表《因果报应论》（Treatise
> of Actions and Their Retributions）。

1892 年，77 岁

> 理雅各的《四书》译本经过他修订后再版。

1893 年，78 岁

> 1893 年至 1895 年理雅各修订《中国经典》并由
> 牛津克莱仁登出版社再版。

1897 年，82 岁

> 11 月 29 日，理雅各病逝于牛津。

附录二：理雅各英译《论语》重要译解汇总与对勘①

1. 子曰：学而时习之，不亦说乎？（《学而》一章）

《白虎通》：学，觉也，悟也。言用先王之道导人性情，使自觉悟，而去非取是，积成君子之德也。

皇侃：凡学有三时。一是就人为身中为时，二就年中为时，三就日中为时也。

程颐：今之学者有三：辞章之学也，训诂之学也，儒者之学也。欲通道，则舍儒者之学不可。尹侍讲所谓"学者，所以学为人"也。学而至于圣人，亦不过尽为人之道而已。

朱熹：学之为言效也。人性皆善，而觉有先后，后觉者必效先觉之所为，乃可以明善而复其初也。

毛奇龄：学者，道术之总名。贾谊《新书》引《逸礼》云："小学业小道，大学业大道。"以学道言，则大学之道，格致诚正修齐治平是也。以学术言，则学正崇四术，凡春秋礼、乐，冬夏诗、书皆是也，此则学也。

理雅各：The Master said, "Is it not pleasant to learn with a constant

---

① 受本书正文本身的运思和结构所限，正文并不能对笔者认为颇有意义的译解悉数讨论，故附此附录。不过，收录其中的条目仅仅是笔者所能发现或者尤感兴趣的地方，并不能囊括理雅各译解的所有重要之处；而且对于用作对勘的中国注疏，由于笔者目力和学力有限，也不能将颇为精当的注疏尽收其中。笔者主要就理雅各所针对的注疏或者在笔者目力范围之内所认为的与理雅各译解较有互参意义的注疏收入进来，以待来者。此外，由于理雅各《论语》译文分章本就是依据朱熹版本，因此本附录文所标示的《论语》篇章，仍以朱熹的分章为据。文中所引理雅各译文的加黑处，乃是笔者为强调所加。特此说明。

perseverance and application?"

注解：（本章主题是）进学者的全部事务和进展：首先完善知识，之后因声誉吸引友人，最后达成自我完成。……"学"在古注中被理解为"诵"，朱熹解释为"效"，其结果是"明善而复初"。这种解释属于越出了经文本身的过度阐释。

思考：理雅各原本赞赏孔孟的性善论，并倾向于以此解释《论语》中的诸多章节，例如"民德归厚矣"。但是此处理雅各却避免这种解释，这一方面表明理雅各"忠于原意"，另一方面可能也表明理雅各并不愿意认为"学"能够使人轻易"明善而复初"。此外，理雅各将"习"理解为不间断的坚持和践履，从而凸显了"学"并非简单的知识获得，而是重在实践中的修身。

参见：理雅各对《大学》"明明德"的讨论；对《卫灵公》三十八章"有教无类"的讨论。

2. 曾子曰：慎终追远，民德归厚矣。（《学而》九章）

孔安国：慎终者，丧尽其哀也、追远者，祭尽其敬也。人君能行此二者，民化其德而皆归于厚也。

皇侃：上之化下，如风靡草。君上能行慎终追远之事，则民下之德日归于厚也。一云，君能行此二事是厚德之君也。君德既厚，则民咸归之也。

刘宝楠：《乐记》云："德者，性之端也。"《淮南子·齐俗训》："得其天性谓之德。"谷梁僖二十八年传："归者，归其所也。"《墨子经上》："厚，有所大也。"当春秋时，礼教衰微，民多薄于其亲，故曾子讽在位者，但能慎终追远，民自知感厉，亦归于厚也。

钱穆：生人相处，易杂功利计较心，而人与人间所应有之深情厚谊，常掩抑不易见。惟对死者，始是仅有情意，更无报酬，乃益见其情意之深厚。故丧祭之礼能尽其哀与诚，可以激发人心，使人道日趋于敦厚。儒家不提倡宗教信仰，亦不主张死后有灵魂之存在，然极重葬丧之礼，因此乃生死之间一种纯真情之表现，即孔子所谓之仁心与仁道。

理雅各：The philososher Tsang said，"Let there be a careful atten-tion to *perform the funeral rites* to parents，and let them be followed when long gone *with the ceremonies of sacrifice*；—then the virtue of the people will resume its proper excellence."

注解："归"表明此德乃从本性上即人所本有（naturally proper to people）。

思考：理雅各将"归"解为"恢复"（resume），并认为此德乃人之本性，这表明他是从孔子的性善论来理解此章的，从而避免了"以君化民的道德表率"之类的狭隘解释；而恢复人之本性，则暗含了禀受—失去—恢复的历时结构，而理雅各也意图将此与基督教的人论关联起来。程树德的背景说明则可以用以说明此德如何丧失，而钱穆的注解似乎可以构成对理雅各注解的更准确深入的注脚。

3. 子曰："为政以德，譬如北辰，居其所而众星共之。"（《为政》一章）

包咸：德者无为，犹北辰之不移而众星共之。

朱熹：为政以德，则无为而天下归之，其象如此。

朱熹引范氏：为政以德，则不动而化，不言而信，无为而成。

毛奇龄《论语稽求篇》：包氏无为之说，此汉儒挽和黄老之言。何晏本习讲老氏，援儒入道者。其作集解，故宜独据包说，专主无为。夫为政以德，正是有为。

理雅各：The Master said，"He who exercises government by means of his virtue may be compared to the north polar star，which keeps its place and all the stars turn towards it."

注解：朱熹夸大了"为政以德"之影响。而朱熹的反对者们认为，"德"即是北辰，政府各个部门乃是众星。这是牵强附会。我们必须满足于接受这种含混的表达，而不去追究其确定意义。

思考：理雅各并没有断然否定"无为"之解，理雅各恰恰重视"无为"之"无意而为"之意，由是而言，则解为"无为"亦无不可。理雅各往往并不认为原始儒道思想为依据。但是理雅各从现实状况出发，认为"无为而天下归之"之类的解释，言过其实，此时他否定的只是诸解中所夸大的"无为"之效。

4. 子曰："攻乎异端，斯害也已。"（《为政》十六章）

邢昺：异端，诸子百家之书也。善道有统，故殊途而同归。异端则不同归也。

程颐：佛氏之言，比之杨墨，尤为尽理，所以其害为尤甚。

朱熹：异端，非圣人之道，而别为一端，如杨墨是也。

理雅各："The study of strange doctrines is injurious indeed!"

注解：在孔子时代，佛教并非进入中国，我们也不能认为孔子针对道家。事实上，我们无从知晓他到底指涉哪种异端，不过他的格言具有普遍合理性。

思考：理雅各是否在暗示回到基督教之正道？

5. "禄在其中矣。"（《为政》十八章）

郑玄：言行如此，虽不得禄，亦同得禄之道。

皇侃：其余若能言少过失，行少悔恨，则禄位自至。……言无道之世，德行如此，虽不得禄，若忽值有道之君，则必见用，故云得禄之道也。

邢昺：言若少过，行又少悔，必得禄位。设若言行如此，虽偶不得禄，亦同得禄之道。

朱熹：凡言在其中者，皆不求而自至之辞。

理雅各：He is in the way to get emolument.

注解：此语教导我们，行事之所宜，不必关心当下结果（The lesson is that we are to do what is right, and not be anxious about temporal concerns）。

思考：理雅各并不考虑当下结果，并不像郑、黄、邢、朱等人那样仍然在意于结果，而仅仅强调践行事之所宜，则当又是"无意而为"之意。而在基督教和理雅各那里，"无意而为"也是路德、加尔文等所强调的，以破除人的自以为义，宣扬所行在人，而结果

（如恩典、救赎）则完全在于自由的上帝之自由的旨意，两者毫无关联。

6. "祭如在，祭神如神在。子曰：'吾不与祭如不祭。'"（《八佾》十二章）

董仲舒《春秋繁露·祭义篇》：重祭事如事生，故圣人于鬼神也，畏之而不敢欺也，信之而不独任，事之而不专恃。其公报有德也，幸其不私于人福也。

孔安国：言事死如事生。

邢昺："祭如在"者，谓祭宗庙必致其敬，如其亲存。言事死如事生也（此"在"被理解为先祖在场——"亲存"）。"祭神如神在"者，为祭百神亦如神之存在而致敬也。（此"在"被理解为"存在"，考虑到此句可能为了与上句"亲存"区别而使用"存在"。邢昺可能仍然相信百神之存在）

朱熹：有其诚则有其神，无其诚则无其神，可不谨乎？吾不与祭如不祭，诚为实，礼为虚也。

理雅各：He sacrificed to the dead, as if they were present. He sacrificed to the spirits, as if the spirits were present.

思考："present"表明理雅各显然认为孔子肯定鬼神之存在，此"在"乃意为"在场"。那么"如在"即是"不在场的在场"。或可关联于"你的父在暗中察看你"。

7. "获罪于天，无所祷也。"（《八佾》十三章）

董仲舒《春秋繁露·郊祭篇》：天者，百神之大君也。事天不备，虽百神犹无益也。

孔安国：天以喻君也。孔子距之曰，如获罪于天，无所祷于众神。

朱熹：天即理也；其尊无对，非奥灶之可比也。逆理，则获罪于天矣，岂媚于奥灶所能祷而免乎？言但当顺理，非特不当媚灶，亦不可媚于奥也。

钱大昕《十驾斋养新录》：宋儒谓性即理是也，谓天即理恐未然，获罪于天无所祷，谓祷于天也，岂祷于理也？诗云敬天之怒、畏天之威，理岂有怒与威乎？又云敬天之渝，理不可不言渝也。谓里出于天则可，谓天即理则不可。

毛奇龄《四书改错》：天解作理，四书集注补辨之甚悉。大抵宋儒拘滞，总过于执理字，实是大错。况天是天神，又有天道，故先儒解"获罪于天"，亦曰援天道以压众神。

理雅各：He who offends against Heaven has none to whom he can pray.

注解：在这里，如此使用这个术语时，如果没有直觉到理智和公义的至高统治者，那么何以"天即理"呢？我们发现在《四书拓余说》中"天"被如此解释："高高在上者。"

思考："理智和公义的至高统治者"在基督教那里便是指上帝，所以理雅各仍然倾向于认为此处的"天"就是人格性的"上帝"。不过需要注意的是，理雅各在不同地方对"天"的认识有所游移。如在 1861 年版和 1893 年版的《中国经典》第 1 卷导言中认为孔子并未谈及"上帝"或"帝"，而是多用"天"，所以认为孔子是"非宗教性的"；但是在 1880 年的《中国的宗教》中却将孔子视为恢复古代一神信仰的宗教守护者，而孔子之所以多用"天"，只是因为对"帝"的祭祀由君王包办了。

8. "苟志于仁矣，无恶也。"（《里仁》四章）

孔安国：言诚能志于人，则其余终无恶。

朱熹：其心诚在于仁，则必无为恶之事矣。

理雅各：If the will be set on virtue, there will be no practice of wickedness.

注解：比较《约翰一书》3 章 9 节："凡从神生的，就不犯罪，因神的道存在他心里；他也不能犯罪，因为他是由神生的。"

思考：理雅各试图将"神的道"与"仁"关联起来，从而"仁"自然具有了信仰上帝的维度。

参见"仁者不忧"。理雅各说，信仰上帝则"仁者不忧"。

9. "朝闻道，夕死可矣。"（《里仁》八章）

何晏：言将至死不闻世之有道。

邢昺：此章疾世之无道也。设若早朝闻世有道，暮夕而死，可无恨矣。言将至死不闻世之有道也。

朱熹：道者，事物当然之理。苟得闻之，则生顺安死，无复遗恨矣。

理雅各：If a man in the morning hear the right way, he may die in the evening without regret.

注解：更好的解释是四书翼注，道即率性（行动）之道。人即因此而被造（Man is formed for this），如果未闻道而死，则无异于兽类。人们可能会从句中欣然看到对于更高真实的模糊意识，这种真实比圣人所揭示出来的更高。

思考：理雅各一方面强调了人性本善，另一方面在暗示人们可以从中感受到"上帝"（"对于更高真实的模糊意识"）。而理雅各将"道"译为"the right way"，则可能关联起耶稣基督的宣讲："我就是道路，真理，生命。"（I am the way, the truth, and the life.①《约翰福音》14 章 6 节）

10. "吾道一以贯之。""夫子之道，忠恕而已矣。"（《里仁》十五章）

邢昺：贯，统也。孔子语曾子言，我所行之道，唯用一理以统天下万事之理也。忠，谓尽中心也。恕，谓忖己度物也。言夫子之道，唯以忠恕一理，以统天下万事之理，更无他法，故云而已矣。

程颐：以己及物，仁也；推己及物，恕也，违道不远是也。忠恕一以贯之：忠者天道，恕者人道；忠者无妄，恕者所以行乎忠也；忠者体，恕者用，大本达道也。此与违道不远异者，动以天尔。

---

① 据 King James Version。此英译本圣经也是理雅各所依据的圣经文本。

朱熹：贯，通也。……圣人之心，浑然一理，而泛应曲当，用各不同。尽己之谓忠，推己之谓恕。……夫子之一理浑然而泛应曲当，譬则天地之至诚无息，而万物各得其所也。自此以外，故无余法，而亦无待于推矣。曾子有见于此而难言之，故借学者尽己、推己之目以着明之，欲人之易晓也。盖至诚无息者，道之体也，万殊之所以一本也；万物各得其所者，道之用也，一本之所以万殊也。由此观之，一以贯之之实可见矣。

阿瑟·韦利：My way has one (thread) that runs right through it.

Our Master's Way is simply this: Loyalty, consideration.

注：Loyalty to superiors; consideration for the feelings of others, "not doing to them anything one would not like to have done to oneself," as defined below, XV, 23. Loyalty and consideration is one of the Nine Virtues enumerated by the 1 Chou Shu, 29, 1 verso. Cf. also XV, 2 below.

刘殿爵：There is one single thread binding my way together.

The way of the Master consists in doing one's best and in using oneself as a measure to gauge the likes and dislikes of others. That is all.

安乐哲：My way (dao 道) is bound together with one continuous strand.

The way of the Master is doing one's utmost (zhong 忠) and putting oneself in the other's place (shu 恕), nothing more.

理雅各：Shan, my doctrine is that of an all-pervading unity.

The doctrine of our master is to be true to the principles of our nature and the benevolent exercise of them to others, —this and nothing more.

注解：忠，则忠于自身本性，由此乃所谓尽其心，充分发展本然之性，听从道德律令之召唤。

思考：由此恕便为自然流出，仁爱待人。而本然之性乃天命所赋，从而忠恕的原则乃是在"天"那里得到确立，而非由可疑的主体所确立。从而可以与基督教相对应。另孔子言"毋我"，则也否认了我的主体之固化。

11. "我不欲人之加诸我也，吾亦欲无加诸人。"（《公冶长》十一章）

孔安国：言不能止人使不加非义于己。

皇侃：孔子抑子贡也，言不招人以非理见加，及不以非理加人，此理深远，非汝分之所能及也。尔，汝也。故袁氏曰：加，不得理之谓也。非无过者何能不加人，人亦不加己？尽得理，贤人也，非子贡之分也。

邢昺：子贡言，我不欲他人以非义加陵于己，吾亦欲无以非义加陵于人也。

夫子言使人不加非义于己，亦为难事。……言不能止人使不加非义于己也。

程颐：我不欲人之加诸我，吾亦欲无加诸人，仁也；施诸己而不愿，亦勿施诸人，恕也。恕则子贡或能勉之，仁则非所及也矣。

朱熹：此仁者之事，不待勉强，故夫子以为非子贡所及。

愚谓无者，自然而然，勿者禁止之谓，此所以仁恕之别。

钱穆：然孔子又曰："仁远乎哉？吾欲仁，斯仁至矣。"子贡欲无以非礼不义加人，即此一念亦是仁，所谓其心日月至焉，岂可谓非尔所及乎？……孔门之教，重在尽其在我，故曰此非尔所及。

理雅各：What I do not wish men to do to me, I also wish not to do to men.

注解：福音书中的金律（"你要别人怎么对待你，你就怎样对待别人"）高于两者（"我不欲人之加诸我也，吾亦欲无加诸人"；"施诸己而不愿，亦勿施诸人"）。

思考：理雅各非常重视《论语》中的金律和福音书中金律的比较。这在两个版本的《中国经典》第 1 卷导言、《中国的宗教》、《基督教和儒教的比较》、《基督教和儒教关于"人所当尽的本分"之教导的比较》等中都有论及。需要注意的是，理雅各不但逐渐开始认识到儒家思想中积极形式的金律的存在，也开始意识到消极形式之金律的某些可取之处，例如他对英国向中国输入鸦片问题的思考。

参见：*The Chinese Classics*, vol. I, *Prolegomena* (Hong Kong: At the Author's; London: Trübner & Co., 1861), 110 – 111; "Confucianism in Relation to Christianity," (Pamphlet) (Shanghai: Kelly & Walsh, 1877), 9; *The Religions of China: Confucianism and Taoism Described and Compared with Christianity* (London: Hodder and Stoughton, 1880), 262; "Christianity and Confucianism Compared in their Teaching on the Whole Duty of Man." (Pamphlet) (London: Religious Tract Society, 1883), 19 – 21; *The Chinese Classics*, vol. I (London: The Clarendon Press, 1893), 109 – 110.

12. "老者安之，朋友信之，少者怀之。"（《公冶长》二十五章）

《韩诗外传》：遇长老，则修弟子之义；遇等夷，则修朋友之义；遇少而贱者，则修告道宽裕之义。故无不爱也，无不敬也，无与人争也，旷然而天地苞万物也。如是，则"老者安之，朋友信之，少者怀之"。

邢昺：言己愿老者安，己事之以孝敬也。朋友信，己待之以不欺也。少者归，己施之以恩惠也。

程颐：夫子安仁，颜渊不违仁，子路求仁。

朱熹：老者养之以安，朋友与之以信，少者怀之以恩。

刘宝楠：窃谓子路重伦轻利，不失仁恤之道，义者之事也。颜子劳而不伐，有功而不德，仁者之事也。夫子仁覆天下，教诚爱深，圣者之事也。

理雅各：In regard to the aged, to give them rest; in regard to friends, to show them sincerity; in regard to the young, to treat them tenderly.

注解：注家说，孔子与弟子皆无己私。不过颜回之愿被认为稍高于子路。而在圣人那里，从不意识到自我，不待刻意而自然以其所应当对待之方式去对待他人。

思考：理雅各强调"无我"、"无私"，既可以联结到《道德经》

的思想，也可以与基督教中的"虚己"关联起来。

13. "非敢后也，马不进也。"（《雍也》十三章）

马融：人迎为功之，不欲独有其名，曰：我非敢在后拒敌也，马不能前进耳。

朱熹《章句》：战败而还，以后为功，反奔而殿，故以此言自撝其功也。

朱熹《朱子语类》：问：人之伐心故难克，然非先知是合当做之事，临事时必消磨不去。……若知凡事皆职分之所当为，自然无伐善之心矣。曰：只得一心地平之人，故能如此。若使其心地不平，有矜伐之心，则虽知是职分之所当为，少间自走从伐去，遏捺不下。孟之反只是心地平，所以消磨容得去。

李颙《四书反身录》：彼武夫且然，矧学者乎？故道德、经济、文学、气节，或四者有一，或兼有其长，而胸中道德、经济、文学、气节之见苟一毫销镕未尽，便是伐。发则有类湛然虚明之体，其为心害不浅。

理雅各：It is not that I dare to be last. My horse would not advance.

注解：偏离了事实，哪来的德？孔子怎么能够因此而夸奖他呢？注疏家们从来没有考虑过这些问题，更无人谴责孔子。

思考：理雅各对孔子的道德批判。这里表明理雅各对中国的人情世故可能并不了解，或者已然了解但不认同。此外，他对孔子的道德批判可能还隐含着将孔子拉下神坛的意图，从而试图在基督教人观的背景之下凸显儒家圣贤论的偏差。

14. "人之生也直，罔之生也幸而免。"（《雍也》十七章）

马融：言人之所以生于世而自终者，以其正直之道也。

邢昺：此章明仁以正直为德，言人之所以生于世而自寿不横夭者，以其正直故也。罔，诬罔也。言人有诬罔正直之道而亦生者，是幸而获免也。

朱熹《朱子语类》："罔之生也"之"生"，与上面"生"字微有不同。此"生"字是生存之"生"。人之生绝灭天理，便是合死之人，今而不死，盖幸而免。……天地生生之理，只是直。才直，便是有生生之理。不直，则是枉天理，宜自屈折也，而亦得生，是幸而免耳。……只看"生理本直"四字。如见孺子入井，便自有怵惕之心。见不义底事，便自有羞恶之心。是本有那个当为之理。若是内交要誉，便是不直。……生理本直，如耳之听，目之视，鼻之臭，口之言，心之思，是自然用如此。

王夫之："人之生也"一"生"字，与"罔之生也""生"字，义无不同。……不但本文两句，连类相形，且夫子之意，原以警人直道而行；则上句固自有责成意，非但推原所以不可罔之故，而意全归下句也。……使上句但明有生之初，则下文不更言既生以后之当直，而遽云罔之幸生，于文字为无条理，而吃紧警人处，反含而不吐矣。……子曰"人之生也直"，固言人也。言人以直道载天所生我之德，而顺事之无违也；言天德之流行变化以使各正其性命者，非直道而不能载，……故人必直道以受命，而后天产之阳德，地产之阴德，受之而不逆也。

刘宝楠：直者，诚也。诚者内不自以欺，外不以欺人。《中庸》云："天地之道，可一言而尽也。其为物不贰，则其生物不测。"不贰者，诚也，即直也。天地以至诚生物，故《系辞传》言干之大生，静专动直。专直皆诚也。不诚则无物，故诚为生物之本。人能存诚，则行主忠信，而天且助顺，人且助信，故能生也。若夫罔者，专务自欺以欺人，所谓自作孽不可活者。非有上罚，必有天殃，而能免此者幸耳。

程树德：皇疏引李充云："人生之道惟其身直。"盖人皆直立，与禽兽异，故人性直无伪，自生时已然。马云："始生之性皆正直。"即孟子行善之旨也。所谓罔之生者，谓习于为恶，不关性事。人以善终为原则，横死为例外，禽兽则否。圣人教人以为人之道，惟正直得全其生，亦即率性谓道之理。

理雅各：Man is born for uprightness. If a man lose his uprightness, and yet live, his escape *from death* is the effect of mere good fortune.

思考：此译应该借用了朱熹的分疏，"be born"和"live"分别对应着"始生"和"生存"。不过，朱熹已经将人视作"性"与"气质"的结合，这种结合才能导致人的始生，"始生"与"生存"之人都禀受着"气质之性"，在此意义上很难说"始生之直"；而且，由此"生而直"的"直"便只能处于消极的静态之中，似乎不能直接形成推动现实中每一个体的积极动力。可能正因此，理雅各并没有单纯将"生也直"理解为"始生而直"，而是进一步理解为"为直而生"（be born for uprightness）。这一翻译也对应着孟子的"人性之善也，犹水之就下也"，理雅各的翻译是："the tendency of man's nature to good is like the tendency of water to flow downwards."这表明理雅各有意从一种理想性、趋势性的角度去理解孔孟的性善论，从而赋予了人存养、扩充人性之善的永恒使命，并且这一使命永远保持为未完成状态（请再想想"for"和"tendency"的深意）。

15. "务民之义，敬鬼神而远之。"（《雍也》二十章）

郑玄：远鬼神近人，谓外宗庙内朝廷。

王肃：务所以化导民之义也。

皇侃：鬼神不可慢，故曰敬鬼神也。可敬不可近，故宜远之也。

程颐：人多信鬼神，惑也。而不信者又不能敬，能敬能远，可谓知矣。

朱熹：专用力于人道之所宜，而不惑于鬼神而不可知，知者之事也。

刘沅《四书恒解》：然敬鬼神者，谓获罪于天，纠其邪慝耳，非谓媚祷求福。盖鬼神司天地之功化，以天地之心为心，以天地之道赏罚人，民义所在即是天理，顺天理而行，天自与之相合。不务民义，即失天理，去天日远，安有福之理？故务民义者，自能敬鬼神，亦能远鬼神。

黄式三《论语后案》：鬼神之祸福，依民义之从违。明乎天人感通之故，尔室屋漏不敢欺焉，不特祭享时也。

刘宝楠：谓以礼敬事鬼神也。《表记》子曰："夏道尊命，事鬼敬神而远之，近人而忠焉。殷人尊神，率民以事神，先鬼而后礼。周人尊礼尚施，事鬼敬神而远之，近人而忠言。"郑注："远鬼神近人，谓外宗庙内朝廷。"按尊命、尊礼、尚施，皆近人之事，周道与夏道略相似也。近人而忠，即是务民之义。于鬼称事神称敬者，礼数故言事，礼疏故言远也。……夫子所以告樊迟者，正是教之从周道。

理雅各：To give one's self earnestly to the duties due to men, and, while respecting spiritual beings, to keep aloof from them, may be called wisdom.

注解：孔子此一"远之"表明孔子自己对鬼神祭祀持怀疑态度，并极力抑制充满疑惑的弟子们的疑问。

思考：这种怀疑，说明孔子从来没有将鬼神放置在唯一神的位置之上，反而在民众广泛祭祀鬼神的大背景下，提醒人们避免沉溺于敬拜鬼神，保持对唯一神的纯正信仰。如此一来，"敬鬼神而远之"根本不是孔子对鬼神信仰的否定，更不是孔子缺乏宗教信仰的明证，反而恰恰彰显了孔子对一神信仰的净化。而由于"鬼神"被理雅各理解为不在场的在场，那么从而孔子也断然切断了鬼神对人消灾祈福的可能性，鬼神仅仅提出、提醒对我们的要求，却完全不会承诺对我们的报偿，因此孔子打破了祭祀的"交换经济学"，将祭祀净化为纯然的"回应"和"献身"。而事实上基督教——在克尔凯郭尔和德里达的"以撒献祭"中，在加尔文和德里达的"必然报答你"中——同样提出了对"报答"的期待的不可能性问题。由此孔子和基督教被连接起来的线索之一，便是人对绝对不可见者的无条件回应和对责任的无条件承担。

16. "夫仁者，己欲立而立人，己欲达而达人。能近取譬，可谓仁之方也已。"（《雍也》二十八章）

皇侃：言己若欲自立自达，则必先立达他人，则是有仁之者也。

程子：仁者以天地万物为一体，莫非己也。认得为己，何所不至；若不属己，自与己不相干。如手足之不仁，气已不贯，皆不属己。故博施济众，乃圣人之功用。仁至难言，故止曰："己欲立而立人，己欲达而达人。能近取譬，可谓仁之方也已。"欲令如是观仁，可以得仁之体。

朱熹：以己及人，仁者之心也。与此观之，可以见天理之周流而无间矣。状仁之体，莫切于此。譬，喻也。方，术也。近取诸身，以己所欲，譬之他人，知其所欲亦犹是也。然后推其所欲以及乎人，则恕之事而仁之术也。与此勉焉，则有以胜其人欲之私，而全其天理之公矣。

毛奇龄《四书改错》：大凡圣道贵博济，必由尽己性以至于天地育万物，并非驰骛，故《大学》明德必至亲民，《中庸》成己必至于成物，《论语》修己必至安人安百姓，孟子独善其身必至兼善天下，即《学记》记学自九年大成后，互接曰："夫然后足以化民易俗，尽者悦服，而远者怀之。"夫圣道未成，亦必先力推忠恕，而后可以成圣学。

官懋庸《论语稽》：子贡之言愿大难偿，故尧舜犹病。夫子之言则推己及人，只在尽己之心，由近及远，能立达一人则仁及一人，能立达千万人则仁及千万人，何病之有？

理雅各：Now the man of perfect virtue, wishing to be established himself, seeks also to establish others; wishing to be enlarged himself, he seeks also to enlarge others. To be able to judge of others by what is nigh *in ourselves*; —this may be called the art of virtue.

注解：《论语》中没有比这更高尚的话语了。……己欲立而立人己欲达而达人，此即仁者之心体的表达，全然无我。……此处我们看到近似于金律的积极表达。

思考：理雅各并不太重视圣、仁之分，而更加关注人我之关系。理雅各的译解凸显了己乃是为人的付出，由此无私无我，可以联结到基督教中基督的自我倾空，联结到"虚心的人有福了"，而并非仅仅是福音书中的金律——从而可以更为合理地与他者形成良性关系，而免受主体性之质疑。朱熹的自然而然，抑或有意外推，都包含着自我中心、自我作为主体的危险。

17. "加我数年，五十以学易，可以无大过矣。"（《述而》十六章）

王弼：《易》以几神为教。颜渊庶几有过而改，然则穷神研几可以无过，明《易》道深妙，戒过明训，微言精粹，熟习然存义也。

何晏：《易》穷理尽性以至于命。年五十而知天命，以知命之年读至命之书，故可以无大过。

程颐：先儒谓孔子学《易》后可以无大过，此大段失却文意。圣人何尝有过？如待学《易》后无大过，却是未学《易》前，尝有大过也。此圣人如未尝学《易》，何以知其可以无过？盖孔子时学《易》者支离，《易》道不明。仲尼既修他经，惟《易》未尝发明，故谓弟子曰："加我数年，五十以学《易》。"期之五十，然后赞《易》，则学《易》者可以无大过差，若所谓赞《易》道而黜《八索》是也。

朱熹：盖是时，孔子年已已七十矣，五十字误无疑也。学《易》，则明乎吉凶消长之理，进退存亡之道，故可以无大过。盖圣人深见《易》道之无穷，而言此以教人，使知其不可不学，而又不可以易而学也。

刘宝楠：姚氏配中《周易学》云："……学《易》，学为圣也，非徒趋吉避凶已也。有天地即有《易》，既作《易》，而天地之道著，天下之理得，圣之所以为圣，求诸易而可知矣。"案："学易可以无大过"者，《易》之道，皆主中行，主变通，故学之而可与适道，可与立权也。……夫子圣德，既学《易》，当无小疵。无过可补，而云"可无大过"者，谦言不敢自承无过也。

理雅各：If some years were added to my life, I would give fifty to the study of the Yi, and then I might come to be without great faults.

注解：并不像后来的追随者那样，孔子从未宣称自己是完人。

思考：仍然在批判儒家思想中的完人论、圣人论。

18. "三人行，必有我师焉。择其善者而从之，其不善者而改之。"（《述而》二十一章）

皇侃：言我三人行，本无贤愚，择善从之，不善改之，故无常师。然善与不善即就一人上为语也。人不圆足，故取善改恶，亦更相师改之义也。……夫三人之行或犹师，况四海之内？何求而不应哉？而或滞于一方者，又未尽善也。

邢昺：言我三人行，本无贤愚相悬，但敌体耳，然彼二人言行，必有一人善，一人不善，我则择其善者而从之，不善者而改之。有善可从，是为师矣，故无常师也。（善者为我师）

朱熹：彼二人者，一善一恶，则我从其善而改其恶焉，是二人者皆我师也。（皆为我师也）

刘殿爵：Even when walking in the company of two other man, I am bound to be able to learn from them. The good points of the one I copy; the bad points of the other I correct in myself.

理雅各：I will select their good qualities and follow them, their bad qualities and avoid them.

注解：注疏家都将"择"理解为"区分出"、"确定"，即我将确定出其中的善者，然后学习他。不过我更倾向于在译文中的理解。

思考：基督教之原罪论，人非全善，必有善有恶。故无所谓两人中一善一恶。

19. 子曰："恭而无礼则劳，慎而无礼则葸，勇而无礼则乱，直而无礼则绞。"（《泰伯》二章）

韩愈：吾谓礼者，制中者也。

李翱：上篇云"礼之用和为贵"、"不以礼节之，亦不可行"，此言发而言中节，谓之和也。今言恭必企而尽礼，不可太过，大抵取其制中而已乎。

刘宝楠：恭、慎、勇、直，皆德行之美，然无礼犹不可行。

钱穆：礼者，仁道之节文，无仁则礼不兴，无礼则仁道亦不见。

理雅各：The Master said, "Respectfulness, without the rules of propriety, becomes laborious bustle; carefulness, without the rules of propriety, becomes timidity; boldness, without the rules of propriety, becomes insubordination; straightforwardness, without the rules of propriety, becomes rudeness."

注解：我们必须谨记在心的是，其中的"礼"并不仅仅是习俗、惯例，而是人之道德和智识本性在本有范围内的律令（the ordinations of man's moral and intelligent nature in the line of what is proper）。

思考：理雅各肯认了孔子的性善论，并且倾向于从性善论来理解此处的"礼"。如此一来，"礼"乃是本善之性在现实生活规范层面的外化和呈现，而不是出于某种政治目的或其他外在目的而人为设置的条例、法规、习俗等，并不意在以此模塑置于其中的每一个个体，反而是聆听本善之性的内在律令而顺应、遵行的结果；而"礼"的呈现和确立，恰恰给予了本然之性应有的外在形式。

参见：理雅各对"克己复礼"中"礼"的理解。

20. "以能问于不能，以多问于寡，有若无，实若虚。"（《泰伯》五章）

皇侃：夫推情在于忘贤，故自处若不足，处物以贤善，故期善于不能。因斯而言，乃虚中之素怀，处物之诚心，何言于为教哉？犯而不校者，亦不居物以非乎？推诚之理然也，非不争事也，应物之迹异矣。其为中虚一也。

朱熹：颜子之心，惟知义理之无穷，不见物我之有间，故能如此。谢氏曰："不知有余在己，不足在人；不必得为在己，失为在人，非己于无我者不能也。"

刘宝楠：中庸记言天地之大，愚夫愚妇可与知、能，而圣人或有所不知、不能，故意大舜之知，犹好问、好察迩言者此也。《中论·虚道篇》："人之为德，其犹虚器欤！器虚则物注，满则止焉。故君子常虚其心志，恭其容貌，不以逸群之才，加乎众人之上。视彼犹贤，自视犹不足也，故人愿告之而不倦。"

理雅各：Gifted with ability, and yet putting questions to those who were not so; possessed of much, and yet putting questions to those possessed of little; having, as though he had not; full, and yet counting himself as empty.

注解：（此章主题是）曾子的一位朋友崇尚简朴，远离自我中心（freedom from egotism）。

思考：理雅各承继了中国古注"虚心"、"无我"之解，更凸显了远离自我中心。这样既可以与《道德经》相启发，又可以与他对"虑以下人"、"老者安之、朋友信之、少者怀之"的译解互参。而对远离自我中心的强调，则可以关联于基督教中的"谦卑"、"虚己"。可以认为，理雅各对《论语》或《道德经》中的"无我"、"无私"之思想的重视，主要在于其可以与基督教中的类似思想形成颇有意义的对话。笔者甚至认为，这一对话可以成为儒耶对话中最有价值的部分之一。

21. 子曰："大哉，尧之为君也！巍巍乎，唯天为大，唯尧则之。"（《泰伯》十九章）

孔安国：则，法也，美尧能法天而行化也。

皇侃：言唯天德巍巍，既高既大，而唯尧能法而行之也，所以有则天之德。夫天道无私，唯德是与。而尧有天位禅舜，亦唯德是与。

朱熹：则，犹准也。荡荡，广远之称也。言物之高大，莫有过于天者，而独尧之德能与之准。故其德之广远，亦如天之不可以言语形容也。

刘宝楠：人受天地之中以生，赋气成形，故言人之性必本乎天。本乎天即当法天，故自天子至于庶人，凡同在负载之内者，崇效天，卑法地，未有能违天而能成德布治者也。

理雅各：The Master said, "Great indeed was Yao as a sovereign! How majestic was he! It is only Heaven that is grand and only Yao corresponded to it."

注解：无可置疑的是，据中国历史所载，尧的确是一位合适的赞美对象。但是如果孔子对"天"有着正确的知识并且尊敬的话，他就不会如此说了。即使将"天"作为自然之天，这仍是十分荒谬的。

思考：理雅各倾向于将此处的"天"理雅各为人格性的"天"，更进一步将"天"以及"帝"、"上帝"等同于基督教中的"God"。而基督教凸显了作为受造物而且犯罪堕落的人与作为造物主和救赎者之上帝的绝对距离，由此他尽管高度赞赏尧舜，但也不认为任何一个人能够与"God"相提并论。理雅各的批评尤其基于朱熹之解（"与之准"）。

参见：理雅各对"天何言哉"章的译解。

22. "智者不惑，仁者不忧，勇者不惧。"（《子罕》二十八章）

皇侃：仁人常救济为务，不尝侵物，故不忧物之见侵患也。孙绰云："安于仁，不改其乐，故无忧也。"

邢昺：此章言知者明于事，故不惑乱；仁者知命，故无忧患；勇者果敢，故不恐惧。

朱熹：明足以烛理，故不惑；理足以胜私，故不忧；气足以配道义，故不惧。此学之序也。

理雅各：The wise are free from perplexities; the virtuous from anxiety; and the bold from fear.

注解："仁者不忧"，只有当联系到信仰上帝时才是正确的。

思考：在基督教中，上帝提供了恩典和救赎，为信徒带来了末世的盼望，由是而言，信徒们自然没有忧虑；而当信徒们将荣耀上帝作为自己的根本目的之时，私欲便不会存在，从而也无忧虑。理雅各往往试图将"仁"与信仰上帝关联起来，为"仁"引入信仰和救赎的维度。

参见："苟志于仁矣，无恶矣。"理雅各联系到《约翰一书》3章9节："凡从神生的，就不犯罪，因神的道存在他心里；他也不能犯罪，因为他是由神生的。"

23. "斋必有明衣，必变食，居必迁坐。"（《乡党》七章）

皇侃：方应接神，欲自洁净，故变其常食也。亦不坐恒居之坐也。故于祭前先散斋于路寝门外七日，又致斋于路寝中三日也。故范宁云："斋以敬洁为主，以期神明之享，故改常之食，迁居斋室也。"

理雅各：When fasting, he thought it necessary to have his clothes brightly clean and made of linen cloth.

When fasting, he thought it necessary to change his food, and also to change the place where he commonly sat in the apartment.

注解：此章可以与《马太福音》6章16－18节相比较。

思考：《马太福音》6章16－18节"你们禁食的时候，不可像那些假冒为善的人，脸上带着愁容，因为他们把脸弄得难看，故意叫人看出他们是禁食。我实在告诉你们：他们已经得了他们的赏赐。你禁食的时候，要梳头洗脸，不叫人看出你们禁食来，只叫你暗中的父看见。你父在暗中察看，必然报答你。"直观看来，"斋必有明衣"教导了斋戒的礼仪，而《马太福音》的这段经文，也同样教导了祷告的准则。不过，前者侧重于斋戒的严肃性，后者却强调信仰活动中的"无意而为"。似乎两者所指实异。不过，斋戒的严肃性也在于鬼神无时无刻不在注视着我的所作所为，而不仅仅是斋戒形式上的要求；之所以"无意而为"，乃是因为全知的上帝已然查知一切。因此，理雅各的这一指引，凸显了鬼神无时无刻不可见的在场，从而人的诚敬便是对不可见鬼神的无条件责任。

24. "克己复礼为仁。"（《颜渊》一章）

皇侃：克，犹约也；复，犹反也。言若能自约俭己身，返反于礼中，则为仁也。

邢昺引刘炫：克训胜也，己谓身也。身有嗜欲，当以礼义齐之。嗜欲与礼义战，使礼义胜其嗜欲，身得归服于礼，如是乃为仁也。复，反也。言情为嗜欲所逼，已离礼，而更归复之。

朱熹：仁者，本心之全德。克，胜也。己，谓身之私欲也。复，反也。礼者，天理之节文也。为仁者，所以全其心之德也。盖心之全德，莫非天理，而亦天理，而亦不能坏于人欲。故为仁者必有以胜私欲而复于礼，则事皆天理，而本心之德复全于我矣。……程子曰："非礼处便是私意。既是私意，如何得仁？须是克尽己私，皆归于礼，方始是仁。"

江声："克"训"肩"，则亦训"任"矣。克己复礼，以己身肩任礼也。……仁以为己任矣，故为仁也。

阮元：颜子克己，己字即是自己之己，与下文"为仁由己"相同。若以克己己字解为私欲，则下文"为仁由己"之己断不能再解为私，与上文辞气不相属矣。且克己不是胜己之私也，克己复礼本是成语，夫子既引此语以论楚子，今又引以告颜子，虽其间无解，而在《左传》则明有不能自克，作克己对解。克者，约也，抑也。己者，自也。何尝有己身私欲重烦战胜之说？

黄式三：克己复礼，克责己之失礼以复之也。……且以克己训责己，而去私之学在其中也。

刘宝楠：凡言"克己"，皆如约身之训。……吾将有所视、听、言、动，而先反乎礼，谓之复礼。非谓己先有私，己先无礼，至此乃复也。

理雅各：To subdue one's self and return to propriety, is perfect virtue.

注解：何晏将"克己"解为"约身"，朱熹训"克"为"胜"，训"己"为"身之私欲"。翁复《四书遵注合讲》曰："己非即是私，但私即附身而存，故谓私为己。克己非克去其己，乃克去己中之私欲也。"按照翁复的理解，"己中之私欲"包括三个层面，一为气禀——马礼逊将之理解为个体的自然构成和性情（natural constitution and disposition of mind），而我认为是指人之体魄（animal man）；二为耳目口鼻之欲，此即感官的支配性影响力（the dominating influences of the senses）；三为尔我，对优越性（superiority）的渴求。而依据《四书翼注》，"己"更准确地说是指与"道心"相对的"人心"（《尚书·大禹谟》），而这难以驾驭的"人心"乃是与生俱来的。以上这些解说都有一个共识，即"己"意谓"人性中的道德异常状态"（the morally abnormal condition of human nature），而这还构成了基督教原罪论的基础。在前文提及的"己中之私欲"之三层面，第二个层面——即耳目口鼻之欲——才是孔子所着意指称的。

思考：正如程树德所言，"克己"乃为汉宋之争点。理雅各虽并不赞成天理、人欲之说，却仍倾向于将"己"解为"己私"，解为"人性中的道德异常状态"，原因可能在于基督教的原罪论往往也在人之私欲的层面上论说其恶果（例如奥古斯丁、加尔文等）。不过理雅各将"人性中的道德异常状态"视为基督教原罪论的基础，则已经是较为世俗化的理解了，并没有引入上帝的维度。这似乎表明他试图对原罪进行弱化。在此基础上，他将"复"译为"return to"也表明他发现了其中呈现的"禀受—失去—恢复"的人性之历时性结构，而这也暗合了基督教中对人性历程的认知。由于基督教中"上帝的形象"的完全恢复必须依靠上帝的恩典和救赎，那么这一暗合也必然使得理雅各将"克己复礼"视为永无完结的复性过程。

25. "夫达者，质直而好义，察言而观色，虑以下人。"（《颜渊》二十章）

马融：常有谦退之志，察言语，见颜色，知其所欲，其念虑常欲以下人也。

皇侃：闻者达之名，达者闻之实。

朱熹：达者，德孚于人而行无不得之谓。……闻与达相似而不同，乃诚伪之所以分，故学者不可以不审也。……内主忠信，而所行合宜，审于接物而卑以自牧，皆自修于内，不求人知之事。

刘宝楠："虑以下人"之"虑"，乃无意之"虑"；言察言观色，大氐以下人也。马以志虑说之，非是。

理雅各：Now the man of distinction is solid and straightforward, and loves righteousness. He examines people's words, and looks at their countenance. He is anxious to humble himself to others.

思考：此处的"质"显非"性"。理雅各在翻译"质直"时，既不愿将"质"理解为"生之谓性"，也不愿陷入解为"天命之性"时所可能遭遇的麻烦，他直接将之译作了形容词："solid and straight-forward"。而"好"、"虑"二词都指向人的本真心志，因此理雅各在翻译"虑以下人"时，特别采用了表示内心之强烈渴求的"anx-ious"：He is anxious to humble himself to others，而没有选用带有理性考量色彩的"thoughtful"或者情感色彩较弱的"mindful"。而对于"下人"之"下"，理雅各译为"humble"，则提示我们此章可以与基督教中的"谦卑"进行对话。不但两者都体现了"下"与"达"、"谦卑"与"升高"的"否定的辩证法"，而且由此可以推进基督论。

26. "父为子隐，子为父隐，直在其中矣。"（《子路》十八章）

皇侃：孔子举所异者，言为风政者，以孝悌为主。夫子天性，率由自然，至情宜应相隐。若隐惜则自不为非，故云"直在其中矣"。若不知相隐讳，则伤教破义尽矣。……范宁曰："夫所谓直者，以不失其道也。若父子不相隐，则伤教破义，长不孝之风焉，以为直哉？故相隐可为直耳。今王法则许期亲以上得相为隐，不问其罪，盖合先王之典章。"

邢昺：言吾党之直者，异于此证父之直也，子苟有过，父为隐之，则慈也；父苟有过，子为隐之，则孝也。孝慈则忠，忠则直也，故曰"直在其中矣"。

朱熹：父子相隐，天理人情之至也。故不求为直，而直在其中。谢氏曰："理顺为直。父不为子隐，子不为父隐，于理顺邪？瞽瞍杀人，舜窃负而逃，遵海滨而处。当是时，爱亲之心胜，其余直不直，何暇计哉？"

陆陇其《四书困勉录》：情与理必相准，天理内之人情，乃是真人情；人情内之天理，乃是真天理。

理雅各：The father conceals the misconduct of the son, and the son conceals the misconduct of the father. Uprightness is to be found in this.

注解：这种表达（即"直在其中矣"）并没有绝对肯定这就是

"直"，而只是表示这种行为比其他行为包含着更好的原则。不过，除了中国人，任何人都会说叶公和孔子的观点都是片面的。

思考：中国古注多以孝慈为天性自然，以父子之血缘关系作为准则来肯认"父为子隐，子为父隐"，但这毕竟产生了"以情悖理"的问题。尽管理雅各倾向于认为"以情悖理"可能比"以理灭情"更为合适，但两者都是片面的。理雅各虽然并未说明何以片面，但是可以设想，理雅各可能认为两者都仍纠缠在人的层面，而缺乏超越性层面作为绝对准则，真正的"直"需要在上帝那里确立下来。由此似可将之与基督和律法的关系问题相参。不过，进一步来说，如果孔子所谓的"直"可以在人性之善端得以确立的话，那么此善端恰恰也来自于"天"。

27. 或曰："以德报怨，何如？"子曰："何以报德？以直报怨，以德报德。"（《宪问》三十六章）

《道德经》六十三章：为无为，事无事，味无味，大小多少，报怨以德。

《礼记·表记》：子言之："仁者，天下之表也；义者，天下之制也；报者，天下之利也。"子曰："以德报怨，则民有所劝；以怨抱怨，则民有所惩。《诗》曰：'无言不雠，无德不报。'《大甲》曰：'民非后，无能胥以宁。后非民，无以辟四方。'"子曰："以德报怨，则宽身之仁也；以怨报德，则刑戮之民也。"

何晏：德，恩惠之德。

皇侃：所以不以德报怨者，若行怨而报德者，则天下皆行怨以要德报之，如此者，是取怨之道也。

朱熹《集注》：于其所怨者，爱憎取舍，一以至公而无私，所谓直也。于其所德者，则必以德报之，不可忘也。或人之言，可谓厚矣。然以圣人之言观之，则见其出于有意之私，而怨德之报皆不得其平也。必如夫子之言，然后二者之报各得其所。然怨有不雠，而德无不报，则又未尝不厚也。此章之言，明白简约，而其指意曲折反复。如造化之简易易知，而微妙无穷，学者所宜详玩也。

朱熹《或问》：德有大小，皆所当报，而怨则有公私曲直之不同，故圣人之教，使人以直抱怨，以德报德。以直云者，不以私害公，不以曲胜直，当报则报，不当则止，是则虽曰报怨，而岂害其为公平忠厚哉？然而圣人终不使人忘怨而没其报复之名者，亦以见夫君父之雠不得不报者，而伸乎忠臣孝子之心耳。

吴嘉宾《论语说》：以直报怨，凡直之道非一，视吾心何如耳。吾心不能忘怨，报之以直也。既报，则可以忘矣。苟能忘怨而不报之，亦直也。虽不报，固非有所匿也。怨期于忘之，德期于不忘，故报怨者曰以直，欲其心之无余怨也；报德者曰以德，欲其心之有余德也。

理雅各：Some one said, "What do you say concerning the principle that injury should be recompensed with kindness?" The Master said, "With what then will you recompense kindness? Recompense injury with justice, and recompense kindness with kindness. "

注解：德，恩惠（kindness）也。怨，怨恨（resentmen, hatred），这里指引起怨恨之事——错误、伤害等。"以德报怨"见于《道德经》，但是可能这位问询者仅仅是拿自己之前听说过的话求教于孔子，而且自己倾向于认同这句话。"以直"，即以"正义"（justice）。这里孔子的道德观很明显远远低于基督教的教导，甚至低于老子。《礼记》中相同的表述仍被归之于孔子，但加上了"子曰，以德报怨，则宽身之仁（＝人）"（He who return good for evil is a man who is carful of himself），即意图以此来避祸。《四书翼注》的作者说，问询者所说的"怨"仅涉小节，此时可以德报怨；若是重大的冒犯，例如针对君王或父亲，则不可以德报怨。但是孔子自己并没有以任何方式限定他的论断。

思考：此处的"直"与"父为子隐、子为父隐"的"直"并不相同，故理雅各理解为"正义"（justice）。而所谓的"正义"，并非简单等量的"以牙还牙、以眼还眼"，而仍需"不以私害公，不以曲胜直。当报则报，当止则止"。由此，虽然可以笼统地将从"以直报怨"到"以德报怨"对应于圣经中从《旧约》中的"以牙还牙、以

眼还眼”到《新约》中的“爱你的仇敌”，但是“以直报怨”无论
如何已经包含了宽恕的成分。但理雅各仍然认为这种教导低于基督
教，乃是因为基督教直接教导了完全的宽恕和爱。这里重要的并不是
理雅各对两者高下判别的正误与否，重要的是他毕竟提出了一个重要
问题：在现代社会中，宣扬“修己以安人”、“仁者爱人”的儒家思
想如何在保证“爱”的基础上达至“正义”？宣扬“爱你的仇敌”
的基督教又如何处理正义的问题？对于后者，或可参阅莱因霍德·尼
布尔在《人的本性与命运》中的相关论述。

　　参见：*The Chinese Classics*，vol. I，*Prolegomena*，Hong Kong：
At the Author's；London：Trübner & Co.，1861，pp. 111 – 113；
"Confucianism in Relation to Christianity,"（Pamphlet）Shanghai：
Kelly & Walsh，1877，p. 10；*The Religions of China：Confucianism
and Taoism Described and Compared with Christianity.* London：Hod-
der and Stoughton，1880，pp. 262 – 265；"Christianity and Confu-
cianism Compared in their Teaching on the Whole Duty of Man."
（Pamphlet）London：Religious Tract Society，1883，pp. 20 – 21；
The Chinese Classics，vol. I，London：The Clarendon Press，1893，
pp. 110 – 111.

　　28. 子曰：“无为而治者，其舜也与？夫何为哉？恭己正南面而
已矣。”（《卫灵公》四章）

　　理雅各：The Master said，"May not Shun be instanced as having
govered efficiently without exertion? What did he do? He did nothing but
gravely and reverently occupy his royal seat. "

　　注解：舜只是做出了庄重而圣明的榜样。这里教导了统治者个人
人格的影响。

　　思考：理雅各虽然并不赞同儒家的圣人论，却推崇儒家对榜样力
量的标举。他认为基督教会同样需要这种榜样的力量，一位主教必须
清白而无可指摘的。而西方社会历史中往往忽略了榜样的力量。这里
也是理雅各对自身文化的反思，以及重视吸收其他文化之有益成分的

对话姿态。

参见：*The Chinese Classics* , vol. I, *Prolegomena* （Hong Kong：At the Author's；London：Trübner & Co. , 1861）, 105 – 106；*The Chinese Classics* , vol. I（London：The Clarendon Press, 1893）, 104 – 105.

29. "有教无类。"（《卫灵公》三十八章）

马融：言人在见教，无有种类。

皇侃：人乃有贵贱，同宜资教，不可以其种类庶鄙而不教之也。教之则善。

朱熹：人性皆善，而其类有善恶之殊者，气习之染也。故君子有教，则人皆可以复于善，而不可复论起类之恶矣。

理雅各：In teaching there should be no distinction of classes.

注解：（朱熹的解说）夸大其词，教育并非如此万能。古注仅仅认为教育不分人之种类。

思考：理雅各尽管肯认了孔子的性善论，却不认可朱熹教以复善的解释。这一方面提醒我们复善乃要在于己之践履，而非人之教导；另一方面也凸显了复善、复性的任重而道远。

30. "性相近也，习相远也。"（《阳货》二章）

皇侃："性"者，人所禀以生也。"习"者，谓生后有百仪，常所行习之事也。人俱禀天地之气以生虽复厚薄有殊，而同是禀气，故曰"相近"也。及至识，若值善友，则相效为善；若逢恶友，则相效为恶。恶善既殊，故云"相远"也。

邢昺：性，谓人所禀受，以生而静者也，未为外物所获，则人皆相似，是近也。既为外物所惑，则习以性成。若习于善，则为君子，若习于恶则为小人，是相远也。

程颐：此言气质之性。非言性之本也。若言其本，则性即是理，理无不善，孟子之言性善是也。何相近之有哉？

朱熹：此所谓性，兼气质而言者也。气质之性，固有美恶之不同矣。然以其初而言，则皆不甚相远也。但习于善则善，习于恶则恶，于是相远耳。

魏恭简：性有不善，只是出于气质。性本善，然不能自善其发为善皆气质之良知良能也。气质能为善，而不能尽善。性即太极，气质是阴阳五行。所为气运纯驳不齐，故气禀合下便有清浊厚薄，浊则遮蔽不通，薄则承载不起，便生出不善来。性惟本善，故除却气质不善，便纯是善。性惟不能自善，故变化气质，以归于善，然后能充其良知良能也。

顾炎武《日知录》：性之一字，始见于《商书》，曰："惟皇上帝，降衷于下民，若有恒性。""恒"即相近之义。相近，近于善也；相远，远于善也。

焦循：性无他，食色而已。……人之性可引为善，亦可引为恶。惟其可引，故性善也。牛之性可以敌虎，而不可使之人，所知所能，不可移也。惟人能移，则可以为善矣。是故惟习相远，乃知其性相近。

理雅各：By nature, men are nearly alike; by practice, they get to be wide apart.

注解："性"并非人的道德本性，而是包含物质性、动物性和智识性成分的复杂而现实化了的"性"（his complex, actual nature, with its elements of the material, the animal, and the intellectual）。正因此，全善的道德本性总是被引入歧途。道德本性是全然相同的，尽管在物质性的有机体（material organism）和性情方面人人各不相同，他们在起初之时远比后来发生变化之时更为相近。……无可置疑的是，人与人之间许多——可能大部分——的不同乃是由于习性（habit）。

思考：理雅各尽管引述了邢昺疏，但其对"性"的定义，仅仅是受邢昺"静"与"动"、"未发"与"发"的理解模式的启发罢了（他使用词语"actual"）。而其实际性内容，很可能指向的是朱熹的解释。所谓"actual nature"，便是落在气质之中的天地之性、义理之性，亦即"气质之性"。理雅各之所以又认为"actual nature"包含了物质性、动物性和智识性的复杂成分，既在于气质本身有厚薄、刚柔或清浊之别，其间有合道德性的，亦有不合道德性的。理雅各试图由此凸显儒家性善论之下的现实之恶。在此基础上，理雅各可以将之与基督教原罪论进行对话。

31. "天何言哉？四时行焉，百物生焉，天何言哉？"（《阳货》十九章）

皇侃：天既不言而事行，故我亦欲不言而教行。是欲则天以行化也。

邢昺：以喻人若无言，但有其行，不亦可乎？

朱熹：四时行，百物生，莫非天理发见流行之实，不待言而可见。圣人一动一静，莫非妙道精义之发，亦天而已，其待言而显哉？

理雅各：Does Heaven speak? The four seasons pursue their courses, and all things are continually being produced, but does Heaven say anything?

注解：古注认为此乃提醒人们更加注意其行为而非言语。这种解释牵强附会，不过另一方面，无法轻易否认孔子有自比于天的嫌疑。

思考："百物生焉"之"生"被理解为"被生"，即被天所创生，而非自生。此时显然是以基督教中作为造物主的上帝来理解"天"；此外，理雅各又一次批评了孔子将人（自己或尧舜）类比于天，也表明他坚持基督教中人神之间具有绝对距离的立场。

参见：理雅各对"唯天为大，唯尧则之"的注解。

32. "唯女子与小人为难养也。"（《阳货》二十五章）

皇侃：君子之人，人愈近愈敬；而女子小人，近之则其诚狎而为不逊从也。君子之交如水，亦相忘于江湖；而女人小子，若远之而生怨恨，言不接己也。

汪绂《四书诠义》：此言修身齐家者不可有一事之可轻，一物之可慢，毋谓仆妾微贱，可以为我所使，而忽以处之也。

理雅各：Of all the people, girls and servants are the most difficult to behave to.

　　注解："女子"并不是指一般的女人，而是妾侍（concubines）。……我们不希望听到孔子如此说话，尽管此话是正确的。

　　思考：理雅各对儒家思想非常不满的一点，是其对女性的贬抑。故他在《中国的宗教》中专门辟文讨论基督教、儒教和道教中的女性地位问题。见 *The Religions of China：Confucianism and Taoism Described and Compared with Christianity*（London：Hodder and Stoughton，1880），pp. 265 – 268。依据圣经，他倡导了男女平等。

参考文献

1. 理雅各译著、论著

Legge, James. "An Argument for 上帝 (Shang Te) as the Proper Rendering of the Words Elohim and Theos, in the Chinese Language: with Strictures on the Essay of Bishop Boone in Favour of the Term 神 (Shin)." (Pamphlet) Hong Kong: Hong Kong Register Office, 1850.

——. *The Notions of the Chinese Concerning God and Spirits*. Hong Kong: Hong Kong Register Office, 1852.

——. *The Chinese Classics with a Translation, Critical and Exegetical Notes, Prolegomena, and Copious Indexes*, vol. I: *Confucian Analects, the Great Learning, and the Doctrine of the Mean.* Hong Kong: At the Author's; London: Trübner & Co., 1861.

——. *The Chinese Classic s with a Translation, Critical and Exegetical Notes, Prolegomena, and Copious Indexes*, vol. II: *The Works of Mencius.* Hong Kong: At the Author's; London: Trübner & Co., 1861.

——. *The Life and Teachings of Confucius, with Explanatory Notes.* London: Trübner & Co., 1867.

——. "Inaugural Lecture on the Constituting of a Chinese Chair in the University of Oxford." (Pamphlet) London: Trübner & Co., 1876.

——. "Confucianism in Relation to Christianity." (Pamphlet) Shanghai: Kelly & Walsh. 1877.

——. *The Sacred Books of China*, Part I: *The Shu King, the Religious Portion of the Shi King, the Hsiāo King.* Oxford: Clarendon Press,

1879.

　　——. *The Sacred Books of China*, Part Ⅱ: *The Yi King*. Oxford: Clarendon Press, 1879.

　　——. *The Religions of China*: *Confucianism and Taoism Described and Compared with Christianity.* London: Hodder and Stoughton, 1880.

　　——. "A Letter to Professor F. Max Müller Chiefly on the Translation into English of the Chinese terms Ti and Shang Ti in Reply to a Letter to Him by 'Inquirer' in *The Chinese Recorder and Missionary Journal* for May – June, 1880." (Pamphlet) London: Trübner & Co. , 1880.

　　——. *The Sacred Books of China*, part Ⅱ: *The Yi King*, *or Book of Changes.* Oxford: Clarendon Press, 1882.

　　——. "Christianity and Confucianism Compared in their Teaching on the Whole Duty of Man." (Pamphlet) London: Religious Tract Society, 1883.

　　——. *The Sacred Books of China*, part Ⅲ: *The Li – Ki* Ⅰ – Ⅹ. Oxford: Clarendon Press, 1885.

　　——. *The Sacred Books of China*, part Ⅳ: *The Li – Ki* ⅩⅠ – ⅩLⅥ. Oxford: Clarendon Press, 1885.

　　——. "Confucius." in *Chambers's Encyclopedia*, vol. Ⅲ. Edinburgh: W& R. Chambers, 1888.

　　——. *The Sacred Books of China*, part Ⅴ: *The Tao Teh King and the Writings of K wang – Tze* Ⅰ – ⅩⅤⅡ. Oxford: The Clarendon Press, 1891.

　　——. *The Chinese Classics with a Translation*, *Critical and Exegetical Notes*, *Prolegomena*, *and Copious Indexes*, vol. Ⅰ: *Confucian Analects*, *the Great Learning*, *and the Doctrine of the Mean.* London: The Clarendon Press, 1893; Reprinted by Taipei: SMC Publishing Inc, 1991.

　　——. *The Chinese Classics with a Translation*, *Critical and Exegetical Notes*, *Prolegomena*, *and Copious Indexes*, vol. 2: *The Works of Mencius.* London: The Clarendon Press, 1893, reprinted by Taipei: SMC

Publishing Inc, 1991.

——. *The Chinese Classic* s *with a Translation , Critical and Exegetical Notes , Prolegomena , and Copious Indexes ,* vol. 3: *The Shoo King , or the Book of Historical Documents.* Taipei: SMC Publishing Inc, 1991.

——. *The Chinese Classics with a Translation , Critical and Exegetical Notes , Prolegomena , and Copious Indexes ,* vol. 4: *The She – King , or the Book of Poetry.* Taipei: SMC Publishing Inc, 1991.

——. *The Chinese Classics with a Translation , Critical and Exegetical Notes , Prolegomena , and Copious Indexes ,* vol. 5: *The Ch ' un Ts ' ew , with the Tso Chuen.* Taipei: SMC Publishing Inc, 1991.

2. 研究理雅各论著、论文

Chang, Christopher S. "The Lost Horizon: A Study of English Translations of Shijing. " Ph. D. Dissertation. The University of Texas at Austin, 1991.

Girardot, Norman J. *The Victorian Translation of China: James Legges Oriental Pilgrimage.* Berkeley: University of California Press, 2002.

——. "James Legge and the Strange Saga of British Sinology and the Comparative Science of Religions in the Nineteenth Century. " *Journal of the Royal Asiatic Society*12, 2 (2002): 155 – 165.

Harrison, Brian. *Waiting for China: the Anglo – Chinese College at Malacca* 1818 – 1843 *and* 19*th Century Missions.* Hong Kong: Hong Kong University Press, 1979.

Honey, David B. *Incense at the Altar: Pioneering Sinologists and the Development of Classical Chinese Philology.* New Haven, Connecticut: American Orientalist Society, 2001.

Legge, Helen. *James Legge: Missionary and Scholar.* London: The Religious Tract Society, 1905.

Lau, Tzeyui. "James Legge (1815 – 1897) and Chinese Culture: A Missiological Study in Scholarship, Translation and Evangelization. " Ph.

D. Dissertation. University of Edinburgh, 1994.

Pfister, Lauren F. "Clues to the Life and Academic Achievements of One of the Most Famous Nineteenth Century European Sinologists—James Legge (AD. 1815 – 1897) . " *Journal of Hong Kong Branch of the Royal Asiatic Society* 30 (1990): 180 – 218.

——. "Serving of Suffocating the Sage? – Reviewing the Efforts of Three Nineteenth Century Translators of the Four Books, with Special Emphasis on James Legge (AD. 1815 – 1897) . " *The Hong Kong Linguist*, *spring and autumn* (1990): 22 – 25.

——. "The Legacy of James Legge. " *International Bulletin of Missionary Research* 22 (1998): 77 – 82.

——. "Meditating Words, Sentence, and Scope without Violence: James Legge's Understanding of 'Classical Confucian' Hermeneutics. " In *Classics and Interpretations*: *The Hermeneutic Translations in Chinese Culture*, ed. Tu Ching – I. New Brunwick, New Jersey: Translation Publishers, 2000, pp. 371 – 382.

——. "The Response of Wang Tao and James Legge to the Modern Ruist Melancholy. " *History and Culture* 2 (2001): 1 – 20.

——. *Striving for "the Whole Duty of Man"*: *James Legge and the Scottish Protestant Encounter with China*. Frankfurt am Main: Peter Lang, 2004.

Wang Hui. "A Postcolonial Perspective on James Legge's Confucian Translation: Focusing on His Two Versions of the 'Zhongyong' . " Ph. D. Dissertation. Hong Kong Baptist University, 2007.

Wong Man Kong. *James Legge*: *A Pioneer at Crossroads of East and West*. Hong Kong: Hong Kong Educational Publishing Co. , 1996.

——. "Christian Missions, Chinese Culture and Colonial Administration: A Study of the Activities of James Legge and Ernest John Eitel in Nineteenth Century Hong Kong. " Ph. D. Dissertation. Chinese University of Hong Kong, 1997.

陈可陪：《偏见与宽容，翻译与吸纳——理雅各的汉学研究与〈论语〉翻译》，上海师范大学博士学位论文，2006 年。

楚至大：《难能可贵与美中不足——评理雅各两段〈孟子〉的译文》，《中国翻译》1995 年第 6 期。

段怀清：《理雅各〈中国经典〉翻译缘起及体例考略》，《浙江大学学报》2005 年第 3 期。

段怀清：《理雅各与维多利亚时期的英国汉学》，《国外社会科学》2006 年第 1 期。

段怀清：《晚清英国新教传教士"适应"中国策略的三种形态及其评价》，《世界宗教研究》2006 年第 4 期。

段怀清：《理雅各与儒家经典》，《孔子研究》2006 年第 6 期。

段怀清：《理雅各与刘谧〈三教平心论〉》，《中国比较文学》2008 年第 1 期。

樊培绪：《理雅各、辜鸿铭英译儒经的不及与过》，《中国科技翻译》1999 年第 3 期。

何立方：《理雅各英译中国经典目的与策略研究》，《国外理论动态》2008 年第 8 期。

姜燕：《理雅各〈诗经〉英译》，山东大学博士学位论文，2010 年。

金学勤：《〈论语〉英译之跨文化阐释：以理雅各、辜鸿铭为例》，四川大学出版社 2009 年版。

雷俊玲：《宗教与文化的双重使者——理雅各》，《辅仁历史学报》2006 年第 18 期。

刘家和：《史学、经学与思想》，北京师范大学出版社 2005 年版。

陆振慧：《跨文化传播语境下的理雅各〈尚书〉译本研究》，扬州大学博士学位论文，2010 年。

沈岚：《跨文化的经典阐释：理雅各〈诗经〉译介研究》，苏州大学博士学位论文，2013 年。

王东波：《〈论语〉英译比较研究——以理雅各译本与辜鸿铭译

本为案例》，山东大学博士学位论文，2008 年。

王辉：《理雅各英译儒经的特色与得失》，《深圳大学学报》2003
年第 4 期。

王辉：《理雅各的儒教一神论》，《世界宗教研究》2007 年第 2
期。

王辉：《理雅各〈中庸〉译本与传教士东方主义》，《孔子研究》
2008 年第 5 期。

王韬：《弢园文录外编》，辽宁人民出版社 1994 年版。

薛凌：《利科叙事视角下理雅各〈左传〉译本中的"三重具象"：
以齐桓与晋文为个案》，河南大学博士学位论文，2014 年。

阎振瀛：《理雅各氏英译论语之研究》，台湾商务印书馆 1971 年
版。

杨慧林：《中西之间的"经文辩读"》，《河南大学学报》2009 年
第 3 期。

杨慧林：《怎一个"道"字了得——〈道德经〉之"道"的翻
译个案》，《中国文化研究》2009 年秋之卷。

杨慧林：《关于"韬光"的误读及其可能的译解》，《读书》2010
年第 7 期。

杨慧林：《中西"经文辩读"的可能性及其价值——以理雅各的
中国经典翻译为中心》，《中国社会科学》2011 年第 1 期。

岳峰：《架设东西方的桥梁——英国汉学家理雅各研究》，福建
人民出版社 2004 年版。

岳峰：《理雅各宗教思想中的中西融合倾向》，《世界宗教研究》
2004 年第 4 期。

岳峰、周秦超：《理雅各与韦利的〈论语〉英译本中风格与译者
动机及机遇的关系》，《外国语言文学》2009 年第 2 期。

3. "经文辩读"与跨文化对话类论著

Ford, David F., and Graham Stanton, eds. *Reading Texts*, *Seeking
Wisdom*：*Scriptural and Theology*. London：SCM Press, 2003.

——, and Pechnold C. C. , eds. *The Promise of Scriptural Reasoning.* Oxford: Blackwell, 2006.

Ochs, Peter, ed. *The Return to Scripture in Judaism and Christianity: Essays in Postcritical Scriptural Interpretation.* Boulevard: Paulist Press, 1993.

——, and Nancy Levene, eds. *Textural Reasonings: Jewish Philosophy and Text Study at the End of the Twentieth Century.* London: SCM Press, 2002.

Society for Scriptural Reasoning eds. *The Journal of Scriptural Reasoning*, vol. 1 – 10. See http: //etext. virginia. edu/journals/ssr.

［美］安乐哲:《自我的圆成:中西互镜下的古典儒学与道家》,彭国翔译,河北人民出版社 2006 年版。

［美］安乐哲:《和而不同:中西哲学的会通》,温海明译,北京大学出版社 2009 年版。

［美］安乐哲、［美］罗思文（Henry Rosemont）:《论语的哲学诠释:比较哲学的视域》,余瑾译,中国社会科学出版社 2003 年版。

［美］白诗朗:《普天之下:耶儒对话中的典范转化》,彭国翔译,河北人民出版社 2006 年版。

［美］保罗·尼特:《全球责任与基督信仰》,王志成译,宗教文化出版社 2007 年版。

陈永国主编:《翻译与后现代性》,中国人民大学出版社 2005 年版。

程小娟:《God 的汉译史——争论、接受与启示》,社会科学文献出版社 2013 年版。

［美］大卫·特雷西:《与他者对话——宗教之间的对话》,陈佐人译,道风书社 2009 年版。

［美］杜维明:《文明的冲突与对话》,湖南大学出版社 2001 年版。

［美］杜维明:《东亚价值与多元现代性》,中国社会科学出版社 2001 年版。

［美］杜维明：《对话与创新》，广西师范大学出版社 2005 年版。

［美］杜维明：《儒家传统与文明对话》，彭国翔译，河北人民出版社 2010 年版。

杜小安：《基督教与中国文化的融合》，中华书局 2010 年版。

杜小真：《勒维纳斯》，三联书店（香港）有限公司 1994 年版。

［美］冯象：《误译耶稣》，《读书》2012 年第 3 期。

［法］弗朗索瓦·于连：《迂回与进入》，杜小真译，生活·读书·新知三联书店 1998 年版。

［法］弗朗索瓦·于连：《道德奠基：孟子与启蒙哲人的对话》，北京大学出版社 2002 年版。

［法］弗朗索瓦·于连、［法］狄艾里·马尔塞斯：《（经由中国）从外部反思欧洲：远西对话》，张放译，大象出版社 2005 年版。

高长江：《天使的和弦：全球化时代的宗教冲突与对话》，中国社会科学出版社 2008 年版。

龚道运：《近世基督教和儒教的接触》，上海人民出版社 2009 年版。

［美］郝大维、［美］安乐哲（Roger T. Ames）：《期望中国：中西哲学文化比较》，学林出版社 2005 年版。

何光沪：《百川归海：走向全球宗教哲学》，中国社会科学出版社 2008 年版。

何光沪、［加］许志伟编：《对话二：儒释道与基督教》，社会科学文献出版社 2001 年版。

［芬］黄保罗：《儒家、基督宗教与救赎》，周永译，宗教文化出版社 2009 年版。

［美］姜新艳主编：《英语世界中的中国哲学》，中国人民大学出版社 2009 年版。

赖品超、李景雄主编：《耶儒对话新里程》，宗教与中国社会研究中心 2001 年版。

［西］雷蒙·潘尼卡：《对话经——诸宗教的相遇》，王志成译，四川人民出版社 2008 年版。

［西］雷蒙·潘尼卡：《宗教内对话》，王志成、思竹译，宗教文化出版社 2001 年版。

［西］雷蒙·潘尼卡：《印度教中未知的基督》，王志成、思竹译，四川人民出版社 2003 年版。

李家驹：《一场"神"或"上帝"的争论——早期来华新教教士对于"God"一词的翻译与解释（1807—1877）》，香港中文大学硕士学位论文，1991 年。

李志刚、冯达文主编：《文明对话与基督教》，巴蜀书社 2009 年版。

李天纲：《跨文化的诠释：经学与神学的相遇》，新星出版社 2007 年版。

刘述先、林月惠主编：《当代儒学与西方文化：宗教篇》，"中央研究院"中国文哲研究所 2005 年版。

刘述先：《全球伦理与宗教对话》，河北人民出版社 2006 年版。

刘小枫主编：《道与言——华夏文化与基督教文化相遇》，生活·读书·新知三联书店（上海）1995 年版。

刘耘华：《诠释的圆环——明末清初传教士对儒家经典的解释及其本土回应》，北京大学出版社 2005 年版。

［芬］罗秉祥、赵敦华主编：《基督教与近代中西文化》，北京大学出版社 2000 年版。

［德］马丁·布伯：《我与你》，生活·读书·新知三联书店 1986 年版。

［英］麦克斯·缪勒：《宗教学导论》，陈观胜、李培茱译，上海人民出版社 1989 年版。

［英］麦克斯·缪勒：《比较神话学》，金泽译，上海文艺出版社 1989 年版。

［美］南乐山：《在上帝面具的背后——儒道与基督教》，辛岩、李然译，社会科学文献出版社 1997 年版。

［加］秦家懿、［瑞士］孔汉思：《中国宗教与基督教》，生活·读书·新知三联书店 1990 年版。

［美］斯维德勒：《全球对话的时代》，刘利华译，中国社会科学出版社 2006 年版。

温伟耀：《生命的转化与超拔》，宗教文化出版社 2009 年版。

吴雷川：《基督教与中国文化》，上海古籍出版社 2008 年版。

［英］约翰·希克：《从宗教哲学到宗教对话》，王志成、柯进华译，宗教文化出版社 2010 年版。

［法］谢和耐：《中国与基督教——中西文化的首次撞击》（增补本），上海古籍出版社 2003 年版。

［加］许志伟、赵敦华主编：《冲突与互补：基督教哲学在中国》，社会科学文献出版社 2000 年版。

杨慧林：《“经文辩读”的价值命意与“公共领域”的神学研究》，《长江学术》2009 年第 1 期。

［美］杨克勤：《孔子与保罗：天道与圣言的相遇》，华东师范大学出版社 2010 年版。

赵汀阳：《我们与你们》，《哲学研究》2000 年第 2 期。

赵汀阳：《论道德金规则的最佳方案》，《中国社会科学》2005 年第 3 期。

张西平、卓新平编：《本色之探：20 世纪中国基督教文化学术论集》，中国广播电视出版社 1999 年版。

［美］竹林：《信仰间对话》，王志成、王蓉等译，宗教文化出版社 2009 年版。

4. 中国经典翻译、注疏与研究

Ames, Roger T. , and Henry Rosemont, Jr. , trans. *The Analects of Confucius：A Philosophical Translation*. New York：The Ballantine Publishing Group, 1998.

Lau, D. C. , trans. *Confucius：The Analects*. London：Penguin Books, 1979.

Waley, Arthur, trans. *The Analects of Confucius*. London：George Allen and Unwin LTD, 1938.

〔德〕阿尔伯特·史怀哲：《中国思想史》，常暄译，社会科学文献出版社 2009 年版。

〔美〕本杰明·史华兹：《古代中国的思想世界》，程刚译，江苏人民出版社 2004 年版。

蔡尚思：《孔子思想体系》，上海人民出版社 1982 年版。

陈来：《古代宗教与伦理——儒家思想的根源》，生活·读书·新知三联书店 1996 年版。

陈明主编：《儒教新论》，贵州人民出版社 2010 年版。

〔美〕陈荣捷：《王阳明〈传习录〉详注集评》，台北：学生书局 1983 年版。

陈咏明：《儒学与中国宗教传统》，宗教文化出版社 2003 年版。

（宋）程颢、程颐：《二程遗书》，上海古籍出版社 2000 年版。

（清）程树德：《论语集释》，中华书局 2006 年版。

（清）戴震：《孟子字义疏证》，中华书局 2008 年版。

〔美〕杜维明：《〈中庸〉洞见》，段德智译，人民出版社 2008 年版。

〔美〕杜维明：《儒教》，陈静译，上海古籍出版社 2008 年版。

方东美：《原始儒家道家哲学》，黎明文化事业股份有限公司 1982 年版。

冯友兰：《中国哲学史新编》，人民出版社 1998 年版。

冯友兰：《新原道：中国哲学之精神》，生活·读书·新知三联书店 2007 年版。

冯友兰：《中国哲学史》，生活·读书·新知三联书店 2009 年版。

〔法〕弗朗索瓦·于连：《圣人无意——或哲学的他者》，闫素伟译，商务印书馆 2006 年版。

傅佩荣：《儒家哲学新论》，业强出版社 1993 年版。

高亨：《周易大传今注》（卷五），齐鲁书社 1979 年版。

高亨：《诗经今注》，上海古籍出版社 1980 年版。

〔美〕葛瑞汉：《论道者：中国古代哲学论辩》，张海晏译，中国社会科学出版社 2003 年版。

龚道运：《道德形上学与人文精神》，上海人民出版社 2009 年版。

[美] 郝伯特·芬格莱特：《孔子：即凡而圣》，彭国翔、张华译，江苏人民出版社 2002 年版。

[美] 郝大维、[美] 安乐哲：《通过孔子而思》，何金俐译，北京大学出版社 2005 年版。

（魏）何晏集解、（梁）皇侃义疏：《论语集解义疏》，商务印书馆 1926 年版。

（魏）何晏注、（宋）邢昺疏：《论语注疏》，北京大学出版社 1999 年版。

[美] 江文思、[美] 安乐哲编：《孟子心性之学》，梁溪译，社会科学文献出版社 2005 年版。

（清）焦循：《孟子正义》，中华书局 1987 年版。

康有为：《论语注》，中华书局 1984 年版。

（唐）孔颖达：《尚书正义》，北京大学出版社 1999 年版。

李明辉：《儒家与康德》，联经出版事业出版公司 1990 年版。

李明辉：《当代儒学的自我转化》，中国社会科学出版社 2001 年版。

李申：《中国儒教史》，上海人民出版社 1999 年版。

李泽厚：《中国古代思想史论》（修订版），风云时代出版社 1991 年版。

李泽厚：《〈论语〉今读》，安徽文艺出版社 1998 年版。

梁启超：《梁启超论孟子遗稿》，《学术研究》1983 年第 5 期

梁漱溟：《中国文化要义》，上海人民出版社 2005 年版。

梁漱溟：《东西文化及其哲学》，商务印书馆 2010 年版。

（清）刘宝楠：《论语正义》，中华书局 1990 年版。

[德] 马克斯·韦伯：《中国的宗教 宗教与世界》，康乐、简惠美译，广西师范大学出版社 2004 年版。

牟宗三：《心体与性体》，上海古籍出版社 1999 年版。

牟宗三：《中国哲学十九讲》，上海古籍出版社 2005 年版。

牟宗三：《中西哲学之会通》，上海古籍出版社 2007 年版。

牟宗三：《中国哲学的特质》，上海古籍出版社 2008 年版。

钱穆：《论语新解》，生活·读书·新知三联书店 2005 年版。

钱穆：《四书释义》，九州出版社 2010 年版。

任继愈主编：《儒教问题争论集》，宗教文化出版社 2000 年版。

宋天正注释：《大学今注今译》，台北：商务印书馆 1958 年版。

宋天正注释：《中庸今注今译》，台北：商务印书馆 1958 年版。

（清）孙希旦：《礼记集解》，中华书局 2007 年版。

唐君毅：《中国哲学原论：原道篇》，学生书局 1978 年版。

唐君毅：《中国哲学原论：导论篇》，中国社会科学出版社 2005 年版。

唐君毅：《中国哲学原论：原性篇》，中国社会科学出版社 2005 年版。

（魏）王弼注、（唐）孔颖达疏：《周易正义》，北京大学出版社 1999 年版。

（魏）王弼注：《老子道德经》，上海书店 1992 年版。

（清）王夫之：《读四书大全说》，中华书局 1975 年版。

（清）王聘珍：《大戴礼记解诂》，中华书局 1983 年版。

王治心：《中国宗教思想史大纲》，东方出版社 1996 年版。

伍晓明：《吾道一以贯之：重读〈论语〉》，北京大学出版社 2003 年版。

熊十力：《原儒》，生活·读书·新知三联书店（上海）2006 年版。

徐复观：《中国人性论史·先秦篇》，上海三联书店 2001 年版。

杨伯峻：《孟子译注》，中华书局 2005 年版。

杨树达：《论语疏证》，上海古籍出版社 1986 年版。

（汉）赵岐注、（宋）孙奭疏：《孟子注疏》，北京大学出版社 1999 年版。

（汉）郑玄注、（唐）孔颖达疏：《礼记正义》，北京大学出版社

1999 年版。

（宋）朱熹：《四书章句集注》，中华书局 1983 年版。

（宋）朱熹：《朱子语类》，中华书局 1986 年版。

（宋）朱熹：《周易本义》，北京大学出版社 1992 年版。

（宋）朱熹：《四书或问》，上海古籍出版社 2001 年版。

（清）朱彬：《礼记训纂》，中华书局 1996 年版。

5. **基督教神学与西方哲学**

The Bible, King James Version.

Barth, Karl. *Church Dogmatics.* Edited by G. W. Bromiley & T. F. Torrance. London, New York: T & T Clark, 2009.

——. *Evangelical Theology : An Introduction.* Translated by Grover Foley. Grand Rapids: Eerdmans, 1979.

Berkhof, Louis. *Systematic Theology.* Grand Rapids: Wm. B. Eerdmans, 1941.

——. *The History of Christian Doctrines.* Grand Rapid: Baker Book House, 1975.

Berkouwer, G. C. *The Providence of God.* Translated by Lewis B. Smedes. Grand Rapids: Eerdmans, 1952.

——. *Man, the Image of God.* Translated by Dirk W. Jellema. Grand Rapids: Eerdmans, 1962.

——. *Sin.* Translated by Philip C. Holtrop. Grand Rapids: Eerdmans, 1971.

Brunner, Emil. *Man in Revolt : A Christian Anthropology.* Translated by Olive Wyon. London: Lutterworth Press, 1939.

——, and Karl Barth. *Natural Theology: Comprising "Nature and Grace" by Emil Brunner and the Reply "No!" by Karl Barth.* Translated by Peter Fraenkel. London: The Centenary Press, 1946.

Calvin, John. *Institutes of the Christianity Religion.* Transated by Ford Lewis Battles. Louisville, Kentuchy: Westminster John Knox Press, 1960.

——. *Commentary on Matthew, Mark, Luke*, vol. 1 – 3. Translated by W. P. Auchterarder. Grand Rapids: Christian Classics Ethereal Library, 1999.

Cobb, John B. , and Christopher Ives, eds. *The Emptying God: A Buddhist – Jewish – Christian Conversation.* Maryknoll, New York: Orbis Books, 1990.

Derrida, Jacques. *The Work of Mourning.* Selected by Pascale – Anne Brault and Michael Naas. Chicago and London: The University of Chicago Press, 2001.

——. *The Gift of Death.* Translated by David Wills. Chicago and London: The University of Chicago Press, 1995.

——. *The Specters of Marx.* Translated by Peggy Kamuf. New York and London: Routledge, 1994.

Dilthey, Wilhelm. *Selected Works*, vol. IV: *Hermeneutics and the Study of History.* Edited with an Introduction by Rudolf A. Makkreel and Frithjof Rodi. Princeton: Princeton University, 1996.

Evans, C. Stephen, ed. *Exploring Kenotic Christology: The Self – Emptying of God.* Oxford: Oxford University Press, 2006.

Guiley, Rosemary Ellen. *The Encyclopedia of Ghosts and Spirits.* New York: Facts On File, INC. , 1992.

Haevey, Van A. *A Handbook of Theological Terms.* New York: A Touchstone Book, 1997.

Herbert, T. D. *Kenosis and Priesthood.* Eugene, Oregon: Wipf and Stock publishers, 2009.

Levinas, Emmanuel. *Totality and Infinity.* Translated by Alphonso Lingis. Pittsburgh: Duquesne Uniersity Press, 2012.

——. *The Levinas Reader.* Sean Hand ed. Oxford: Basil Blackwell Ltd, 1989.

Macquarrie, John. *The Humility of God.* London: SCM Press Ltd, 1978.

Marcus, Paul, ed. *Being for the Other*: *Emmanuel Levinas*, *Ethical Living and Psychoanalysis*. Milwaukee: Marquette University Press, 2008.

Murray, Andrew. *Humility*: *The Beauty of Holiness*. London and Edinburgh: Oliphants Ltd. , 1896.

Packer, J. I. *Knowing God*. Downers Grove: InterVarsity Press, 1993.

Palmern, Richard E. *Hermeneutics*: *Interpretation Theory in Schleiermacher*, *Dilthey*, *Heidegger and Gadamer*. Evanston: Northwestern University Press, 1969.

Pannenberg, Wolfhart. *Jesus*: *God and Man*. Translated by Lewis L. Wilkings and Duane A. Priebe. Philadelphia: The Westminster Press, 1964.

Polkinghorne, John ed. *The Work of Love*: *Kenosis as Creation*. Grand Rapid: William B. Eerdmans Publicshing Company, 2001.

Ratzinger, Joseph. *Introduction to Christianity*. Translated by J. R. Foster. New York: Herder and herder, 1970.

Ricoeur, Paul. *On Translation*. Translated by Eileen Brennan with an introduction by Richard Kearney. New York and London: Routledge, 2004.

Welch, Claude. *Protestant Thought in the Nineteenth Century*, vol. I, *1799 – 1870*. New Haven and London: Yale University Press, 1972.

《圣经——中英对照（和合本·新国际版）》，国际圣经公会 2003 年版。

《协同书》，李天德译，香港路德会文字部 2001 年版。

［德］保罗·阿尔托依兹：《马丁·路德的神学》，段琦、孙善玲译，译林出版社 1998 年版。

［美］埃里克森：《基督教神学》，郭俊豪、李清义译，中华福音神学院出版社 2002 年版。

［美］奥尔森：《基督教神学思想史》，吴瑞诚、徐成德译，北京大学出版社 2003 年版。

［古罗马］奥古斯丁：《忏悔录》，周士良译，商务印书馆 1963年版。

［古罗马］奥古斯丁：《奥古斯丁选集》，香港：基督教文艺出版社 1994 年版。

［古罗马］奥古斯丁：《上帝之城：驳异教徒》，吴飞译，上海三联书店 2007—2009 年版。

［古罗马］奥古斯丁：《恩典与自由》，奥古斯丁著作翻译小组译，江西人民出版社 2008 年版。

［瑞士］卡尔·巴特：《教会教义学》（精选本），何亚将、朱雁冰译，生活·读书·新知三联书店 1998 年版。

［瑞士］卡尔·巴特：《罗马书释义》，魏育青译，华东师范大学出版社 2005 年版。

［英］约瑟夫·巴特勒：《自然宗教与启示宗教之类比》，闻骏译，武汉大学出版社 2008 年版。

［法］德里达、［意］基阿尼·瓦蒂莫（Gianni Vattimo）主编：《宗教》，杜小真译，商务印书馆 2006 年版。

［美］保罗·蒂利希：《基督教思想史》，尹大贻译，东方出版社 2008 年版。

［美］保罗·蒂利希：《蒂利希选集》，何光沪选编，上海三联书店 1999 年版。

［德］伽达默尔：《论倾听》，潘德荣译，《安徽师范大学学报》2001 年第 1 期。

［德］伽达默尔、［法］德里达（Jacque Derrida）：《德法之争：伽达默尔与德里达的对话》，孙周兴、孙善春编译，同济大学出版社 2004 年版。

［德］伽达默尔：《真理与方法》，洪汉鼎译，商务印书馆 2007年版。

［德］伽达默尔：《哲学解释学》，夏镇平译，上海译文出版社 1997 年版。

［美］冈萨雷斯：《基督教思想史》，陈泽民、孙汉书译，译林出

版社 2008 年版。

［加］葛伦斯、［美］奥尔森（Roger E. Olson）：《二十世纪神学评论》，刘良淑、任孝琦译，校园书房出版社 1998 年版。

［法］约翰·加尔文：《基督教要义》，钱曜诚等译，生活·读书·新知三联书店 2010 年版。

［德］卡尔·拉纳:《圣言的倾听者》，朱雁冰译，生活·读书·新知三联书店 1994 年版。

［美］凯利：《早期基督教教义》，康来昌译，中华福音神学院出版社 1988 年版。

［德］康德：《单纯理性限度内的宗教》，李秋零译，中国人民大学出版社 2009 年版。

［丹］克尔凯郭尔：《恐惧与颤栗》，刘继译，贵州人民出版社 1994 年版。

［瑞士］孔汉思：《论基督徒》，杨德友译，生活·读书·新知三联书店 1995 年版。

［瑞士］孔汉思、库舍尔:《全球伦理：世界宗教议会宣言》，何光沪译，四川人民出版社 1997 年版。

刘小枫：《走向十字架的真》，生活·读书·新知三联书店（上海）1995 年版。

刘宗坤：《原罪与正义》，华东师范大学出版社 2006 年版。

［德］马丁·路德:《马丁·路德文集》，马丁·路德翻译小组译，中国社会科学出版社 2003 年版。

［德］马丁·路德:《路德文集》（卷 1、2），路德文集中文版编辑委员会编，上海三联书店 2005 年版。

［英］阿利斯特·麦格拉思:《宗教改革运动思潮》，蔡锦图、陈佐人译，中国社会科学出版社 2009 年版。

［英］阿利斯特·麦格拉思：《加尔文传：现代西方文化的塑造者》，甘霖译，中国社会科学出版社 2009 年版。

［英］约翰·麦奎利:《基督教神学原理》，何光沪译，汉语基督教文化研究所 1998 年版。

［英］约翰·麦奎利：《二十世纪宗教思想》，何光沪、高师宁译，上海人民出版社1989年版。

［德］莫尔特曼：《被钉十字架的上帝》，阮炜等译，生活·读书·新知三联书店（上海）1997年版。

［德］莫尔特曼：《俗世中的上帝》，曾念粤译，中国人民大学出版社2003年版。

［美］尼布尔：《基督教伦理学诠释》，关胜渝等译，桂冠图书公司1995年版。

［美］尼布尔：《人的本性与命运》，成穷、王作虹译，贵州人民出版社2006年版。

［美］尼科斯选编：《历代基督教信条》，汤清译，基督教文艺出版社1989年版。

［德］朋霍费尔：《狱中书简》，高师宁译，四川人民出版社1997年版。

［德］朋霍费尔：《作门徒的代价》，安西孟译，四川人民出版社2000年版。

［美］蒂莫西·乔治：《改教家的神学思想》，王丽译，中国社会科学出版社2009年版。

［美］大卫·特雷西：《诠释学·宗教·希望——多元性与含混性》，冯川译，生活·读书·新知三联书店（上海）1998年版。

［法］西蒙娜·薇依：《重负与神恩》，顾嘉琛、杜小真译，中国人民大学出版社2003年版。

［加］许志伟：《基督教神学思想导论》，中国社会科学出版社2001年版。

杨慧林：《罪恶与救赎：基督教文化精神论》，东方出版社1995年版。

杨慧林：《圣言·人言——神学诠释学》，上海译文出版社2002年版。

［美］殷保罗：《慕迪神学手册》，姚锦燊译，福音证主协会2003年版。

后 记

1999 年，高考结束后我报考了中国人民大学，可惜因几分之差与之失之交臂。整整 10 年后的 2009 年，我终于有幸来到这里，攻读比较文学与世界文学方向的博士学位。不过这时的我，真的不是试图重拾年少时的人大之梦，因为那时懵懂无知的我其实并不知道自己真正喜欢什么、需要什么，而这时则是在完全明白自己的学术目标和方向之后的慎重选择，因为这里有我仰慕已久的杨慧林老师。

能够跟随杨师读书是我的幸运。天资驽钝的我，蒙杨师不弃，得以忝列杨门之中，怎能不是大幸？杨师博学睿智，又是谦谦君子，从论文选题到思路、框架的确定，到论文的完成，以及最后的修订和出版，都有杨师的悉心指导和悬心挂念。本书就是由我的博士论文修改而成，杨师也特意为这本小书的出版写作了一篇论文，杨师自己谦称其为读后感，实际却是对这本小书的点睛和提升。所有这一切，实在不是一个单薄的"谢"字能够表达我的感恩之情的。只是最终完成的这本小书，恐怕并不能达到杨师的要求。这是我对杨师所负欠的债务，也是对中国传统文化以及基督教文化所负欠的债务。这一债务，我必须一直偿还，尽管我知道这是永远无法完全偿还的。

当然我还要真诚感谢王建平老师，感谢他的宽容、大度；还要感谢耿幼壮老师，他敏锐、犀利，对我的指导和批评总是一针见血，我知道这是对我的真正爱护。此外还有加拿大英属哥伦比亚大学维真学院的许志伟老师、潘玉仪老师，幸赖他们的邀请和指导，我才能够在维真学院半年的访学中有那么多的收获。

还有我的硕士生导师梁工老师一直都在关心我的学习和研究；我

工作所在的河南大学文学院也非常支持我的学习，慷慨允我脱产读书，并对本书的出版提供资助；特别是李伟昉老师，作为文学院院长和我的硕士生老师之一，对我的学习和研究非常关注和支持。对他们一并表示衷心感谢。

　　我的同门们形成了温馨的学术共同体，他们好学、热情，给我很多激励和帮助，谢谢他们，尤其谢谢张靖师姐、陈芸师妹。

　　读博期间很少照顾到父母和妻子。博士毕业两年后可爱的女儿降生，在喜悦的同时，我更感愧疚的是，父母和妻子担负起照顾孩子和其他家庭事务的担子，他们在背后默默而坚定的支持，也是我一直走下去的精神动力。而今，本书即将出版，我的第二个孩子也诞生了，有此幸福，夫复何求！

邱业祥
2017 年 3 月